"新常态"下
我国竞技体育后备人才培养研究

李赞 著

九州出版社
JIUZHOUPRESS

图书在版编目（CIP）数据

"新常态"下我国竞技体育后备人才培养研究／李
赞著．--北京：九州出版社，2023.7
ISBN 978-7-5225-1972-2

Ⅰ.①新… Ⅱ.①李… Ⅲ.①竞技体育—后备力量—
人才培养—研究—中国 Ⅳ.①G812.5

中国国家版本馆 CIP 数据核字（2023）第 124380 号

"新常态"下我国竞技体育后备人才培养研究

作 者	李赞 著
责任编辑	姬登杰
出版发行	九州出版社
地 址	北京市西城区阜外大街甲 35 号（100037）
发行电话	（010）68992190/3/5/6
网 址	www.jiuzhoupress.com
印 刷	唐山才智印刷有限公司
开 本	710 毫米×1000 毫米 16 开
印 张	12.5
字 数	224 千字
版 次	2023 年 7 月第 1 版
印 次	2023 年 7 月第 1 次印刷
书 号	ISBN 978-7-5225-1972-2
定 价	68.00 元

序　言

国内对于"新常态"的高度关注，是从 2014 年 5 月习近平总书记在河南考察时的讲话开始的。当时习近平总书记指出，中国发展仍处于重要战略机遇期，我们要增强信心，从当前中国经济发展的阶段性特征出发，适应"新常态"，保持战略上的平常心态。同年，作为一名高校教师，本人也关注到"新常态"这一热点词汇，进而在 2015 年以"困境与出路：新常态下我国竞技体育后备人才培养研究"为题申报了国家社科项目并获批立项。

基于事物普遍联系的理念和经济基础的决定作用，我国经济发展的新常态必将推动我国竞技体育发展也进入"新常态"。时代背景和相关条件的变化，决定了竞技后备人才培养的路径也要随之发生变化。我国竞技体育项目的属性和特征不同，竞技价值、社会价值和市场价值的不同，决定了其竞技后备人才培养途径的不同，多元化培养路径是必然趋势。

本书运用文献研究、调查研究、案例分析和逻辑分析等方法，基于经济发展新常态和我国社会主要矛盾根本性转变的时代背景，结合我国竞技体育发展模式的转变，从理论层面阐释"我国竞技体育发展新常态"的概念提出、内涵界定、致因探析和理性评价。基于国内外竞技体育后备人才培养的案例启示和我国竞技体育后备人才培养的现状特征，提出以"创新、协调、绿色、开放、共享"的新发展理念作为引领我国竞技体育后备人才培养的指导思想，我国竞技体育后备人才的培养，需要积极主动适应"新常态"，积极主动选择和适应多元化的培养路径。

本书共由八章构成。第一章，导论；第二章，现状诊断：当前我国竞技体育后备人才培养的基本特征；第三章，理论诠释："我国竞技体育发展新常态"的概念提出；第四章，案例启示："新常态"下我国竞技体育后备人才培养的实践探索；第五章，借外鉴内：国外竞技体育后备人才培养模式与经验借鉴；第六章，新发展理念："新常态"下我国竞技体育后备人才培养的指导思想；第七章，原则遵循："新常态"下我国竞技体育后备人才培养的多元诉求；第八章，多元路径:"新常态"下我国竞技体育后备人才培养路径构建。

本书是理论探索研究,受制于笔者理论水平,书中不够严谨抑或错误之处在所难免,恳请读者朋友批评指正,笔者不胜感激。

感谢我的课题组成员和研究生团队在课题研究过程中所给予的资料整理、统计分析和智慧共享等方面的支持和帮助。

本书在写作过程中,参阅了国内外许多优秀的研究著作、学术论文和报刊报道,获得了很多启发。在此向这些相关文献的作者致敬并深表谢意!

最后,我要特别感谢我的父母、妻子和女儿给予我的关心、支持和帮助,让我能够全身心投入本书的研究中。

2022 年 12 月

目　录
CONTENTS

第一章

导　论

一、"新常态"下我国竞技体育后备人才培养研究的背景及依据

　　竞技体育后备人才的培养，是竞技体育发展的基石。世界体坛的激烈竞争，从根本上讲是竞技体育后备人才培养质量的竞争。从新中国第一次参加奥运会，到1995年《奥运争光计划》的制定，再到2008年北京奥运会的奖牌榜第一，尽管我国竞技体育发展取得了辉煌成绩，也诠释了我国竞技体育后备人才培养的举国体制优势，但是也无法回避竞技体育后备人才培养过程中的种种问题。随着社会主义市场经济改革的不断深入，在经济发展新常态的时代背景下，我国竞技体育后备人才培养的粗放式模式更是难以为继。因此，本书基于经济发展新常态的时代背景，来审视和探讨我国竞技体育后备人才的培养。

（一）经济发展的"新常态"及其对我国竞技体育发展的影响

　　"新常态"一词最早出自2009年年初，美国太平洋基金管理公司首席投资官格罗斯和总裁埃利安在美国举行的一次"探讨危机后美国各个经济领域复苏和发展新模式"的论坛发言中，使用了"New Normal"来归纳全球金融危机爆发后经济可能遭受的缓慢而痛苦的恢复过程①。尽管"新常态"在不同领域有不同含义，但在宏观经济领域被西方舆论普遍形容为危机之后经济恢复的缓慢而痛苦的过程。

　　国内对于"新常态"的高度关注是从2014年5月习近平总书记在河南考察时的讲话开始的。当时习近平总书记指出，中国发展仍处于重要战略机遇期，

---

① 栗继祖，魏晓昕. 经济新常态下煤炭资源型城市发展问题及对策研究 ［J］. 煤炭经济研究，2014，34（11）：71-76.

我们要增强信心，从当前中国经济发展的阶段性特征出发，适应"新常态"，保持战略上的平常心态①。这被认为是中国高层领导首次用"新常态"描述中国经济，并指出"新常态"的4个主要特征为中高速、优结构、新动力、多挑战。

从经济发展阶段来看：经过30多年的高速工业化和十几年的快速城市化建设，各种传统产业的生产能力积累已经为完成工业化和城市化建设储备了丰厚的物质基础；人口增长进入低速通道；随着基础设施建设规模的不断扩大，固定资产投资增速自然下降；经济增长速度放缓，特别是传统制造产业增长速度将会结束过去常常超过20%的跳跃式增长，转向中低速增长。这些都表明，中国经济发展阶段已经发生了变化，中国经济面临转型②。

显然，中国经济正在从靠低成本来驱动的"粗放型、数量型、扩张型"的旧常态，向"集约型、质量型"发展的"新常态"过渡。众所周知，经济基础决定上层建筑。我国经济发展的"新常态"，必然决定了政治、文化、教育等方面的新常态。而我国竞技体育的直接经费来源主要还是国家的财政拨款，因此我国竞技体育的发展也毫无例外地会受到经济发展新常态的影响。细化推之，我国竞技体育后备人才的培养，也必将受到经济发展新常态的影响。从时间维度分析，"新常态"是个时间持续的状态，将会在一定的时间段存在；从空间维度分析，"新常态"则表现为经济发展各因素所构成的结构性变化。那么，在这种经济发展新常态的背景下，我国竞技体育后备人才的培养将会面临哪些问题和困境，应该采取怎样的应对策略或发展途径，将是竞技体育发展领域研究的重要热点问题。

（二）后备人才培养：我国竞技体育发展的基石及其发展桎梏

竞技体育后备人才的培养，可以说是我国竞技体育事业发展过程中的永恒主题。新中国成立之后，竞技体育后备人才的选拔、文化学习、训练竞赛和竞技管理的举国体制下三级训练网体制，对于我国从竞技体育领域的"东亚病夫"到体育大国的转变起到了非常重要的作用。只有竞技体育后备人才中源源不断地涌现不同竞技项目的卓越运动员，我们才有可能实现从"体育大国"成为"体育强国"的战略目标。因此，我国竞技体育后备人才，可以说是我国竞技体育发展的基石。这块基石，不仅要"大"，而且要"稳"。

然而，我国竞技体育后备人才的培养，始终由于存在种种负面问题而不断遭受诟病。例如后备人才储备不足，项目结构不合理，地区发展不平衡，人才

---

① 习近平首次系统阐述"新常态". 新华网 . 2014-11-09 [引用日期 2015-03-06].
② 齐建国 . 中国经济"新常态"的语境解析 [J]. 西部论坛，2015，25（01）：51-59.

培养体制落后，成材率较低，学训矛盾突出，培养效益差，体教结合落实不到位，竞技体育职业化和实体化发展程度较低等突出问题，长期以来成为困扰我国竞技体育发展的桎梏。这种竞技体育后备人才培养过程中的种种问题，必将在经济发展新常态的背景下更为凸显。因此，如何协调竞技体育后备人才培养过程中的各种关系和利益，破解竞技体育后备人才培养过程中的种种桎梏，将是竞技体育领域研究的重要理论与实践问题，同时也是新常态下我国竞技体育后备人才培养的内在要求。

（三）我国竞技体育后备人才培养的理论实践梳理及经验总结

尽管我国竞技体育后备人才培养存在着很多不尽如人意的地方和问题，但是不可否认的是，新中国成立以来我国竞技体育发生了翻天覆地的变化，竞技体育的发展取得了巨大成就，2008 年我国竞技体育一度站上了国际竞技体坛的巅峰，昔日的所谓"东亚病夫"发展成为屹立于世界竞技体坛的强大国家。毫无疑问，我国竞技体育的跨越式发展，与竞技体育后备人才的培养密切相关。在举国体制下，竞技体育事业充分利用了集中国家资源发展竞技体育的优势，在相对较短的时期，就实现了成为体育大国的目标。

毋庸置疑，在中国竞技体育比较快速的取得辉煌成就的过程中，一定具有成功的经验可以总结，因为没有人可以随随便便就成功。我国竞技体育事业取得巨大成就一定可以从理论和实践层面归纳总结出成功的经验和规律。因此，对我国竞技体育后备人才的培养进行系统研究，有助于梳理几十年来我国竞技体育后备人才培养的理论脉络和实践探索，有助于归纳总结不同竞技项目后备人才培养中的先进做法和宝贵经验。

（四）"新发展理念"：指明我国竞技体育后备人才培养的方向

2015 年 10 月 29 日，习近平总书记在党的十八届五中全会第二次全体会议上的讲话，鲜明提出了"创新、协调、绿色、开放、共享"的发展理念，即新发展理念。新发展理念符合我国国情，顺应时代要求，对破解发展难题、增强发展动力、厚植发展优势具有重大指导意义[①]。2018 年 3 月 11 日，第十三届全国人民代表大会第一次会议通过《中华人民共和国宪法修正案》，在"自力更生，艰苦奋斗"前增写"贯彻新发展理念"[②]。

---

① 习近平：新发展理念就是指挥棒、红绿灯. 网易. 2016-12-15 [引用日期 2017-01-24].
② （两会授权发布）中华人民共和国宪法修正案. 新华网 [引用日期 2018-03-12].

"创新、协调、绿色、开放、共享"的新发展理念，深刻揭示了实现更高质量、更有效率、更加公平、更可持续发展的必由之路，是关系我国发展全局的一场深刻变革；是针对我国经济发展进入新常态、世界经济复苏低迷形势提出的治本之策；是针对当前我国发展面临的突出问题和挑战提出来的战略指引①。同时，新发展理念对于我国竞技体育后备人才培养模式和机制的完善，也具有重要的方向引导作用和指导价值。

我国竞技体育后备人才的培养，从举国体制到"体教结合"再到"教体结合"或"体教融合"等模式，始终无法摆脱体、教"两层皮"，学训矛盾依然突出而无解，后备人才储备整体不足且不均衡，培养成本高且成材率低等问题，都亟待培养模式的创新改革。在竞技体育后备人才培养的过程中，一定会涉及教练员、运动员、竞技管理者、学校教育者、家长、行政管理部门以及其他竞技体育后备人才培养的参与者等不同培养主体的利益。那么在竞技体育后备人才的培养过程中，如何协调不同利益主体的利益，对于后备人才的成长和发展就显得非常重要。绿色生态发展，是社会各行各业都在追求的目标。我国竞技体育后备人才的培养，因其粗放式投入、经济效益差和成材率低而颇受诟病，更要提倡节能减排、绿色发展和生态发展。经济发展的新常态，将会在一定程度上影响到我国竞技体育后备人才的培养经费投入。同时，竞技体育发展的市场化呼声也越来越高。竞技体育后备人才的培养不能仅仅局限于国家层面，要让更多的社会资本进入竞技体育后备人才培养领域。党的十九大报告创新性地提出，要让市场在资源配置中发挥决定性的作用和更好发挥政府作用②。因此，我国竞技体育后备人才的培养，要以开放的姿态和格局，接纳多元化的培养模式与途径。共享是发展的目的。我国竞技体育后备人才培养的不同利益主体，在开放的市场经济环境中，只有达到共赢共享的局面，才能有效促进竞技体育后备人才培养的可持续发展。反之，如果不能达成共赢共享的目标，就会因为整个培养环节的失衡而难以为继。因此，在新常态的背景下，只有坚持新发展理念的方向指引和理论指导，我国竞技体育后备人才的培养才能更加科学地发展。

（五）"新常态"下我国竞技体育后备人才培养的多元化诉求

经济发展的新常态，决定了竞技体育发展的新常态，进而决定了竞技体育

---

① 以新发展理念引领发展．新华网．2016 年 04 月 29 日［引用日期 2017-01-24］．
② 刘靖北．党的十九大报告对马克思主义的重大理论创新［J］．国家行政学院学报，2018（02）：4-10+134．

后备人才培养的新常态特征。众所周知，竞技体育后备人才的培养是一项系统工程，涉及不同利益主体、不同方面的多元化诉求。举国体制下，我国竞技体育后备人才的培养在一定程度上凸显运动员的工具价值，"唯金牌论"和"唯成绩论"成为竞技体育领域的主流观点①。运动员的个性化诉求和以人为本的理念没有引起重视。此外，后备人才的成长可以划分为不同的发展阶段，每个阶段的竞技实力和运动成绩的变化，也对运动员的内在诉求产生重要的影响。以家长、教练员、运动员、管理者为主的不同利益主体的诉求满足，在竞技体育后备人才培养的过程中直接影响着人才培养的质量和能否可持续发展。因此，在我国竞技体育后备人才培养的过程中，必须正视来自各方的多元化诉求，并采取有效措施或对策来设法满足相关多元化的诉求，为竞技体育后备人才培养的可持续发展奠定坚实的基础。

（六）创新与丰富我国竞技体育后备人才培养理论体系的需要

针对我国经济发展进入新常态、世界经济复苏低迷形势，我国创新性地提出了"新发展理念"。这反映了我们党对经济社会发展规律认识的深化，是我国发展理论的又一次重大创新。我国竞技体育后备人才的培养，虽说也积累了丰富的成功经验，却难掩举国体制下人才培养质量、效率和效益方面的沉疴。因此，在经济发展新常态的背景和竞技体育发展新常态特征下，我国竞技体育后备人才的培养要顺应时势变化，在新发展理念下走出一条具有中国特色的竞技体育后备人才培养之路。因此，针对新常态下我国竞技体育后备人才培养的相关问题进行系统研究，有助于创新发展和丰富我国竞技体育后备人才培养的理论体系，同时为将来竞技体育后备人才培养的更大理论创新奠定理论与实践基础。

二、"新常态"下我国竞技体育后备人才培养研究的目的与意义

（一）"新常态"下研究我国竞技体育后备人才培养的目的

1. 回顾往昔，认真梳理我国竞技体育发展历程和竞技体育后备人才培养的

---

① 尤传豹，彭国强. 新时代我国竞技体育价值转变的机遇、困境与定位 [J]. 沈阳体育学院学报，2018，37（06）：51-56+72.

模式变迁，归纳总结我国竞技体育发展的阶段性特征以及竞技体育后备人才培养的成功经验和饱受诟病的问题。

2. 立足当下，基于经济发展新常态的时代背景，结合竞技体育发展的新常态，从理论层面阐释"竞技体育发展新常态"的概念提出、内涵界定、致因探析和理性评价；从实践层面总结我国竞技体育后备人才培养的多元特征，同时从国外竞技体育后备人才培养的案例中获得相关借鉴启示。

3. 展望未来，基于"竞技体育发展新常态"的背景，遵循"创新、协调、绿色、开放、共享"等"新发展理念"的指导原则，结合供给侧改革理论、节能减排理念、市场化发展路径以及举国体制的坚持与完善，构建新常态下我国竞技体育后备人才培养的多元路径。

（二）"新常态"下研究我国竞技体育后备人才培养的意义

1. 理论意义

基于经济发展新常态的时代背景，针对我国竞技体育后备人才的培养进行系统研究，有助于梳理、归纳和总结我国竞技体育后备人才培养的历史经验和教训；有助于透视和诊断当前我国竞技体育后备人才培养中的积弊沉疴；有助于创新性地构建和丰富新常态下我国竞技体育后备人才培养的理论体系；有助于为其他竞技体育后备人才培养的相关研究提供理论层面的借鉴和启示。

2. 实践意义

针对我国竞技体育后备人才培养的现状透视和问题诊断，有助于关注竞技体育后备人才培养的相关人士更为清晰地认知我国竞技体育后备人才培养的现状和存在的问题；有助于改变竞技体育后备人才相关培养主体的培养理念和完善相关措施；有助于归纳总结新常态下竞技体育后备人才培养的指导思想、遵循原则和多元路径构建；有助于为我国竞技体育决策部门科学合理制定相关政策和规定，提供可资借鉴的参考或启示。

三、"新常态"下我国竞技体育后备人才培养的研究思路及方法

（一）研究的整体思路

1. 宏观思路：突出竞技体育后备人才培养的突出问题以及举国体制的坚持

与完善

尽管我国竞技体育的发展取得了世界瞩目的伟大成就，但是我国竞技体育的举国体制却一直在争议中前行，我国竞技体育后备人才的培养也一直饱受诟病。因此，关于竞技体育后备人才的培养，宏观上分析，首先是诊断发现培养过程中所存在的问题和困难；其次是针对问题提出变革思路和解决对策。针对几十年的竞技体育举国体制，毫无疑问，其优势明显，成绩斐然。2008 年奥运会后，胡锦涛指出："对于举国体制，一是坚持，二是完善。""在坚持我国竞技体育举国体制、保持我国竞技体育特点和优势的同时，积极挖掘潜力、优化结构、提高效益，推动竞技体育内部各门类均衡发展，不断增强我国竞技体育的综合实力和国际竞争力。"① 但是，坚持也不是全盘坚持，而是有所重点的坚持。"坚持"的对立面就是"放弃"，举国体制也应该是有所坚持和有所放弃。毕竟任何事物都有两面性，举国体制也不例外。坚持和完善竞技体育举国体制，就是针对其所存在的问题，提出改进完善的对策、策略或建议。

2. 中观思路：突出国外竞技人才培养的经验借鉴和我国多元培养路径的必然选择

宏观问题的解决思路，主要体现在中观层面的具体化解决方案。鉴古启今、鉴外启内。国外体育强国关于竞技体育人才培养相对成熟的理论方法和实践经验，可以为我国竞技体育后备人才的培养提供可资借鉴的思路或启示。

宏观上，我国竞技体育后备人才的培养需要走多元培养路径。那么具体需要走哪些路径呢？基于中观层面的思考，既然是对举国体制既要坚持，又要完善，那么首先，从供给侧改革的"八双"政策主张，提出基于供给侧改革视角的"八双组合路径"；其次，针对培养资本的多元化，提出深化推进"市场化培养路径"；然后，基于"节能减排"的视角，提出竞技体育后备人才培养的"集约培养路径"；最后，基于我国竞技体育发展的举国体制核心主线，提出坚持与完善举国体制的"国家培养路径"。

3. 微观思路：突出国内具体案例的实践经验总结和对我国后备人才培养的反思

微观层面的思路，主要体现在操作层面。虽然我们常说用理论来指导实践，可往往实践的发展超前于理论的产生。我国地域辽阔，各个省市在竞技体育方面的发展，为归纳总结竞技体育发展和竞技人才培养的理论体系，提供了丰富

---

① 胡锦涛在北京奥运会、残奥会总结表彰大会上发表重要讲话. 2008 年 09 月 29 日 ［EB/OL］. http：//www. ce. cn/xwzx/gnsz/szyw/200809/29/t20080929_ 16959959_ 3. shtml.

的实践土壤。基于中国特色社会主义的国情和文化以及不同地区竞技体育后备人才培养的具体做法，主要整理分析国内竞技体育后备人才培养的具有代表性的案例，并对这些代表性案例进行归纳总结，进而根据案例的启示与反思，提出具体的具有操作性的培养思路和方法路径。

（二）研究的思路框架结构

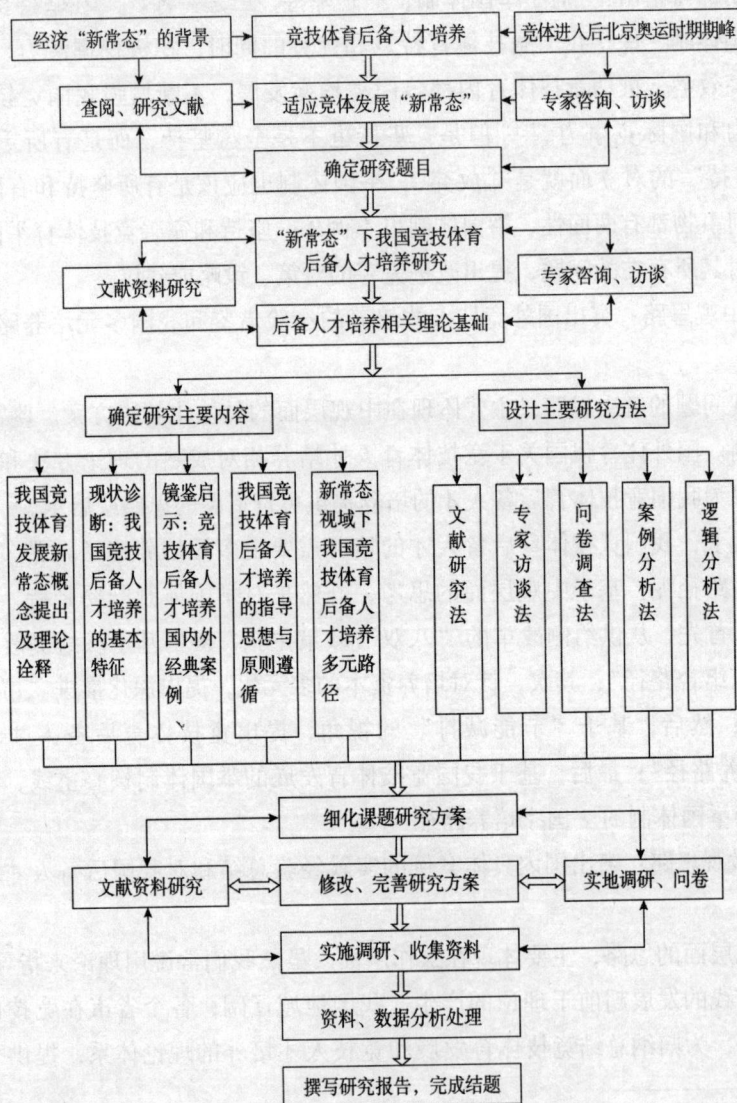

图1-1　本研究思路结构图

（三）研究方法设计

1. 文献研究法

基于课题研究的需要，查阅天津图书馆、天津体育学院图书馆等实体图书馆关于人才培养和竞技体育人才培养方面的著作资料；以竞技体育、举国体制、体教结合、教体结合、教体融合、后备人才培养、学训矛盾、培养模式、运行机制、市场化、培养途径/路径、科学化训练、竞技管理、培养理念、培养对策/策略、节能减排、供给侧改革、生态等为关键词，查阅中国知网相关期刊论文、硕博士论文、中国体育报以及相关会议论文等文献资料。

通过中国体育资讯网（http：//www. sportinfo. net. cn）查阅翻译过来的关于国外竞技体育发展、运动训练和竞赛以及青少年后备人才培养的相关信息资料；通过查阅国家体育总局官方网站、各省市体育局官方网站以及通过百度、新浪体育、网易体育和搜狐体育等网站，收集整理关于竞技体育发展、运动训练与竞赛和竞技体育后备人才培养以及竞技体育发展战略方面的实践案例，同时针对相关实践案例进行归纳整理和理论分析。

2. 专家访谈法

一方面，专家访谈是专门走访我国竞技体育领域的相关专家学者，针对我国竞技体育后备人才培养方面的相关问题进行深度访谈交流。访谈内容主要是针对我国竞技体育后备人才培养过程中的主要优势和存在的主要问题；探讨经济发展的新常态对我国竞技体育发展和竞技体育后备人才培养的主要影响；访谈交流我国竞技体育后备人才培养的生态化、市场化、人本化、科学化以及举国体制的坚持与完善等培养理念；针对我国竞技体育后备人才培养过程中的多种负面性质的实践现象，咨询交流现象产生的背景和深层次原因；针对坚持以新发展理念为指导思想，以竞技体育后备人才培养的多元诉求为原则遵循；针对国外部分竞技体育强国竞技体育后备人才培养经验的镜鉴启示，以及我国竞技体育后备人才培养的多元化路径等问题，进行多维度和深层次的交流探讨，以获取各位专家学者的意见和建议。

此外，本研究还访谈了国家体育总局部分竞技项目运动管理中心的领导、天津市体育局领导以及天津市部分竞技体育后备人才学校的领导和教师，进行深度的互动交流。访谈提纲见表1-1。

表1-1 专家访谈提纲一览表

题项	访谈问题的内容	访谈交流的内容体现
1	关于竞技体育后备人才的概念界定与外延拓展。（本研究观点："竞技体育后备人才"一般是指二、三线的青少年运动员）	下面几种情况是否属于竞技体育后备人才？ ①退役后又复出训练的运动员； ②跨项转项的运动员； ③长期伤病恢复后开始训练的运动员
2	我国经济发展的新常态与竞技体育发展新常态的关系？是否一定会导致竞技体育发展的新常态？	竞技体育发展新常态： ①取决于政府对竞技体育发展的认知？ ②从根本上取决于国家经济的发展状况？ ③可能不会与经济新常态同步，或许延后？
3	我国竞技体育后备人才培养的根本目的在于育人？竞技？还是兼而有之？	竞技体育后备人才的培养： ①同一般层面的育人成才？ ②就是为了竞技夺标，满足奥运争光？ ③"育人+竞技"结合，如何落实到位？
4	节能减排的生态理念，能否用在竞技体育后备人才培养方面？"减排"的不是废物，而是指向优秀运动员	节能减排的理念： ①契合了竞技体育后备人才培养的内在规律？ ②是否迎合了竞技体育发展的新常态？ ③节能和减排在实践中的具体体现？
5	研究表明，竞技体育后备人才培养的主要问题：人才储备不足，成材率比较低，高投入低产出，学训矛盾突出，体教结合割裂，项目结构失衡，退役安置困难等	竞技体育后备人才培养的举国体制： ①问题很多，优点也不能抹杀，竞技体育的辉煌成绩从哪里来？ ②诸多问题能否简单地归咎于举国体制？ ③如果是，那该如何坚持和完善举国体制？
6	当前的"协会实体化改革""金牌榜的淡化""供给侧结构性改革"、体育产业的发展战略和市场配置资源的决定性作用等，是否是在主动适应或呼应竞技体育发展的新常态？	竞技体育发展新常态： ①是否会类似于经济发展新常态的"中高速、优结构、新动力"特征？ ②新常态的特征与旧常态特征的主要区别？ ③新常态好或是坏？如何来予以客观评价？
7	我国竞技体育后备人才培养所面临的困境有思维认知方面的，也有物质利益方面的，还有体制机制方面的，哪种困境破解难度更大？	竞技体育后备人才培养所面临的困境： ①思维认知是否同我国传统文化密切关联？ ②利益可能是导致困境破解的核心？ ③体制机制的藩篱体现的是利益保护吗？
8	我国竞技体育后备人才培养所面临的前途未卜：成材率低和退役就业难，学训矛盾突出，经费来源相对单一，此类问题能否有效解决？	竞技体育后备人才培养的主要问题： ①成材率低源自训练不科学，是否也与竞技体育的训赛和管理体制密切相关？ ②学训矛盾的因果关系成立吗？如何转化？ ③政府经费供给的额度和可持续性？

题项	访谈问题的内容	访谈交流的内容体现
9	新发展理念是具有普适性的创新理论，那应该适用于我国竞技体育后备人才的培养，可否作为指导思想？	新发展理念对竞技体育后备人才培养的指导意义和价值： ①创新是动力，创新什么？如何创新？ ②协调利益是为了确保均衡化？如何协调？ ③绿色在竞技人才培养中指什么？如何体现？ ④开放是对谁开放？开放领域和标的物是啥？ ⑤共享是目的，共享份额呢？怎么算共享合理？
10	"供给侧结构性改革"的主旋律与普适性，为竞技体育后备人才培养的改进完善提供了理论基础	"供给侧结构性改革"的指导意义和价值： ①竞技体育后备人才培养的供给侧是谁？谁又是需求侧？ ②供给要素改革，如何体现出结构性改革？ ③竞技后备运动员是否共有供给侧与需求侧？ ④如何界定供给侧结构性改革的范围和程度？
11	市场将在资源配置中发挥决定性作用，市场化应该是竞技体育及其后备人才培养的发展趋势	竞技体育后备人才培养的市场化路径： ①市场化的项目差异，如何解决？ ②竞技项目以及运动员的市场价值如何开发？ ③市场化过程中的不同利益主体的权益保障？
12	尽管"举国体制"弊端很多，也有相关人士主张废除，但是举国体制目前还需要坚持与完善	竞技体育发展举国体制的坚持与完善： ①坚持的重点环节体现在哪里？ ②完善的着力点在哪，如何判断完善的合理性？ ③中国举国体制的合理性，如何客观理性评价？

3. 问卷调查法

关于竞技体育后备人才的研究，已经不是一个新的研究命题，本研究旨在进行整合创新的理论研究。本书基于文献研究、访谈调研和案例分析进行归纳整合而提出的观点，其科学性与合理性，需要在实践中予以检验，目前所能采用的评判方式主要是通过知名专家的权威性予以评判。本书设计了专家问卷《"新常态"下我国竞技体育后备人才培养相关问卷调查表》。调查对象主要涉及体育院校从事竞技体育方面研究的具有高级职称或博士学位的专家学者、国家级教练员以及相关体育局领导等60名专家。

4. 案例分析法

基于竞技体育后备人才培养的多元路径构建的需要，一方面查阅整理美国、俄罗斯、英国、德国、法国、澳大利亚、日本、韩国等国外竞技体育后备人才培养的相关措施；另一方面收集整理国内部分省市例如北京、天津、上海、江苏、山东、湖北等竞技体育后备人才培养的相关典型案例，为本研究构建多元化的培养路径提供借鉴和启示。

5. 逻辑分析法

运用哲学、教育学、人才学、管理学、运动训练学和逻辑学等理论，对所收集到的文献资料和问卷资料进行类比、归纳、演绎和推理分析。

四、"新常态"下我国竞技体育后备人才培养研究内容及创新点

（一）研究的内容体系

在经济发展新常态的背景下，本研究基于我国竞技体育发展新常态的视角，研究我国竞技体育后备人才培养的相关问题，主要涉及竞技体育后备人才培养的现状诊断特征、理论内涵诠释、国内实践案例、国外经验借鉴、指导思想引领、遵循原则规范、多元路径构建等研究内容。详细内容框架结构见图1-2。

1. 新常态背景：我国竞技体育后备人才培养选题研究缘起

运用文献资料法和专家深度访谈法，通过查阅我国经济发展新常态的时代背景，演绎到我国竞技体育发展可能面临的类似经济发展的新常态，进而结合竞技体育后备人才培养的高投入和低产出的现状，以及后备人才在我国竞技体育发展中的基石作用，提出研究命题、选题依据和研究价值，并构建系统的研究思路。

2. 现状诊断：当前我国竞技体育后备人才培养的基本特征

运用文献资料法、专家深度访谈法、问卷调查法和逻辑分析法等研究方法，认真梳理我国竞技体育发展历程和竞技体育后备人才培养的模式变迁，归纳总结我国竞技体育发展的阶段性特征以及竞技体育后备人才培养的成功经验和饱受诟病的问题。

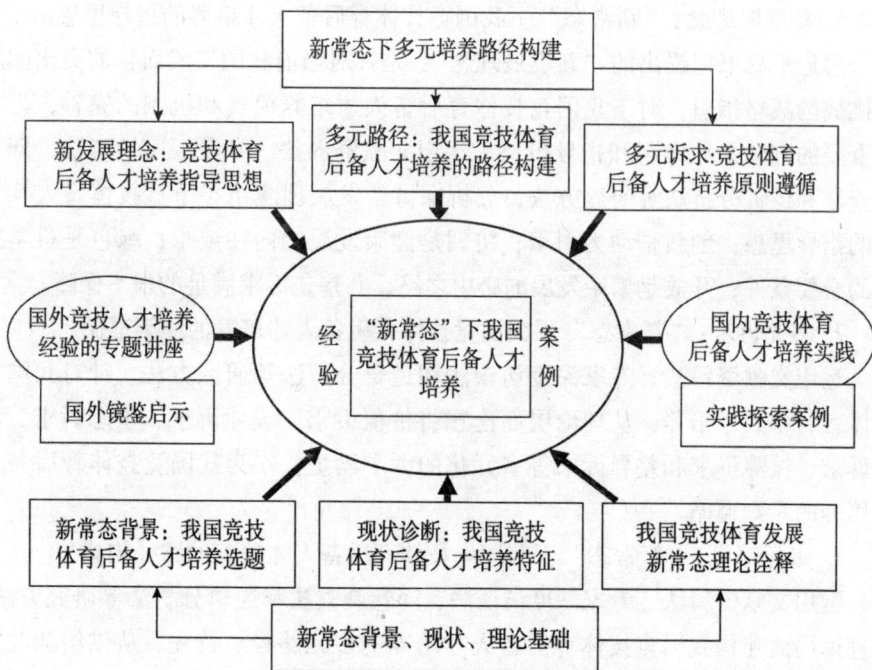

图 1-2　本研究内容体系结构图

3. 理论诠释："我国竞技体育发展新常态"的概念提出

运用文献资料法、专家深度访谈法、问卷调查法和逻辑分析法等研究方法，基于经济发展新常态和我国社会主要矛盾根本性转变的时代背景，结合我国竞技体育发展模式的转变，从理论层面阐释"我国竞技体育发展新常态"的概念提出、内涵界定、表现特征、致因探析和理性评价。

4. 案例启示："新常态"下我国竞技体育后备人才培养的实践探索

运用文献资料法、专家深度访谈法和对比分析法等研究方法，通过对北京、天津、上海、河北、湖南、湖北、山东、苏州等省市层面关于竞技体育后备人才培养的实践探索进行归纳总结，为我国竞技体育后备人才的培养提供可资借鉴的经验。

5. 借外鉴内：国外竞技体育后备人才培养的理念评述与经验借鉴

运用文献资料法、专家深度访谈法和对比分析法等研究方法，通过对美国、英国、德国、法国、俄罗斯、澳大利亚、日本和韩国等国家竞技体育后备人才培养的模式进行归纳总结，为我国竞技体育后备人才的培养提供可资借鉴的经验。

6. 新发展理念:"新常态"下我国竞技体育后备人才培养的指导思想

习近平总书记提出的"新发展理念",是针对当前我国发展面临的突出问题和挑战的战略指引,对于我国竞技体育后备人才培养模式和机制的完善,也具有重要的方向引导作用和指导价值。运用文献资料法、专家深度访谈法、问卷调查法和逻辑分析法等研究方法,分析探讨新发展理念指导下竞技体育人才培养的指导思想:创新是动力引擎;协调是健康发展的内在要求;绿色是科学发展的必要条件;开放是繁荣发展的必由之路;共享是诉求满足的根本保障。

7. 多元诉求:"新常态"下我国竞技体育后备人才培养的原则遵循

运用文献资料法、专家深度访谈法和逻辑分析法等研究方法,针对我国竞技体育后备人才培养,从理论层面诠释将价值诉求、成才诉求、生态诉求、动力诉求、保障诉求和差异诉求等多元化的诉求满足,作为我国竞技体育后备人才培养的原则遵循。

8. 多元路径:"新常态"下我国竞技体育后备人才培养的路径构建

运用文献资料法、专家深度访谈法、问卷调查法和逻辑分析法等研究方法,从理论层面建构我国竞技体育后备人才培养的多元路径。首先,从供给侧改革的视角出发,提出创新完善的"八双"路径;其次,针对培养主体的多元化,提出市场化培养路径;然后,基于竞技体育后备人才培养中的效益低下、成材率低等现象,提出节能减排的集约路径;最后,基于市场化价值相对较低的竞技项目,提出继续坚持举国体制培养的计划路径。

(二) 研究的创新点

1. 学术思想

基于事物普遍联系的理念和经济基础的决定作用,我国经济发展的新常态必将推动我国竞技体育发展也进入"新常态"。我国竞技体育的发展由"旧常态"进入"新常态",时代背景和相关条件的变化,决定了竞技体育后备人才培养的路径也需要随之发生变化。这是我国竞技体育发展的必然趋势,也是我国竞技体育后备人才培养的内在要求。竞技项目的属性和特征不同,竞技价值不同,社会价值不同,市场价值不同,决定了其竞技体育后备人才培养途径的不同。因此,我国竞技体育后备人才培养必将走向多元化的培养路径。

2. 学术观点

基于我国经济发展的"新常态",提出了"我国竞技体育发展进入了新常态";构建了竞技体育新常态发展的理论体系;提出基于"新发展理念"作为我国竞技体育后备人才培养的指导思想;提出多元化诉求的满足作为我国竞技体育后备人才培养的原则遵循；我国竞技体育后备人才的培养，需要积极主动适应"新常态"，积极主动选择多元化的培养路径。

3. 研究视角

本课题契合"新常态"的时代背景，基于"我国竞技体育发展新常态"的视角对我国竞技体育后备人才培养的多元路径进行研究。中国经济发展的新常态，决定了经济结构的深度改革与调整，也决定了新常态的持续时间会相对比较长。同理，经济新常态所决定的竞技体育发展新常态，也将在未来的发展阶段中长期存在。那么，基于我国竞技体育发展的新常态，研究我国竞技体育后备人才培养的多元化路径，目前尚属空白。

第二章

现状诊断：当前我国竞技体育后备人才培养的基本特征

一、竞技体育后备人才的界定拓展及价值定位

关于竞技体育后备人才的界定，基于文献分析和专家访谈，一般认为主要指向二、三线的青少年运动员。阳艺武（2018）[①] 将竞技后备人才界定为"具有一定体育天赋，经过系统训练后，可能成为优秀运动员，能为竞技体育发展作出贡献的青少年群体"，后续进一步扩大范围，"泛指有可能成为专业或职业运动员的一切青少年在训群体"。本书认为这种关于竞技后备人才的界定范围拓展是有积极意义的，是符合时代发展特征的。人们对竞技体育的关注空前增强，竞技体育的价值也在不断彰显，竞技体育后备人才的来源范围也在进一步扩大或细化。

例如，我国冬奥项目运动员的跨项跨界选材，这些跨项跨界选来的运动员，尚没有达到一线队伍的水平，应该属于后备人才的范畴。再比如，已经退役的运动员，后来又复出参加竞技体育训练，又达到一线运动员水平甚至获取大赛冠军，正如冼东妹生完孩子又复出备战北京奥运会获得冠军。那么，退役复出的运动员，显然也属于后备力量的范畴。因此，基于"后备"的特征，本书将"已经退出一线运动员行列，仍具有竞技潜力或有能力参加本项目或其他项目比赛，并有可能获得优异成绩的人"，也纳入竞技体育后备人才范畴。

针对竞技体育后备人才的界定范围拓展，本研究问卷调查了国内竞技体育领域的部分专家学者及竞技管理领导，调查结果见表2-1。

---

① 阳艺武. 竞技体育后备人才培养可持续发展运行机制研究［M］. 武汉：武汉大学出版社，2018：34.

表 2-1 专家关于竞技体育后备人才界定拓展的认同度一览表 （N=60）

认同度	基于"后备"的特征，本研究将"已经退出一线运动员行列，仍具有竞技潜力或有能力参加本项目或其他项目比赛，并有可能获得优异成绩的人"也纳入竞技体育后备人才范畴		
	频数	百分比（%）	累积百分比（%）
非常赞同	15	25	25
比较赞同	41	68.3	93.3
一般	3	5	98.3
不太赞同	1	1.7	100
合计	60	100	

由表 2-1 可知，关于竞技体育后备人才的界定范围，有 25% 的调查对象持非常赞同态度，68.3% 的专家持比较赞同态度，二者累积百分比高达 93.3%。显然，调查专家对于竞技体育后备人才的界定范围，总体上持认同态度。同时，针对选择"一般"和"不太赞同"题项的专家进行了电话回访，以了解他们的观点。关于竞技后备人才的界定范围，广州大学熊焰教授认为，已经退出竞技一线的运动员，本身的确是具有再次复出参加比赛或者跨项目参赛的能力，但是这需要他们具有强烈的参加训练和比赛的动机。应该说，"有能力"的运动员可能会比较多，但是真正"有动机"的运动员可能不会太多。田麦久教授认为，根据中国竞技体育的实际情况，竞技体育后备人才，可以从"专指"和"泛指"两个角度去界定范围，就会在很大程度上避免概念界定的不严谨问题。

因此，本书认为"专指"意义上的竞技体育后备人才，主要是指处于二、三线的青少年运动员群体；"泛指"意义上的竞技后备人才，既包含二、三线青少年运动员，也包含"已经退出一线运动员行列，仍具有参加竞技训练和比赛的强烈动机，具有竞技潜力或有能力参加本项目或其他项目比赛，并有可能获得优异成绩的人"。

关于竞技体育后备人才培养的价值定位，可以说是我国奥运辉煌成就的基石。从 1959 年容国团在德国多特蒙德威斯特代里亚体育馆为新中国获得第一个世界冠军，到 1984 年洛杉矶奥运会许海峰获得中国奥运史上第一枚金牌，中国的竞技体育在急于甩掉"东亚病夫"的帽子的背景下，国家、民众对竞技体育的关注空前高涨。竞技体育举国体制的巨大优势，使得中国首次正式参加 1984 年洛杉矶奥运会就获得了 15 枚金牌和 32 枚奖牌，位列金牌榜第四（苏联没有参赛），除了 5 枚金牌"兵败汉城"之外，中国竞技体育一直保持在奥运金牌榜前四位。从2000年悉尼奥运会至今，中国始终保持在前三甲的位置。2008年北京奥运会，基于东道主效应，中国以48枚金牌（原为51枚，后因兴奋剂取消3枚）和97枚奖牌高居金牌榜榜首，达到了中国竞技体育的辉煌巅峰。

毋庸置疑，中国竞技体育的辉煌成绩，同我国竞技体育后备人才的培养密切相关。正是由于把我国竞技体育后备人才培养成为世界级巅峰运动员，才获得一个又一个的世界冠军和奥运冠军。因此，尽管我国竞技体育后备人才培养存在诸多问题或困境，但是必须要指出，我国竞技体育后备人才培养工作为我国竞技体育辉煌成绩的取得作出了巨大的贡献，可谓奥运辉煌成就的基石。

二、当前我国竞技体育后备人才培养的基本特征

竞技体育后备人才是实现竞技体育可持续发展的重要人力构成，分析其特征有助于为研究竞技体育后备人才提供理论基点。回顾和审视我国竞技体育后备人才的培养历程和表现，以传统三级训练网为主的模式契合了时代发展需求，培养了诸多优秀运动员，并产生了多种正面效应。随着社会的不断发展以及竞技体育自身在理论及实践维度的进一步推进，我国竞技后备人才培养也在很大程度上产生变化，典型的如培养主体由单轨向多轨转变、运动员出口选择日益多元等。然而，传统模式所遗留的诸多问题及新旧时代交接所引发的一系列不适仍然突出地摆在面前，制约着我国竞技体育的可持续发展。为进一步推动我国竞技体育后备人才培养，下文将着重从现存问题或不足为切入点，对我国竞技体育后备人才培养基本特征展开分析。

（一）备选资源不足，人才储备有限

当前，我国竞技体育后备人才备选资源不足，人才储备有限。后备人才储备基数是竞技体育能否实现可持续发展的重要影响因素之一。由于竞技体育对运动员自身竞技条件具有严格要求，因此优异运动员往往需要层层选拔和培养，这便对后备人才在数量储备上提出了较高要求。就目前来看，我国竞技体育后备人才还存在储备不足、培养有限等问题①。具体表现如下。

---

① 彭国强，杨国庆. 新时代中国竞技体育结构性改革的特征、问题与路径 [J]. 武汉体育学院学报，2018，52（10）：5-12.

1. 换代衔接不畅

换代衔接不畅是我国竞技体育后备人才培养储备不足的典型表现。运动员竞技水平的发挥对年龄具有一定的要求，尽管不同专项中运动员表现出最佳竞技成绩的年龄有所不同，但总体上遵从特定生理规律，即伴随着运动员年龄的不断增加，运动员竞技成绩在达至个人顶峰时开始出现下降。竞技体育是一项长期性活动，当一批运动员的竞技成绩出现下滑时，急需新的力量予以补充，甚至新旧运动员同时存在。此时，如果缺乏新鲜"血液"，竞技体育便难以维系。然而，面对这一问题，多个项目衔接不畅成为我国竞技体育后备人才培养的突出弊病，正如有学者所述："青黄不接、后继乏力等现象成为我国竞技队伍建设的心酸困境。"①

以网球为例，以下是关于"我国后备人才不足之网球项目"相关报道的主要内容②。

仁川亚运会中，我国队获得男子团队亚军，这是自 1990 年以来取得的最好成绩。尽管我国男子网球在不断摸索中取得了一定的成绩，但在单项赛事中，却不尽如人意。目前，国内丰富的网球竞赛体系基本能够满足球员的比赛需求，但能否在本土赛事中真正拿到分数才是关键。国家体育总局网球运动管理中心副主任卿尚霖坦言："赛事参与并非越多越好，而是要与当前我国男子网球选手的竞技实力相适，这样才能得到真正锻炼。目前，男子后备人才不足是一个十分凸显的问题，对此我们感到很忧虑，这种境况显然不利于现有运动员的成长。"

上述案例是针对我国男子网球运动队的相关报道。从所述内容来看，自 1990 年以来，我国男子网球队在仁川亚运会中曾取得团体亚军的成绩。然而，就报道来看，此次成绩为 30 多年来我国男子网球所取得的最好成绩，而导致这一状况的主要原因之一便是我国在男子网球后备人才的培养上不尽如人意。制约我国竞技体育后备人才衔接不畅的原因众多，如 2017 年由国家体育总局、教育部联合印发的《关于加强竞技体育后备人才培养工作的指导意见》指出，各

---

① 梁浩波. 我国职业网球后备人才培养若干问题的思考 [J]. 体育科技文献通报，2018，26（12）：52-53+67.

② 腾讯体育. 中国网球"阴盛阳衰"后备人才不足无力追赶 [EB/OL]. https：//sports. qq. com/a/20141010/003409. htm，2014-10-10.

级各类体校是我国竞技体育后备人才培养的主体①，反映出当下我国竞技体育后备人才仍以较为单一的政府为培养主体，社会、市场等力量的参与力度十分薄弱。市场参与度上，以中国足协对青少年足球的相关数据统计为例，与国外相比，我国各地参与青少年足球比赛的俱乐部及相关代表队不足 200 个，而日本的足球俱乐部将近 2000 个，德国 70000 多个，意大利 300618 个，巴西 300631 等②，显然，在社会、市场等对竞技体育后备人才培养的支持力度上，我国处于弱势地位，致使其成为制约我国竞技后备人才衔接不畅的主要原因之一。

2. 新兴项目人才短缺

对于新兴项目而言，后备人才急剧短缺是当前我国发展竞技体育亟待解决的问题之一。随着各国文化的不断交融，作为文化交流与传播的平台，围绕竞技体育而展开的体育赛事所开设的竞技项目也随之发生变化。以近几届奥运会为例，2012 年伦敦奥运会首次将女子拳击列为奥运比赛项目；高尔夫和七人制橄榄球通过票选的形式正式成为 2016 年里约奥运会的比赛项目；2020 年东京奥运会将滑板、冲浪、攀岩、棒垒球以及空手道列为届奥运会比赛项目等。然而，对于这些项目，我国在后备人才的培养上并不理想，呈现出人才短缺的状态。

以 2020 年里约奥运会新增项目空手道为例，以下是关于"我国福建省空手道后备人才培养状况"的相关报道③。

据悉，福建省空手道发展水平在国内处于中上等水平，在近几年国内相关系列赛事中，均表现出了良好的竞技水平。

上个月，福建体育职业技术学院承办了两场国内首见的空手道赛事，并于今年 4 月成立了省空手道队。然而，尽管福建省在空手道这一项目上处于国内较高水平，但其仍处于萌芽状态。

当前，福建省空手道队伍建设中，组手（对打）8 人，有型（摆姿势）6 人。主教练说："现有队员基本都是其他几个项目转过来的，如跆拳道、武术套路以及田径。由于全省的其他各个城市都未有专门的空手道后备人才，只能通

---

① 开创竞技体育后备人才培养新局面：《关于加强竞技体育后备人才培养工作的指导意见》专家解读之一［EB/OL］. 国家体育总局 http：//www. sport. gov. cn/n315/n331/n405/c838604/content. html，2017-12.

② 吴贻刚，王健. 我国优秀运动员职业竞技体制与青少年儿童业余训练制度衔接的模式［J］. 上海体育学院学报，2001（03）：17-21.

③ 福州新闻网. 远近之间，福建空手道寻路破茧［EB/OL］. http：//news. fznews. com. cn/dsxw/20180914/5b9b741a7434d. shtml，2018-09-14.

过跨界跨项的形式展开。"

从上述报道可以看出，作为新兴竞技项目之一，空手道后备人才的培养状况在我国十分不理想。从赛事结果来看，尽管福建省在国内已然表现出较高水平，但其在总体上还处于一种萌芽状态，全省在空手道后备人才培养方面还十分薄弱。

对于新兴项目而言，无论教练员、运动员还是训练基地都基本处于空白状态，这无疑对人才储备的数量及质量都提出了更高要求。有研究指出，新兴体育项目场馆建设十分有限，现有的这类体育场馆主要适用于专业运动员的培养，而且基本不对外开放①。这些因素限制是我国新兴竞技项目后备人才短缺的主要原因之一。

关于我国竞技后备人才培养的人才储备不足，本研究通过问卷调查了国内部分竞技体育领域的专家学者及竞技管理领导，调查结果见表2-2。

表2-2 专家关于我国竞技后备人才培养的"人才储备不足"特征认同度一览表
（N=60）

认同度	人才储备不足：我国竞技后备人才培养的备选资源匮乏		
	频数	百分比（%）	累积百分比（%）
非常认同	14	23.3	23.3
比较认同	42	70	93.3
一般	2	3.3	96.7
不太认同	2	3.3	100
合计	60	100	

由表2-22可知，23.3%和70%的调查对象非常认同和比较认同，二者累积百分比高达93.3%。显然，调查专家总体上认同我国竞技后备人才培养的人才储备不足的特征。同时，本研究针对选择"一般"和"不太赞同"题项的专家进行了电话回访。他们认为，我国竞技体育后备人才数量上存在项目差异。例如优势竞技项目的后备人才储备要明显好于非优势项目，例如乒乓球的后备人才数量相对就比较充足。毫无疑问，我国优势竞技项目的后备人才储备相对于一般项目而言，肯定会好很多。但是如果从我国竞技体育后备人才的总体储备

---

① 江姗姗，黄瑾. 新兴奥运项目在我国的文化融合问题之研究 [J]. 南京体育学院学报（社会科学版），2008（05）：21-26.

而言，相比较西方体育强国的后备人才储备，还有较大的差距。

（二）科学化水平不高，成材率较低

就竞技体育后备人才而言，成材率是衡量竞技体育发展优劣的重要指标之一。成材率越高，表明竞技体育的发展质量越高；反之，当成材率比较低时，则在一定程度上表明竞技体育发展不理想。就我国竞技后备人才培养状况来看，成材率较低是当前较为凸显的问题之一[1]，人才培养的科学化水平较低。

针对这一问题，本课题对2010—2015年的相关数据予以了统计，有助于揭示和反映我国竞技后备人才培养成材率较为低下的问题，具体如下。

其一：不同运动等级之间的运动员人数比较。

二、三线运动员与一线运动员之间的比例反映了后备人才培养的协调性问题[2]。基于此，本课题对2010—2015年我国运动员等级分布数据予以了相关统计，统计结果如下图2-1所示。

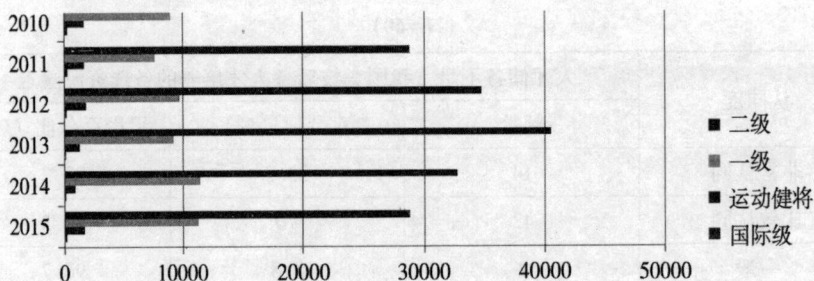

图2-1 2010—2015年我国运动员等级分布统计图

数据来源：国家统计局官方网站

图2-1是2010—2015年我国运动员等级分布统计图，图中分别对二级、一级、运动健将以及国际级四个级别进行了统计和整理。从图中可以看出，二级人数远远多于一级人数，一级人数多于运动健将，运动健将又多于国际级。客观来说，这种境况是符合一般性规律的，即越优秀的运动员，人数和所占比重越少。但当数值过小时，也在一定程度上说明后备人才的培养在成材率方面表

---

① 张波，汪作朋，葛春林，等. 我国竞技体育后备人才培养的审视与发展路径 [J]. 体育文化导刊，2018（07）：57-61.

② 骆意. 广东、湖南两省竞技体操后备人才培养比较研究 [J]. 西安体育学院学报，2005（04）：45-47.

现不佳。从图中可以明显看出，与其他级别的运动员人数相比，二级的运动员人数始终维持在较高水平，而一级尤其是运动健将和国际级运动员人数则甚少。以 2013 年为例，该年度二级运动员人数突破 40000 人，是六年之最，然而，与其他年度相比，这一年的一级运动员人数以及运动健将和国际级别的运动员人数却未达到最高，表明 2013 年竞技体育后备人才的成材率是低于其他年度的。

为进一步反映我国竞技体育后备人才培养的整体水平，本研究将上述数据进行了进一步处理，通过分析这六年的平均值，以审视我国竞技后备人才培养成材率的整体水平，具体如下表 2-3 所示。

表 2-3 2010—2015 年我国不同等级运动员与二级运动员人数比重均值统计表

	二级	一级	国家健将	国际级
人数（人）	33490	9685	1511	207
等级/二级（%）	100	28.92	4.51	0.62

数据来源：国家统计局官方网站

表 2-3 可在一定程度上反映我国竞技后备人才培养成材率的相关问题。一般情况下，所获高运动水平等级的人数越多，比重越高，说明后备人才的成材率越高；反之，当所获高运动水平等级的人越少，比重越低时，则表明后备人才在成材率方面表现不佳。通常，二级运动员是成为一名优秀运动员的重要过渡阶段，对于成材率的统计具有一定意义。从上表 2-3 可以看出，我国每年获二级运动员等级的人数大约为 33490 人，获一级运动员等级的人数约为 9685 人，是二级运动员人数的 28.92%，这一数值相对来说较为乐观。获得国家健将级别的运动员每年约为 1511 人，约为二级运动员人数的 4.51%，这一比重与一级运动员相比明显降低。

再审视获得国际级的运动员人数，平均每年获得国际级的运动员约为 207 人，仅占二级运动员人数的 0.62%，还不足 1%，意味着要培养将近 200 个二级运动员，才有可能产生一个国际级别的运动员。事实上，后备人才培养成材率能否达到 0.62% 还有待进一步追踪和统计，在"唯金论""唯冠军论"等基调下，上述比重的得出也仅仅是从二级运动员开始计算，而从选材到培育为二级运动员也需要一个过程，这一过程中必然会淘汰大量运动员。人才资源语境下，低成材率的影响正如杨再淮教授所言：除去对个人和学校的影响外，举国体制也是对国家资源的一种浪费①。

---

① 杨再淮. 竞技体育后备人才培养 [M]. 北京：人民体育出版社，2006：42.

其二：获二级运动员等级人数与获世界冠军人数之间的比较。

世界冠军是衡量后备人才培养成功与否的重要指标之一。获得世界冠军的人数越多，比重越高，说明后备人才培养的成材率越高；反之，当获得世界冠军的人数越少，比重越低时，则在很大程度上说明竞技后备人才培养的成材率不高。为此，本课题对2010—2015年所获二级运动员等级的人数与所获世界冠军的人数进行了统计整理，并对相关比重予以了计算，以期为反映我国竞技后备人才培养的成材率这一问题提供数据资料，具体如下表2-4所示。

表2-4 2010—2015年我国二级运动员与获世界冠军人数统计一览表

	2015	2014	2013	2012	2011	2010	均值
获二级人数（人）	28834	32694	40479	34735	28825	35370	33490
获世界冠军人数（人）	214	206	164	140	198	180	184
比重（%）	0.74	0.63	0.41	0.40	0.69	0.51	0.55

数据来源：国家统计局官方网站

从表2-4中可以看出，2010年至2015年，我国竞技体育中获得二级运动员等级的人数都保持在一个较高水平，2013年达到峰值，所对应的运动员的人数为40479人，其均值为33490人。再看获得世界冠军的人数，尽管从2010年到2015年，获得世界冠军的人数呈现出总体上升的态势，但每年所获世界冠军的人数不足获得二级运动等级人数的1%。从2010年到2015年，这一比重分别为0.51%、0.69%、0.40%、0.41%、0.63%及0.74%。分析这一数据，可以看出2012年最低，比重仅为0.40%，虽然2015年最高，但也仅仅为0.74%，其均值仅为0.55%。相关研究显示，人力资源投资一般在10%左右时，才能实现较好的受益率[①]。如此来看，我国竞技体育后备人才在成材率方面，表现出了较低的效率。尽管所获世界冠军人数与二级运动员人数之间的比重不能对这一问题予以权威说明，但也能在一定程度上反映出我国竞技后备人才培养的现实状况，不足1%的比重已然表明，目前我国在竞技后备人才培养成材率方面，其效果并不理想。

关于我国竞技后备人才培养成材率较低的特征，本研究通过问卷调查了国内部分竞技体育领域的专家学者及竞技管理领导，调查结果见表2-5。

---

① 国家体育总局政策法规司. 体育软科学研究成果汇编（2002：2）［M］. 北京：北京五色文化发展公司，2000：216.

表2-5 专家关于"成材率比较低：我国竞技后备人才培养的科学水平较低"
特征的认同度一览表（N=60）

认同度	成材率比较低：我国竞技后备人才培养的科学水平较低		
	频数	百分比（%）	累积百分比（%）
非常认同	17	28.3	28.3
比较认同	38	63.3	91.7
一般	3	5	96.7
不太认同	2	3.3	100
合计	60	100	

　　由表2-5可知，有28.3%的调查对象持非常赞同态度，63.3%的专家持比较赞同态度，二者累积百分比高达91.7%。显然，调查专家总体上认同我国竞技后备人才培养成材率较低的特征。同时，针对选择"一般"和"不太赞同"题项的专家，本研究进行了电话回访。他们认为，人才培养的科学水平较低会导致成材率低，但是选材、训练、教练水平、文化素养等也影响运动员的成材率。另外，运动员的成材率往往同运动员的运动级别和运动成绩有关，竞技体育的残酷性就在于一定会分出胜负，获取优胜的运动员毕竟是少数，这也是无法回避的客观现实。换句话说，运动员成材率低，在一定程度上也是竞技体育竞争的必然结果。本研究认为，专家反馈的观点的确有道理，毕竟影响成材率的因素有很多。我国竞技体育后备人才培养的成材率总体上不高，在很大程度上源于培养的粗放型和科技含量不高导致了较高的淘汰率。

（三）发展模式粗放，高投入低产出

　　当前，我国竞技体育后备人才培养呈现发展模式粗放、高投入低产出的状态。新中国成立以来，我国竞技体育后备人才的培养主要以政府为主导，即通过财政拨款进行后备人才培养工作。竞技体育后备人才培养的产出价值可通过多种形式得以衡量，如依赖竞赛所产生的政治效应、经济效应、社会效应、奖牌效应以及人才效应等多方面，典型的如2008年北京奥运会金牌问鼎，将竞技体育（及后备人才培养）的政治、经济、社会等效应推至高潮等。尽管如此，竞技体育后备人才培养更直接的体现当属竞技人才发展以及奖牌获取等竞技体育本身。对此，发展模式粗放、高投入低产出依旧是当下我国竞技体育后备人才培养的一大表现之一。

1. 综合培养效益偏低

目前来看，我国竞技后备人才培养的综合效益偏低。竞技体育后备人才培养效益的表现途径多样，周洪珍将其分为政治效益、经济效益、社会效益、人才效益以及奖牌效益五个维度①。不可否认，举国体制下，竞技体育后备人才培养工作在特定历史时期取得了极大成功，尤其 2008 年北京奥运会的成功举办以及金牌总数的高居榜首，对于提升国际地位、促进社会和谐等方面均发挥了极大的推动作用。然而，北京奥运会后，对于我国而言，竞技体育的政治、社会等效益会不可避免地下滑，进而在竞技体育后备人才培养的效益评估方面，更多倾向于人才及奖牌这类与竞技体育直接相关的向度，而由此构成的综合效益水平偏低是当前的突出特征之一。

以下是我国竞技后备人才培养综合效益统计表（表 2-6），产出指标以统一处理后的奖牌积分为准，为分析和论证我国后备人才高投入、低产出的培养状态提供了一定的数据参考。

表 2-6　我国各省（区、市）竞技后备人才培养效益情况一览表

省（区、市）	天津	上海	浙江	西藏	湖北	福建	广西	北京	江苏	广东	海南	均值
综合指标	1	1	1	1	0.982	0.862	0.799	0.756	0.716	0.705	0.636	
排序	1	1	1	1	2	3	4	5	6	7	8	
省（区、市）	江西	山东	吉林	黑龙江	贵州	宁夏	辽宁	山西	河北	河南	陕西	
综合指标	0.579	0.542	0.539	0.525	0.510	0.481	0.469	0.463	0.440	0.396	0.346	0.534
排序	9	10	11	12	13	14	15	16	17	18	19	
省（区、市）	安徽	四川	湖南	青海	云南	重庆	新疆	甘肃	内蒙古			
综合指标	0.295	0.283	0.251	0.235	0.209	0.165	0.153	0.107	0.095			
排序	20	21	22	23	24	25	26	27	28			

（依游国鹏，张春合等②整理，2018）

上表 2-6 是运用数据包络分析（DEA）对我国各省、区、市竞技体育后备人才培养效益计算所得的结果。通过表中可以看到，全国仅有四个省、区、市，其 DEA 值达到 1，包括天津、上海、浙江和西藏四个地方，而剩余省、区、市的后备人才培养效益均低于 1。按照以往全运会成绩来看，北京、广东、辽宁等省市在全国竞技体育发展方面表现出了较强的实力和水平。然而，通过上表数

---

① 周洪珍. 竞技体育人才培养投入与产出效益研究 [M]. 北京：科学出版社，2011.

② 游国鹏，张春合，吴阳，等. 基于 DEA 模型的我国各省（市、区）竞技体育后备人才培养效益研究 [J]. 体育科研，2018，39（01）：26-34.

据可知，即使这些在运动场中表现出高实力的省市，其后备人才培养效益并不佳，一定程度上可以认为这些省市辉煌战绩的取得是以更为惨重的付出为代价的。综合来看，我国各省（区、市）在竞技后备人才培养效益上的均值为0.534，也即我国竞技后备人才的培养效益整体上是偏低的，表现出投入高、产出低的态势。

单从人才培养以及奖牌获取方面来分析我国竞技后备人才的培养效益，北京奥运会之前就已明显不足。以第27和28届奥运会为例，政府对第28届奥运会的人才投入人均值为3944.1万元，是第27届的两倍之多，但从产出率看，第28届奥运会却低于第27届；从奖牌效益分析，第27届奥运会中每块奖牌投入率与产出率分别为5248.85万元和4.84，而第28届奥运会中则为13773.20万元和4.60[①]。

如此看来，以奖牌和人才为核心的后备人才培养效益不高是长期存在于我国竞技体育后备人才培养进程中的一大弊病。

2. 培养方式粗放低效

我国竞技体育后备人才在培养方式上呈现出粗放低效的状态。构成我国竞技体育后备人才培养不良的因素众多，包括人才输送、资金投入、训练效益、竞技比赛以及综合管理等多方面，尽管在一些方面表现出了一定的优势，但整体上依旧不佳。

从人才输送方面来看，作为衡量竞技后备人才培养质量的重要指标，人才输送率低是当前的显著特征之一[②]。多年来，我国竞技后备人才在输送方式上主要以三级训练网为模式，即通过少体校、省体校以及国家队这种链式形式实现竞技人才的输送。当前，国家相关部门进一步指出，要继续以三级训练网为我国竞技体育后备人才培养的主要模式。然而，相较而言，二线人数偏多，一线和三线人数偏少的橄榄球式人才结构[③]，表征着当前我国竞技体育后备人才培养方式效率较低。

从资金投入维度审视，投入管理低效、资源配比失衡是我国竞技后备人才高投入、低产出的突出表现。相关研究表明，竞技体育的发展水平与经济发展

① 周洪珍. 竞技体育人才培养投入与产出效益研究 [M]. 北京：科学出版社，2011：88-105.
② 马志和，朱剑华，等. 竞技体育后备人才培养现状与改革路径 [J]. 中国体育科技，2002，38（08）：43-45.
③ 游国鹏，张春合，吴阳，等. 基于DEA模型的我国各省（市、区）竞技体育后备人才培养效益研究 [J]. 体育科研，2018，39（01）：26-34.

程度具有较高关联，进而在政府主导下，竞技后备人才的培养便离不开财政的支持。可以认为，财政投入力度越大，越有利于后备人才的培养。单一性、无偿性是财政投入的典型特征，尽管通过政府投入促进竞技后备人才培养在很大程度上符合多年来我国计划经济以及奥运争光等相关工作的性质，但这种公益性、无偿性的支出方式在监管不善等的背景下也带来了一系列问题。如基于无偿投入，各个项目的利益相关者为了获得更大利益，便费尽心思拉拢投入，导致部分项目出现资金挪用的乱象①。此外，从资金投入配比来看，财政投入的大部分资金都用于一线运动员的训练和管理工作，相比之下，二线、三线运动员所享有的资源更为稀少。

从培养过程着手，尤其对于三线运动员而言，教练专业水平有限、培养功利化凸显等成为我国竞技后备人才培养的主要症结，进一步导致培养过程及结果的粗放低效。三线运动员及运动队伍的培养是我国竞技后备人才的基础，以三级训练网模式为主，运动员往往都会经历少体校训练阶段，该阶段基本以三线运动员为主，相较而言，三线教练员无论在执教能力还是专业技能方面都处于劣势。如对江苏省青少年拳击后备人才培养现状的相关研究指出，教练员整体水平不高、经验不足、赛事经验较少等是目前亟待解决的问题之一②。此外，在"唯金论"理念导向下，一些教练员会采取急功近利的手段，使青少年运动员持续承受超负荷训练。这种训练方式虽然有可能会在短期内使运动员的成绩显著提升，但从长远来看，这种不符合机体发展规律的揠苗助长式的训练方式极有可能给运动员带来终身的损伤，缺乏科学的训练指导，也会过早地断送一些具有优异运动天赋运动员的运动生涯。

总的来看，目前，我国竞技后备人才的培养方式还较为粗放低效，而这显然不利于后备人才培养工作的开展，同时也不利于竞技体育可持续发展的推进。

关于我国竞技后备人才培养的高投入、低产出的特征，本研究通过问卷调查了国内竞技体育领域的部分专家学者及竞技管理领导，调查结果见表2-7。

---

① 国家体育总局政策法规司. 体育软科学研究成果汇编（2002：2）［M］. 北京：北京五色文化发展公司，2000：247.
② 瞿惠芳. 江苏拳击队后备人才队伍现状与对策研究［J］. 南京体育学院学报（自然科学版），2011，10（04）：1-3.

表 2-7 专家关于"高投入、低产出：我国竞技后备人才培养的粗放发展模式"特征的认同度一览表（N=60）

认同度	高投入低产出：我国竞技后备人才培养的粗放发展模式		
	频数	百分比（%）	累积百分比（%）
非常认同	24	40	40
比较认同	31	51.7	91.7
一般	3	5	96.7
不太认同	2	3.3	100
合计	60	100	

由表 2-7 可知，有 40% 的调查对象持非常赞同态度，51.7% 的专家持比较赞同态度，二者累积百分比高达 91.7%。显然，调查专家总体上认同我国竞技后备人才培养的高投入、低产出的特征。同时，针对选择"一般"和"不太赞同"题项的专家，我们进行了电话回访。他们主要不太认同"低产出"，而是将运动员的"高淘汰率"列为粗放培养模式的主要原因。

（四）文化教育短缺，学训矛盾突出

文化教育短缺、学训矛盾突出是我国竞技后备人才培养进程中的主要弊病之一。运动员文化课学习和运动训练之间的矛盾导致其作为"学生"与"运动员"之间的身份冲突。按照我国教育部门颁布的相关文件，学生在适龄阶段必须接受文化课的学习，通过多方位的学习，以实现德智体美全面发展。就竞技体育后备人才而言，绝大多数处于义务教育年龄段，应在培养过程中接受多方位的学科教育。然而，就目前现状来看，重训练、轻教育的状况依旧十分严峻[①]。此外，"体教结合"自实施以来，并未取得明显成效，这也是我国竞技后备人才培养进程中亟待解决的困境之一。"体教结合"在很大程度是以解决运动员学训矛盾为前提的，本部分将对其相关问题予以辅证，不另作阐述。关于我国竞技体育后备人才培养中存在的文化教育短缺、学训矛盾突出，可从以下几个方面进行分析。

1. 参训情状

运动训练是运动员提高运动成绩和竞技能力的重要途径，也是导致学训矛

---

① 丁海勇，韩冬，等. 我国高等院校高水平运动员"学训矛盾"现状及对策研究［J］. 北京体育大学学报，2007（03）：374-376.

盾的核心因素。因此，对我国竞技后备人才的参训情状进行分析，有助于进一步认识这一问题。我国竞技后备人才参训情状可从训练安排和管理形式两方面予以讨论。

其一，长时间、高频率的训练安排对运动员的精力造成较大消耗。运动训练是竞技后备人才提高运动成绩、展示个人魅力等的主要途径，运动员只有经过长期的运动训练，才有可能达到竞技巅峰。竞技后备人才主要以青少年群体为主，这一时期，他们本应接受全方位的学校教育，然而，长时间、高频率的训练安排消耗了运动员的较大精力，分散了其对于文化课相关知识的学习精力，从而导致学训矛盾的产生。从参训时间来看，相关研究显示，我国乒乓球优秀后备人才的日平均训练时间在 5 小时，除去睡眠、饮食等时间消耗外，能够用于文化课学习的时间十分有限①。从训练频率来看，竞技后备人才要想获得提升效应，就必须遵从一定的训练规律。例如，基本训练周中，处于基础训练阶段初期的儿童少年运动员每周训练 3~4 次，随着年龄的增长和水平的提高，运动员逐渐能够承受更大的负荷，课次也随之逐渐增多，直至高水平运动员每周训练 12~14 次，每次训练 2~3 个小时②。如此来看，相较于正常接受学校教育的学生来说，竞技体育后备人才文化课学习的时间远远不够。

其二，重竞技、轻文化的管理模式进一步加剧了竞技后备人才的学训矛盾。目前，我国竞技后备人才在学习和训练的分配管理上主要有三种模式，分别为以体校为典型的折半管理，即半天用于文化课学习，半天用于运动训练；以各中小学为主的业余训练管理模式，主要在学生的业余时间如活动时间进行训练；挂名式的管理，即运动员不接受学校的文化课学习，仅仅将学籍挂在某个学校，只有在重大赛事或者紧急情况下才会返回学校，这类学生用于文化课学习的时间更为稀少。

从参训境况来看，长时间、高频率的训练安排对竞技后备人才本应用于文化水平提升的时间造成了消耗和占用。对于竞技体育后备人才来说，无论是在体校接受专业训练的运动员还是普通中小学中的业余受训者，事实上，他们都将自己的定位与普通中小学生作了区别。体校中的运动员显然把自己的主要价值定位于运动成绩，相较于普通中小学，体校的相关领导也将运动员的运动成绩看得更为重要。在该理念影响下所形成的管理模式自然更倾向于竞技体育，

① 周星栋，肖丹丹，张瑛秋. 乒乓球后备人才培养中的学训矛盾及对策研究［J］. 体育文化导刊，2018（05）：62-67.

② 田麦久. 运动训练学：第 2 版［M］. 北京：高等教育出版社，2017：282.

从而自上而下地造成对文化课学习的忽视。

2. 学习境况

对竞技后备人才的学习境况予以分析，能够在一定程度上反映其学习与训练之间的冲突，有助于进一步理解学训矛盾这一问题。对竞技后备人才学习境况的分析可通过以下两个方面进行解读。

其一，运动员文化课学习时长较短。如上所述，无论是体校运动员还是就读于普通中小学的业余运动员，参与运动训练就会消耗运动员大量的时间和精力。体校中的运动员，除睡眠、饮食等基本时间需求之外的二分之一时间均用于日常训练，如此大的时间占比，无疑会对其文化课的学习质量产生负面影响。而就读于普通中小学的运动员，即使仅利用其课余时间进行运动训练，虽在表面上未对其文化课学习造成负面影响，但大负荷训练下机体能量的消耗会对这些运动员的文化课学习造成不利影响，从而影响学习质量等。

其二，运动员文化课成绩相对较低。与接受正常学校教育的学生相比，竞技后备人才在文化课的学习方面整体上处于落后地位。相关研究显示，体校学生的文化课成绩考核中，仅有不到60%的运动员能够考试合格，有将近20%的运动员存在考核不合格甚至重修的情况，此外，还有8%左右的运动员即便补考仍旧不合格①。单从文化课考试成绩来看，以体校为主的竞技后备人才在文化课的学习上处于薄弱地位，而事实上，对于体校运动员而言，文化课考试试题的难度并不高。如此看来，运动员文化课成绩相对较低便是竞技后备人才培养中学训矛盾的突出表现之一。

无论从学习时长还是考试成绩来看，我国竞技后备人才都表现出了一定的劣势和不足。当然，由此引发的学训矛盾除训练所造成的外部影响外，运动员自身也存在较大的因素。相对于一般学生来说，一些中小学校在招收体育特长生时，本身就提供了较低文化课成绩要求的平台。因此，所招收的体育生的文化水平本身就比较薄弱。加之后天个人学习意志的不足以及学校对这些学生的宽松管理等因素，造成其文化课学习落后的现实表征。

3. 体教结合

体教结合是针对我国竞技后备人才学习与训练之间的冲突所提出的解决理念及策略，旨在缓解两者之间的矛盾。然而，自体教结合提出以来，仍然没有取得实质性进展，学训矛盾依旧是当前亟待解决的问题之一。目前，体教结合

---

① 陶然成，龚波，等. 高校高水平运动员学训矛盾研究 [J]. 北京体育大学学报，2010，33（10）：86-89.

实施不畅主要表现在以下几个方面。

其一，体育与教育"两张皮"。体教结合收效甚微的主要原因之一便是体育系统与教育系统各自行动，目标诉求不统一①。事实上，体育也是育人的重要环节，作为体育的组成部分，竞技体育自然也在一定程度上承担着育人的功能。然而，就目前现状来看，无论体育系统还是教育系统，很大程度上都将运动员视为实现相关目标的工具，而且两者在具体目标上又具有一定的差异。一般来说，教育系统更多的是为了提升学校的知名度和影响力，而体育系统则更倾向于经济利益的获取，由于目标冲突，体教结合的理念也就仅能流于口头层面，无法真正促进两者的融合。例如，教育部门举办的体育赛事中，已在体育系统注册的运动员即使达到等级要求，也不授予等级证书，甚至无法参与相关赛事，这种境况便是两方结合不畅的典型表现。

其二，资源配置不平衡，供给效率不高。资源配置供给率不佳主要表现为体育和教育系统的资源未能良好整合②。教育系统和体育体系是实施体教结合的主要力量，对于教育系统来说，国家赋予普通院校培养运动员的权利，一方面以期能够缓解体育系统的人才培养压力，另一方面则基于人的发展予以考虑，彰显了一种价值理性。然而，与体育系统的相关院校相比，其在与竞技后备人才培养所需的教练员、体育器械、基本场地等方面相比，显然呈现出了一定的劣势。而作为以竞技成绩为办校理念的体校，其在促进体教结合实现的教育师资、教学氛围等均相对较弱。在两个系统相割裂的前提下，未能将资源得以有效整合。如此一来，资源受限前提下，普通院校的学生对于"体"这一条件难以获得其更好保障，而体校类学校则在"教"方面效果欠佳，从而致使体教结合的施行受阻。

其三，传统培养理念根深蒂固，路径依赖使体教结合停留于表层。需肯定的一点的是，目前，相关群体对体教结合已具有一定的认知，并且对此基本持认可态度。然而，具体到实际落实方面，体教结合便显得力不从心。当前，竞技体育的功利性特征并没有发生实质性的改变，衡量竞技体育发展优劣的核心指标仍然是成绩和奖牌。在后备人才培养进程中，其根本诉求也进而更多指向

---

① 单凤霞，郭修金，陈德旭. 让"体教结合"走向"体教共生"[J]. 体育学刊，2017，24（05）：88-92.

② 陈宁，卢文云，王永安，等. 完善我国高水平竞技体育人才培养"体教结合"模式的研究[J]. 成都体育学院学报，2014，40（06）：8-16.

同一内容，传统培养理念和方式所形成的路径依赖进一步加剧了这一模式的变革①。因此，忽视运动员的文化教育，突出运动的竞技成绩便不可避免地存在于新时期后备人才培养进程中，而这无疑是导致体教结合不畅的重要因素。

关于我国竞技后备人才培养的学训矛盾突出的特征，本研究通过问卷调查了国内竞技体育领域的部分专家学者及竞技管理领导，调查结果见表 2-8。

表 2-8 专家关于"学训矛盾突出：我国竞技后备人才培养的亟待破解难题"
特征的认同度一览表（N=60）

认同度	学训矛盾突出：我国竞技后备人才培养的亟待破解难题		
	频数	百分比%	累积百分比%
非常认同	42	70	70
比较认同	18	30	100
一般	0	0	100
不太认同	0	0	100
合计	60	100	

由表 2-8 可知，调查对象持非常认同态度和比较认同态度的分别占 70% 和 30%，二者累积百分比高达 100%。显然，调查专家总体上认同我国竞技后备人才培养的学训矛盾突出的特征。在当前竞技体育后备人才培养的模式下，运动员本来的文化基础相对薄弱，再加上训练时间相对较长，学习时间相对较短，以及训练所导致的肌体疲劳和学习兴趣不高等原因，学训矛盾问题的确是一个亟待解决的难题。

（五）人才结构失衡，多向度差异显著

我国竞技后备人才的培养，一个突出表现便是人才培养的结构失衡，而这一失衡体现在多个向度，主要包括项目失衡、性别失衡以及区域失衡。尽管导致这一窘状存在一些非人为、客观性的因素，但也在某种程度上揭示出我国竞技后备人才培养的弊病。

1. 项目失衡

不同项目在竞技后备人才培养过程中表现出非均衡的状态。项目供给是竞

---

① 杨蒙蒙，吴贻刚. 体教结合制度变迁的路径依赖与突破策略［J］. 体育文化导刊，2019
（06）：58-63.

技体育的核心构件之一，而竞技项目的发展无法脱离运动员。可以认为，某一项目竞技后备人才储备越充足，越有利于该项目的发展。然而，我国竞技后备人才在项目分布上表现出了较大的不均衡，反映在项目上则表现为项目结构失衡，而这一问题依旧是当前我国竞技体育发展的突出问题之一①。二级运动员是成为一名顶级运动员的必备过程，也是当前运动等级一个较为初级的状态，分析目前我国二级运动员的专项分布，有助于在一定程度上了解各项目后备人才的培养状况。基于此，下文对我国二级运动员的专项分布进行了统计与整理（由于国家统计局官方网站仅对2010—2013年相关数据的显示较为全面，故以下折线图的制作以此为数据来源）。

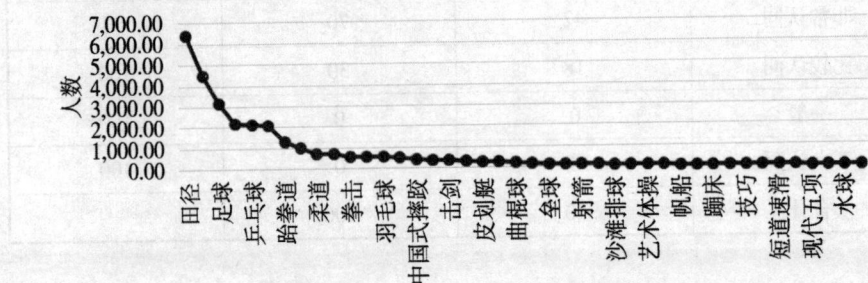

图 2-2　2010—2013 年我国不同竞技运动项目二级运动员平均分布折线图

从图 2-2 可以明显看出，当前，我国二级运动员在专项分布上存在较大的不均衡。作为基础大项，在田径这一项目上获得二级运动等级的运动员人数最多。尽管这种结果在很大程度上取决于田径小项众多的因素，但与同属于"119工程"的水上项目相比，田径在后备人才培养的基数上显然是占据优势的，而水上项目则处于相对劣势地位。此外，从上图可以看出，在足球、篮球、排球、游泳等项目中的二级运动员人数也比较多。而与此相对，诸如现代五项、水球、帆船等项目获得二级称号的运动员人数并不多，一定程度上折射出当前我国竞技后备人才培养在这些项目中处于薄弱地位。

此外，就某一大项来看，其诸多小项在后备人才培养数量上也表现出了一定的差异。如相关研究在对冰雪项目后备人才予以分析中指出，冰球、速滑等项目的后备人才数量相对较为充足，而冬季两项以及单板等项目的后备人才数

---

① 彭国强，杨国庆. 新时代中国竞技体育结构性改革的特征、问题与路径 [J]. 武汉体育学院学报，2018，52（10）：5-12.

量则较少，人才培养存在项目结构失衡①。

导致我国竞技后备人才培养项目不均的因素众多，既包括体制性因素，也包括社会影响性等因素。从当前竞技后备人才培养的数量来看，一些具有相似竞技性质的项目，部分项目在后备人才培养方面的表现相对较好，而部分项目则相对较差。以足球和水球为例，尽管两个项目活动区域有所不同，但在很多方面两者具有相似特征，如都是集体性直接对抗类项目，都带有一定的趣味性等，但两者在后备人才基数方面却大相径庭。再如，类似于举重这样较为枯燥、社会关注度较低的项目，在我国后备人才培养方面却表现出了较好的态势。这一境况很大程度上是由我国竞技后备人才的培养体制所造成的。一直以来，举国体制都是我国发展竞技体育的核心和主导模式，基于竞技体育所具有的政治效应，国家有针对性地发展一些赶超性项目，以促进相关目的的实现。当然，不同项目竞技后备人才的分布还受其他多种因素的影响，例如项目的趣味性、社会的影响性等，均是造成我国竞技后备人才培养项目不均的影响因素。

2. 性别失衡

竞技后备人才培养男女不均是当前较为凸显的问题之一。基于二级运动员的情况对分析该问题具有一定的参考意义。通过对 2010—2015 年所获二级运动员的男女人数进行统计与整理，得到如下 2-3 图示。

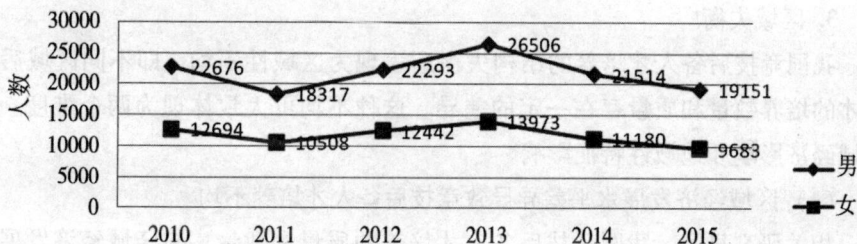

图 2-3 2010—2015 年国家二级运动员男女数量对比折线图

数据来源：国家统计局官方网站

首先，从图 2-3 中可以看出，我国男女二级运动员的数量均随时间的推移发生着一定的变化，而且基本保持相同的变化趋势，如 2011 年，我国男女二级运动员数量相对较少，而 2013 年则达到这六年之最高，随后的两年又表现出了一定的下降趋势等。除此之外，图中所示另一个较为清晰的特征即为国家二级

---

① 吴晓华，伊剑. 北京冬奥会背景下冰雪后备人才培养现状与对策研究 [J]. 南京体育学院学报（社会科学版），2017，31（05）：25-29.

运动员的男性运动员数量在整体上均高于女性运动员，两者之间的差距基本保持在 10000 人次左右。例如，2010 年我国男子二级运动员人数为 22676 人，女子为 12694 人，两者相差 9982 人；2013 年的这一数值达到近几年最高，分别为 26506 人和 13973 人，差值为 12533 人。如此看来，男子二级运动员数量高于女子二级运动员已基本呈常态，这也在一定程度上表明，我国竞技后备人才在男女性别培养上存在不均。

此外，从单个项目后备人才不同性别的培养与构成来看，也表现出了一定的不均。如相关研究在对部分省市青少年网球后备人才的研究中指出，从参赛人数来看，小学组男子参赛人数将近女子参赛人数的两倍；而初中组男子运动员参赛人数为女子参赛人数的两倍之多①，与小学组相比，这一不均被进一步拉大。再如，跆拳道项目在不同等级后备人才培养数量上也基本表现出男子多于女子的基本事实，性别比例具有一定的非均衡性，男子略多于女子②等。

整体上看，我国竞技后备人才培养存在男女失衡的表征，大多数项目中，男子多于女子。导致这一现状的因素包含多个方面，例如，来自家庭的影响，多数竞技项目具有激烈对抗的特性，而受传统文化女子内敛、柔弱等的思想影响，很多家长在教育子女时具有一定的价值取向，即相较男子而言，对女子参加竞技体育持一定的保守态度等。

3. 区域失衡

我国竞技后备人才培养的结构失衡还表现为区域性不均，即不同区域后备人才的培养数量和质量存在一定的差异。这种不均可大致体现为两个维度：受区域经济影响和地域性特征影响。

（1）区域经济发展水平差异导致竞技后备人才培养不均

相关研究显示，我国竞技后备人才培养的质量和数量，与区域经济发展水平呈高度正相关③。随着科技等诸多现代技术的发展，竞技体育的发展愈发离不开经济的支持，竞技后备人才的培养也越来越依赖于经济。从我国当前现状来看，尽管区域经济在不平衡特征上有所回弹、缓和，但省际经济发展不均这一矛盾依旧严峻，总体上表现出东部地区优于中部地区、中部地区优于西部地区

---

① 张莹，陈丽娟. 重庆市 8~19 岁网球后备人才现状调查及对策研究 [J]. 西南师范大学学报（自然科学版），2014，39（10）：123-126.
② 侯江渊，窦燕，任为民，等. 我国跆拳道后备人才发展现状及对策研究 [J]. 体育文化导刊，2014（11）：65-67+91.
③ 阳艺武，吕万刚，郑伟涛. 我国竞技体育后备人才培养现状与发展评价 [J]. 上海体育学院学报，2015，39（03）：44-49+74.

的发展态势①。基于经济水平与后备人才培养之间的高度正相关性，我国区域经济发展水平的不平衡导致我国竞技后备人才培养失衡。如通过各地经济发展水平与其竞技成绩之间的关系来看，广东、浙江、上海、辽宁等省市，在经济发展上处于相对优势水平，就其全运会成绩来看，基本保持在较高水准；而云南、甘肃、宁夏、西藏等省区经济发展水平较为滞后，后备人才培养工作也较为薄弱。

（2）地域性特征影响引起竞技后备人才培养失衡

竞技体育项目众多，部分项目在很大程度上对训练环境具有较高要求，而各个区域在其地域特征上具有一定差异，这就导致了我国竞技后备人才在培养过程中的区域性特征。通常来说，对于一些对客观条件依赖性较高的项目，某一地区所具备的先天训练环境越好，越有利于这一项目后备人才的培养。以冰雪项目为例，目前，区域性的人才结构失衡是制约这一项目获取进一步发展的主要因素之一。作为冰雪城市，东北三省在该项目的后备人才培养方面无疑具有显著的地域优势。正如相关研究通过对第 13 届全国冬运会奖牌进行统计分析后得出，将近 1400 名运动员来自北方，而尤其集中于东北三省②，说明冰雪项目后备人才在这些区域表现更优，很大程度上得益于其得天独厚的地域优势。

总的来看，我国竞技后备人才还存在区域培养不均的现状。尽管这种状况在一定程度上受到多种客观因素的影响和制约，但过大的地域差异会对竞技后备人才的选拔、培养等相关工作产生一定的阻滞作用，不利于我国竞技后备人才的培养。

关于我国竞技后备人才培养的人才结构失衡的特征，本研究通过问卷调查了国内竞技体育领域的部分专家学者及竞技管理领导，调查结果见表 2-9。

由表 2-9 可知，调查对象持非常认同态度和比较认同态度的分别占 45% 和 55%，二者累积百分比高达 100%，显然，调查专家总体上认同我国竞技后备人才培养的人才结构失衡的特征。我国在近几年奥运会上之所以取得不错的成绩，主要依靠射击、乒乓球、举重、跳水、羽毛球、竞技体操等优势项目，而很多待发展项目往往都没有奥运会参赛资格。另外，相对于西部地区和偏远地区，在我国中东部经济发达地区，竞技项目发展相对较全面，并且具有自己的优势

---

① 王成新，孙冰，等. 我国经济社会发展不平衡性的结构化分析：1978—2016 [J]. 干旱区资源与环境，2019，33（12）：16-21.

② 王锥鑫. 我国冰雪运动竞技人才储备与发展路径研究 [J]. 南京体育学院学报（社会科学版），2017，31（02）：82-87.

项目。

表 2-9　专家关于"人才结构失衡：我国竞技后备人才培养的多向度差异"
特征的认同度一览表（N=60）

认同度	人才结构失衡：我国竞技后备人才培养的多向度差异		
	频数	百分比（%）	累积百分比（%）
非常认同	27	45	45
比较认同	33	55	100
一般	0	0	100
不太认同	0	0	100
合计	60	100	

（六）退役安置困难，出口保障不畅

退役安置问题是影响我国竞技后备人才培养的主要因素之一。在以政府为主导的竞技体育发展模式下，高投入低产出的竞技效益使得竞技体育的入口越来越狭窄。基于对运动员出路的考究，就业不畅的现实境况成为阻碍竞技后备人才投身体育项目的一大疾患。

对于运动员退役安置困难这一问题，国家及地方相关管理机构已给予了较高的重视。如制定相关法律法规，包括 2002 年国家体育总局《关于进一步做好退役运动员就业安置工作的意见》、2007 年国家体育总局《运动员聘用暂行办法》、2014 年国家体育总局《关于进一步做好退役运动员就业安置工作有关问题》、2004 年广东省《退役运动员就业安置办法》以及 2008 年山西省《竞技体育人才培养和退役安置办法》等，以期缓解我国运动员退役安置困难的问题，以及解决由此引发的竞技后备人才流失的问题。尽管从国家到地方出台了一系列相关文件，但就目前来看，运动员退役安置问题依旧突出，相关表现如下。

1. 转型成功仅为少数，退役安置依旧呈现不良态势

从我国竞技现状来看，确实有一些运动员在退役后成功转型，再次实现了人生价值。如跳水运动员田亮、花样游泳运动员张蕾、射箭运动员范硕、射击运动员贾蓉等，这些运动员通过自身的不断努力以及其他外在因素的共同作用，实现了运动退役后的就业转型，成为我国退役运动员的优秀楷模和典范，为解决我国运动员退役安置这一问题提供了路向模板。然而，从我国整个竞技体育退役运动员的安置问题来看，转型成功者仅为少数，大多数运动员在退役后依

旧无法获得良好的就业保障，而这成为阻碍竞技后备人才培养和发展的重要因素之一。

以下是关于我国运动员退役后生活状态的相关报道①。

退役即失业！体操冠军街头乞讨，韩乔生却说有运动员比他还惨！

我国优秀体操运动员张尚武街头卖艺的事件引发媒体热议，其曾获得大运会体操冠军。但类似张尚武退役后缺乏生活保障的运动员并不在少数，包括邹春兰搓澡、艾冬梅售卖奖牌……

然而，在议论背后，我们应该对这一问题有所追问和反思，是什么因素导致我国优秀运动员在退役后发生此类悲剧？是其自身缘由还是国家问题？

不可否认，我国有一系列相关文件政策以保障退役运动员的就业安置，但其仅针对精英运动员而言，如世界冠军、奥运冠军等，其余运动员是不包含于此的。

相关研究显示，该年我国退役运动员新增 2000 多名，将近一半的运动员无法得到就业保障，意味着这些运动员退役后就会失业。

这一事件发生后，韩乔生曾言，相对来说，张尚武的境况并不是最惨的，那些从省队或者市队退下来的运动员很可能会更惨。

举国体制下，对于我国运动员来说，竞技成绩是首要的。运动员的文化课学习等全面教育多流于形式，进而存在运动员普遍文化素养不高的状况，他们一旦退役，将很难适应社会生活，难以维持生活需求，导致悲惨状态的发生。

从上述报道可以看出，当前，退役就业困难仍然是阻碍我国竞技后备人才培养的凸显问题之一。相关研究曾对我国部分省市的退役运动员就业安置问题予以过专门调查和分析，研究结果指出，有将近 30% 的运动员在退役后的 5 年内依旧缺乏合适工作，超过 10% 的运动员在退役后的月收入不足 1000 元②。如此看来，尽管在多方共同努力下，我国退役运动员就业安置问题得以解决，部分优秀运动员也实现了成功转型。但整体上看，退役安置困难仍然是阻碍我国竞技体育发展的一大弊病，也是阻碍我国竞技后备人才培养的重要因素。

---

① 退役即失业．政解足球［EB/OL］．http://baijiahao. baidu. com/s? id=1555101053092869&wfr=spider&for=pc，2016-12-30．

② 孟庆方．国内部分待安置退役运动员现状调查及孤独感、生活满意度分析［J］．山东体育学院学报，2014，30（05）：39-43．

2. 精英运动员再就业状况参差不齐

精英运动员是我国退役就业安置的主要受益群体，但就该群体而言，就业状况参差不齐。精英运动员主要是指在一些国际、国内大赛中取得优异运动成绩和运动名次的运动员。就国内退役就业安置政策而言，主要以精英运动员为主。尽管如此，条件不同，精英运动员的就业状况也不同，甚至有些运动员也存在退役就业无法保障的问题。

从性别来看，男性精英运动员的就业状况整体优于女性。对比男女精英运动员就业现状，尽管男女精英运动员退役后在多个领域中均有涉足，但就失业率来看，女性精英运动员的失业率约为8%，男性精英运动员的失业率约为3.3%①。如此看来，男性精英运动员的整体退役就业状况要略优于女性。导致这一现象的因素可能来看运动员本身，也受社会客观条件的影响。部分女性精英运动员在退役后自我松懈导致就业不畅，加之社会中的某些行业存在一定的性别歧视，在人才招聘中更倾向于男性就业者，这也在一定程度上导致男性精英运动员在退役后就业状况优于女性。

从竞技成绩来看，工作阶层处于上层的往往是运动成绩更为优异的。从我国当前一些退役的精英运动员就业状况来看，就职于管理层的，尤其是体育领域中的相关管理职位，大部分都是在国际大赛中取得优异运动成绩并产生较大影响的运动员。如郎平曾担任中国女排总教练和中国排球学院院长，她之所以能够就职于此任，很大程度上归功于20世纪七八十年代所取得的优异运动成绩。再如刘国梁曾任中国乒乓球总教练，目前，任职于中国乒乓球协会副主席。回顾刘国梁的竞技史，他1991年破格入选国家队，1996年获得乒乓球世界杯男子单打冠军、中国第一位大满贯得主等优异的运动成绩，对此不难理解了。

从文化水平来看，文化程度越高，越有利于退役后就业的安置。应该说，文化水平的高低是影响运动员退役后就业安置的重要因素之一。市场化条件下，可就业途径众多，关键是运动员自身能力和水平能否满足相关工作单位的职能要求。如前文所致，文化水平相对较低是我国竞技后备人才的突出问题之一，加之体教结合不畅，这一问题往往会影响运动员的整个训练生涯。当运动员文化水平受限时，即使拥有再优的运动成绩，如果无法满足工作岗位的职能需求，也难以找到合适的工作。因此，对于精英运动员来说，也存在文化水平越高，越有可能获取良好工作岗位的状况。

---

① 李留东. 我国退役精英运动员再就业现状分析：基于社会分层视角［J］. 上海体育学院学报，2015，39（01）：29-34+51.

总的来看，即使是精英运动员，也存在一定的就业待遇差异。整体上表现为成绩越好，越有可能获得较好的就业岗位。除此之外，男性运动员的就业状况优于女性，文化程度高者优于文化程度低者等。

关于我国竞技后备人才培养的退役安置困难的特征，本研究通过问卷调查了国内竞技体育领域的部分专家学者及竞技管理领导，调查结果见表2-10。

表2-10 专家关于"退役安置困难：我国竞技后备人才培养的出口保障不足"特征的认同度一览表（N=60）

认同度	退役安置困难：我国竞技后备人才培养的出口保障不足		
	频数	百分比（%）	累积百分比（%）
非常认同	32	53.3	53.3
比较认同	25	41.7	95
一般	3	5.0	100
不太认同	0	0	100
合计	60	100	

由表2-10可知，有53.3%的调查对象持非常赞同态度，41.7%的专家持比较赞同态度，二者累积百分比高达95%。显然，调查专家总体上认同我国竞技后备人才培养的退役安置困难的特征。同时，针对选择"一般"题项的专家，我们进行了电话回访，以了解他们的观点。他们认为，运动员安置问题的解决对于运动员来说，能很好地解除其后顾之忧。但是其安置问题，一方面是出口问题，另一方面是运动员的培养问题。同时还有专家认为，运动员的退役安置，不属于后备人才培养过程中的特征。本研究也同意专家的反馈意见，当时设计问卷时主要是考虑运动员的出路对于其进入后备人才队伍影响很大，这也许是众多专家持有类似观点而支持该题项的原因。

综上所述，一方面，我国竞技体育后备人才培养为我国竞技体育事业的发展和奥运争光计划辉煌成就奠定了坚持的基础，作出了巨大的贡献。另一方面，竞技体育辉煌成就的光鲜背后，是我国竞技体育后备人才培养中的诸多积弊沉疴，各种问题和矛盾也在不断地累积。因此，正确审视和看待我国竞技体育后备人才培养的现状和问题，归纳总结竞技后备人才培养的基本特征，有助于在经济发展新常态的背景下，逐步破解我国竞技体育后备人才培养中的各种困境，进而采取针对性的改进和改革措施，提升我国竞技体育后备人才培养的效益，促进竞技体育后备人才培养的可持续发展。

第三章

理论诠释:"我国竞技体育发展新常态" 的概念提出

一、"我国竞技体育发展新常态"的理念缘起

(一)国内外经济发展新常态的决定性影响

美国次级房屋信贷危机所引发的 2007—2009 年世界金融危机席卷全球,中国经济也遭受冲击。2008 年 9 月,中国经济增速快速回落,出口出现负增长,大批农民工返乡,经济面临硬着陆的风险。为了应对这场危局,中国政府于 2008 年 11 月推出了进一步扩大内需"4 万亿"刺激计划,对改变中国经济的下滑起到了明显的遏制作用。随后,中国 GDP 增速从 2012 年起开始回落,2012 年、2013 年、2014 年上半年增速分别为 7.7%、7.7%、7.4%,告别了过去 30 多年平均 10% 的高速增长[①]。这是经济增长阶段的根本性转换,中国经济发展进入了新常态。中国经济发展新常态主要表现在:速度方面,从高速增长转为中高速增长;结构方面,经济结构不断优化升级;动力方面,从要素驱动、投资驱动转向创新驱动。

正所谓生产力决定生产关系,经济基础决定上层建筑。在市场经济还不能在竞技体育领域占据主导地位的背景下,我国竞技体育的发展主要依靠国家财政来提供发展动力。我国经济发展的新常态,必将传导到竞技体育领域,进而对竞技体育的发展产生深远影响。因此,我国竞技体育的发展必将伴随着经济发展的新常态进入"竞技体育发展新常态"。这既是经济发展新常态的影响,也是我国竞技体育自身发展到特定阶段的必然结果。

---

① 习近平"新常态"表述中的"新"和"常".中国新闻网.2014-08-10［引用日期 2015-03-06］.

关于我国经济发展的"新常态"必将推动竞技体育发展也进入"新常态"，并进一步影响我国竞技体育后备人才的培养的观点，本研究通过问卷调查了国内竞技体育领域的部分专家学者及竞技管理领导，调查结果见表3-1。

表3-1　专家关于"我国经济发展的新常态必将推动竞技体育发展进入新常态"
观点的认同度一览表（N=60）

认同度	基于事物普遍联系的观点和经济基础的决定作用，我国经济发展的"新常态"必将推动竞技体育发展进入"新常态"，进而会对我国竞技体育后备人才的培养产生影响		
	频数	百分比（%）	累积百分比（%）
非常赞同	11	18.3	18.3
比较赞同	43	71.7	90
一般	4	6.7	96.7
不太赞同	2	3.3	100
合计	60	100	

由表3-1可知，分别有18.3%和71.7%的调查对象持赞同态度，二者累积百分比高达90%。显然，调查专家总体上认同"我国经济发展的新常态必将推动竞技体育发展进入新常态"的观点。同时，针对选择"一般"和"不太赞同"题项的专家，我们进行了电话回访，以了解他们的观点。他们的观点主要表现在虽说经济基础决定上层建筑，但是我国竞技体育的特殊国情和行政干预能力，可能会在很大程度上决定竞技体育的发展方向和轨迹。换句话说，持不太赞同观点的专家，更加认同我国竞技体育的发展受制于国家行政的意志，国家可以在经济不太景气的情况下，保持甚至增加竞技体育的经费投入。本研究认为，个别专家的反馈意见具有一定的道理，也的确存在一定程度上个别领导决定体育经费的现象。但是从长远来看或者总体上来看，经济基础决定上层建筑的基本规律不会变，我国竞技体育发展和竞技体育后备人才的培养，必将会不同程度地受到我国经济发展新常态的影响。

（二）我国社会主要矛盾根本性转变的影响

"社会主要矛盾的变化"是习近平总书记于2017年10月18日在党的十九大报告中提出的治国理政方针理论。他指出："中国特色社会主义进入新时代，我国社会主要矛盾已经转化为人民日益增长的美好生活需要和不平衡不充分的发展之间的矛盾。"社会主要矛盾变化标志着中国特色社会主义进入新时代。从求温饱到求环保，从求生存到求生态；从先富带后富到共建共享；从高速增长阶段转向高质量发展阶段，诸如此类的要求都是新的社会主要矛盾的具体表现。随着社会主要矛盾的变化，人民大众对于竞技体育的认知也在发生着变化，从急于改变"东亚病夫"的颓势到从建设体育大国到体育强国的转变；从许海峰第一枚奥运金牌的举国欢腾兴奋不已，到金牌多得记不起来是什么项目和哪些运动员。

我国社会主要矛盾的转变，是我国经济发展到一定阶段的必然结果，也必将对经济的发展模式提出新的变革要求，进而也必将对我国竞技体育的发展产生深远的影响。显然，我国竞技体育的发展，一定会伴随着我国社会主要矛盾的转变而进入新的发展状态。

（三）我国竞技体育发展模式转变的必然结果

"新常态"的对立面是"旧常态"。经济发展的旧常态，其实就是粗放型、数量型、扩张的一种状态，它是靠低成本来驱动的。经济"新常态"就是要转变为一种集约型、质量型的发展模式，这就是经济"新常态"和经济旧常态的差别①。类比我国竞技体育的发展，和经济发展的模式真可谓异曲同工。我国竞技体育的发展，从"东亚病夫"的耻辱到体育大国和体育强国梦的不懈努力，一直都伴随着竞技体育的粗放型、数量型和低效益的发展模式。由于我国竞技体育的举国体制和特殊国情，竞技体育的发展模式同西方经济发达国家差别很大。我国竞技体育发展的政治属性比较鲜明，行政管理的集权性比较明显，但是体育科技的发展程度相对较低，运动训练的科技助力在运动选材、运动训练和竞技比赛乃至竞技管理方面都还不太高。我国竞技体育后备人才培养的粗放型、高投入、低效益、成材率低等现象一直没有得到根本性的转变。

尽管如此，我国竞技体育发展充分发挥了举国体制的优越性，竞技体育事业的发展不断取得新的突破，自 2000 年悉尼奥运会至今，我国在奥运会金牌榜一直稳居前三名。2008 年北京奥运会，我国一举登上了奥运金牌榜的首位，达到了竞技体育的巅峰，在金牌榜上实现了竞技体育大国的目标。但是，我国群众体育的发展相对滞后很多，像在世界范围内广泛流行的三大球，我国发展水平较低，"119"项目的发展还远远达不到预期目标。与此同时，针对我国竞技体育发展的改革呼声也此起彼伏。伴随着经济发展的新常态和我国社会主要矛

---

① 邱晓华：中国经济新常态实际上就是习近平新常态．新浪网．2014-08-23［引用日期2015-03-05］.

盾的转变, 我国竞技体育的发展也必将随之由"粗放型、数量型、扩张型"的旧常态, 逐渐向"集约型、质量型、高效型"的新常态过渡。这既是时代发展力量推动的结果, 更是源自我国竞技体育自身发展模式变革的内在要求。

(四) 民众竞技体育文化认知提升至新的阶段

经济活动本身属于物质性的活动, 物质决定意识, 经济发展的新常态, 决定了人们的思想意识也将发生改变。经济发展的新常态, 客观层面是经济增长速度和发展模式发生了变化, 即经济活动本身发生了变化; 主观方面是人们对于这种经济活动变化的看法与认知。在很大程度上, 人们的主观认知对于他们接受变化的影响很大。

我国竞技体育发展新常态, 除了竞技体育内在动力的变革发展需求之外, 人民大众对竞技体育发展的认识提高水平, 也在很大程度上影响着竞技体育的发展。随着中国经济实力跃居世界第二大经济体, 中国广大民众对通过竞技体育发展来提升国家形象的政治属性关注明显减弱, 更多的是关注竞技体育的社会价值、文化价值、经济价值和源自游戏的娱乐价值等。广大民众对于竞技体育认知水平的不断提升, 对我国竞技体育发展新常态起到了推波助澜的作用。

二、"我国竞技体育发展新常态"的内涵界定

所谓中国竞技体育发展的"常态"是竞技体育运行的"经常性状态"或"稳定性状态"的简称。"状态"一词, 本身不是一个点, 而是表现为一个时间段或一个时期。所谓竞技体育发展新常态, 其"新"是相对于"旧"而言的, 即相对于上一个相对较长的历史阶段或时期的运行状态而言。类似中国经济的粗放发展模式正在接受结构性调整和变革, 向集约化、质量型发展模式转变。中国竞技体育发展的高投入、低效益的粗放型发展模式也难以为继, 也必将经历结构性的改革而进入新的发展状态。

因此, 所谓中国竞技体育发展新常态, 就是指竞技体育发展模式由粗放型、低效益向集约化、高质量、高效益变革转化的"经常性状态"或"稳定性状态"。从时间维度来看, 竞技体育新常态的发展趋势已经势不可挡, 在未来一段相当长时期内存在。而当前, 中国竞技体育发展新常态才刚刚进入"新旧交替"的初期阶段或"新常态"的萌芽阶段。

关于"中国竞技体育发展新常态"界定表述, 本研究通过问卷调查了国内

竞技体育领域的部分专家学者及竞技管理领导，调查结果见表3-2。

表3-2 专家关于"中国竞技体育发展新常态"界定的认同度一览表（N=60）

认同度	类似中国经济的粗放发展模式正在接受结构性调整和变革，向集约化、质量型发展模式转变的"新常态"，"中国竞技体育发展新常态"，指竞技体育发展模式由粗放型、低效益向集约化、高质量转变的"经常性状态"或"稳定性状态"		
	频 数	百分比（%）	累积百分比（%）
非常认同	23	38.3	38.3
比较认同	26	43.3	81.7
一般	9	15.0	96.7
不太认同	2	3.3	100
合计	60	100	

由表3-2可知，有38.3%的调查对象持非常赞同态度，43.3%的专家持比较赞同态度，二者累积百分比为81.7%。显然，调查专家总体上认同基于"经济新常态"逻辑类比界定"中国竞技体育发展新常态"的表述。同时，针对选择"一般"和"不太认同"题项的专家，我们进行了电话回访，以了解他们的观点。他们的观点比较集中地表现为中国竞技体育的发展在相当长的时期内可能都是举国体制占据主导地位，如果举国体制不发生根本性的变化，那么中国竞技体育发展新常态是否可以形成值得深思。本研究认为，中国竞技体育的改革应该是"自上而下"和"自下而上"两种推动力在发挥作用。目前国家层面也在坚持举国体制和市场机制协调发展的模式。我们相信，随着供给侧结构性改革的深入发展和我国运动项目实体化改革的纵深进行，"中国竞技体育发展新常态"将不断得到彰显。

三、"我国竞技体育发展新常态"的非经济致因解析

因果关系的普遍性和必然性，决定了"我国竞技体育发展新常态"也是有原因的。从因果关系上分析，我国竞技体育发展新常态是一个结果，而导致这种结果产生的原因可能有很多种，正所谓"多因一果"。显然，我国竞技体育发展新常态这一社会现象，除了受到经济发展新常态的影响之外，必将受到社会不同层面的影响因素的制约。本研究基于文献研究和专家访谈，针对我国竞技

体育发展进入新常态的非经济性原因，进行了逻辑分析和直观图示，详见下图
3-1。

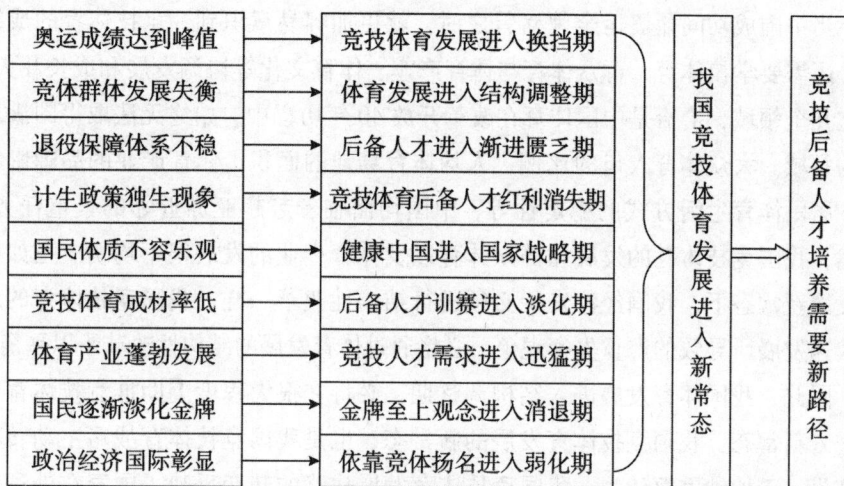

图3-1 我国竞技体育发展进入新常态逻辑结构图

（一）北京奥运会金牌问鼎——竞技体育发展进入换挡期

自1995年我国实施《奥运争光计划》以来，我国竞技体育发展可谓突飞猛
进。自2000年悉尼奥运会，我国始终在奥运金牌榜的前三名，2008年北京奥运
会，基于东道主的天时、地利、人和，我国成功登上奥运金牌榜首。当然，为
了获得这个巅峰的奥运成绩，我国也投入了巨大的人力、物力和财力。在人们
为北京奥运会的巅峰成绩欢欣鼓舞的同时，关于我国竞技体育这种高投入、高
消耗、低效益的发展模式的质疑和批评声音，也逐渐涌现出来。北京奥运会的
成绩已经做到最好了，难道我们要一直采用这种粗放式的发展模式，来维持或
保持我国奥运金牌榜的位置？每一块金牌的巨额投入和对大量运动员的消耗是
否值得？

显然，这种为了彰显竞技体育的政治属性并提高我国的国际地位和知名度
的竞技体育发展模式，是难以可持续发展的。我国的竞技体育必将在政治经济
的喧哗之后，回归体育本身。那么我国竞技体育的发展速度整体上就不可能再
达到先前的发展速度，竞技体育发展工具价值理性进一步弱化，竞技体育的发
展必将进入更加注重发展质量和效益的换挡期。

（二）竞体和群体发展失衡——体育发展进入结构调整期

当中国成功问鼎奥运金牌榜首之时，就更加容易意识到，竞技体育的成绩之外还需要学校体育、群众体育与体育产业、体育文化等协调发展和成长壮大。而这几个领域，恰恰是中国体育在改革开放40年历程中，始终无法取得圆满成绩的领域。大众体育人口的比例、人均体育场地的面积、体育产业的品牌影响力、居民体育生活方式的稳定性等，中国均面临着赶超亚洲近邻的繁重任务。显然，我国竞技体育的发展和群众体育以及体育产业的发展很不均衡。正如经济发展新常态下，我国经济发展必须进行结构性改革一样，我国竞技体育的超前快速发展所导致的严重失衡现象，必将通过体育发展的结构性改革予以平衡。

因此，我国体育发展进入结构调整期，必将在很大程度上助推竞技体育发展进入新常态。我国竞技体育发展的新常态，也是我国竞技体育战略主动转变的结果。正如钟秉枢认为，我国竞技体育发展战略的转变反映了国家在处理公平与效益关系上的转变，与国家战略一脉相承。新中国成立时强调的是发展竞技体育，以此振奋民族精神，竞技体育优先超前发展。在北京奥运会后开始转型，强调的是竞技体育与群众体育协同发展，冬季项目与夏季项目的均衡协调，基础大项和优势项目的协调①。

（三）退役保障的体系不稳——后备人才进入渐进匮乏期

众所周知，竞技体育人才退役保障的效果，决定了竞技体育后备人才的数量和质量。当前，由于我国竞技体育人才退役安置方面的政策还不够完善，甚至部分退役运动员的生活生存都出现了问题。为了生活售卖奖牌的现象引起热议的同时，也为我国竞技体育后备人才本来就相对短缺的局面带来更加不利的影响。

中国几千年来的"饭碗意识"和"留后路意识"，使得人们在进入竞技体育领域时，高度关注以后的待遇和退役后的工作安置。实际上，尽管竞技体育后备人才在进入竞技体育领域之时，可能都抱有努力训练获取奥运金牌的梦想。但是，在竞技体育后备人才成长和成材过程中的各种不确定性因素，以及运动员成材率低的客观现实，会让更多的运动员更加关注退役后的工作安置问题。如果退役保障体系不稳定或者不确定，那么将会直接影响到家长是否愿意将自

---

① 李金霞. 竞技体育发展与国家战略一脉相承 [N]. 中国体育报，2017-10-24 (002).

己的孩子送到竞技体育学校，进而导致竞技体育后备人才逐渐进入比较先前的相对匮乏期。竞技体育后备人才的相对短缺，将成为促使我国竞技体育发展进入新常态一个重要的影响因素。

（四）计生政策的独生现象——竞技体育后备人才红利消失期

计划生育曾是中华人民共和国的一项基本国策，即按人口政策有计划地生育。1982 年 9 月被定为基本国策，同年 12 月写入宪法。主要内容及目的是提倡晚婚、晚育，少生、优生，从而有计划地控制人口。计划生育这一基本国策自制订以来，对中国的人口问题和发展问题的积极作用不可忽视，全国少生 4 亿多人，提前实现了人口再生产类型的历史性转变，有效地缓解了人口对资源、环境的压力，有力地促进了经济发展和社会进步，但是也带来了人口老龄化问题。

当前，由于计划生育政策所带来独生子女现象，对竞技体育后备人才的储备造成了很大的影响。正是由于独生子女的"稀有独有"，造就了很多独生子女在家里的地位骤然上升为"小皇帝"或"小公主"。很多家长不愿意把孩子送到竞技体校从事竞技体育训练。同时由于计划生育政策的影响，适龄儿童的数量相对减少，从总量上看，能够被选入竞技体校学生的总量也在减少。这就使得竞技体育后备人才的人口红利逐渐减少乃至消失。

（五）国民体质的不容乐观——健康中国进入国家战略期

国家体育总局正式公布的第四次国民体质监测公报显示，2014 年各年龄组的身高、体重、胸围、皮褶厚度等身体形态指标平均数比 2010 年均有所增长。自 2000 年以来，我国国民各年龄组人群的身高、体重、皮褶厚度等指标呈持续增长趋势，但体重、皮褶厚度等指标增长幅度大于身高。此外，在 7~22 岁青少年学生人群中，各年龄段肥胖检出率持续上升，其中男生肥胖率明显高于女生。公报同时显示，相比 2010 年数据，各人群体质总体水平增长，但成年男性有所降低，在 BMI 达到"合格"等级以上的人数百分比和体质综合指数两方面均有所下降。另外，20~59 岁各年龄组人群握力、背力呈现下降趋势。

为了提高人民体质健康水平，2016 年 10 月 25 日，中共中央、国务院印发并实施了旨在推进健康中国建设，提高人民健康水平的《"健康中国 2030"规划纲要》，这标志着"健康中国"纳入国家战略。我国竞技体育发展到竞技体育强国之后，从国家层面更多的关注点就落在了国民体质健康方面。因此，健康中国战略的出台，在很大程度上也说明了我国竞技体育的发展即将进入新的发展态势，即竞技体育发展新常态。

（六）竞技体育的成材率低——后备人才训赛进入淡化期

尽管广大竞技体育后备人才最初进入竞技体育领域之时，应该说都怀有报效祖国和为国争光的梦想，但是能否实现这一梦想，还要看自身的实力。竞技体育领域的竞争可谓残酷至极。据陈云开（2002）统计分析，为实施奥运战略，如果狭义地以获得奥运金牌的选手为成才的标准，4 年中奥运人才队伍大约为7688 人，用我国在悉尼奥运会金牌数计算，成材率为千分之三点六。如果以全国的业余训练运动员为基数，则成材率仅为十万分之四点七[①]。即使将国内冠军甚至省内冠军视为训练成材，竞技体育后备人才的成材率也不会太高。因此，我国竞技体育后备人才培养的成材率低，在很大程度上会削弱他们参加训练和比赛的动机，会影响进入竞技体育后备人才队伍的规模，进而会减少竞技体育后备人才的总量，并成为促使我国竞技体育进入新常态的因素。

（七）体育产业的蓬勃发展——竞技人才需求进入迅猛期

根据《国家体育产业统计分类》，体育产业范围确定为体育管理活动，体育竞赛表演活动，体育健身休闲活动，体育场馆服务，体育中介服务，体育培训与教育，体育传媒与信息服务，其他与体育相关服务，体育用品及相关产品制造，体育用品及相关产品销售、贸易代理与出租，体育场地设施建设等 11大类[②]。

自 2014 年起，国务院相继印发了《国务院关于加快发展体育产业促进体育消费的若干意见》（国发〔2014〕46 号）、《国务院办公厅关于加快发展健身休闲产业的指导意见》（国办发〔2016〕77 号）以及《国务院办公厅关于进一步扩大旅游文化体育健康养老教育培训等领域消费的意见》（国办发〔2016〕85号）等一系列政策文件，体育产业已逐步成为推动我国经济增长的重要领域，体育消费作为新的消费领域，其市场潜力正在逐步释放和凸显。近年来，我国体育产业发展迅猛，"艾媒咨询"关于"2018—2019 中国体育产业发展及新兴业态融合分析报告"表明，我国体育产业增加值连年攀升，见下图 3-2。

---

① 陈云开.利用市场机制完善举国体制：实施奥运战略的制度创新［J］.体育科学，2002，22（03）：12-14.
② 国家体育产业统计分类.中国政府网.2015-12-20［引用日期 2015-12-22］.

2013—2017年中国体育产业产出增加值

单位：亿元

图3-2 2013—2017年我国体育产业增加值柱状图

（依艾媒咨询研究报告提供数据所制，2019①）

当前，我国体育产业初步形成了以竞赛表演和健身休闲为驱动，体育用品为支撑，体育场馆、体育培训、体育中介、体育传媒等业态快速发展的良好态势。据有关部门统计，2016年国家体育产业总规模为1.9万亿元，增加值为6474.8亿元，占同期国内生产总值的比重为0.9%。体育产业总产出比2015年增长了11.1%，增加值增长了17.8%。数据显示，2012—2016年我国体育行业产值和增加值都在不断增长，五年年均复合增长率分别为18.94%和19.87%，增长十分迅速。

正是体育产业的蓬勃发展，带动了大量的人力资源流向了体育产业领域，这也为从事竞技体育训练的运动员提供了转型就业的机会。同时，在一定程度上体育产业的快速发展，也对竞技体育后备人才的选材造成一定的影响，他们不再将刻苦训练作为他们唯一的努力目标，尽早进入体育产业领域，也许是一个不错的选择。

北京大学国家体育产业研究基地首席专家何文义认为，"当人们把参与体育运动作为追求美好生活的重要内容时，人们对体育产品和体育服务的需求将会增长很快"，"体育产业今天已经是最具成长空间的战略产业之一，未来对促进关联产业增长也会起到重要作用"②。毫无疑问，体育产业总量的快速增长和蓬

---

① 2018—2019中国体育产业发展及新兴业态融合分析报告［R］. 艾媒大健康产业研究中心，2019-01-31.

② 《2019体育产业发展报告》项目正式在京启动，中国新闻网，2018-12-19.

勃发展，将会吸引大量的竞技体育人才从不同的角度为体育产业的发展服务，进而在一定程度上推动我国竞技体育进入新常态发展。

（八）国民对金牌逐渐淡化——金牌至上观念进入消退期

《管子·牧民》中讲："仓廪实，则知礼节；衣食足，则知荣辱。"联系到竞技体育可以讲金牌足，则重健康。意思很明白，就是竞技体育的金牌足够多了，就知道更加重视人民大众的身体健康。当许海峰在1984年洛杉矶奥运会获得中国奥运第一金时，可以说全世界都记住了许海峰的名字。许海峰也因此获得纪念我国改革开放40周年"改革开放杰出贡献奖"。同样是奥运冠军，2008年北京奥运会中国获得51枚金牌（后改为48枚，因兴奋剂取消3枚），即使是体育圈的人士，能够清晰说出名字和项目的又有几人？就更不用说普通民众了。事实上，随着我国竞技体育发展经历了北京奥运巅峰，国民对于金牌至上的狂热追求已经大幅下降了。

（九）政治经济的国际彰显——依靠竞体扬名进入弱化期

随着中国改革开放的不断深入和国家经济总量的不断攀升，中国在国际上的政治地位可谓日益彰显。特别是近年来中国所做的若干影响力巨大的事情，更是把中国推到了世界舞台的中央。例如：中国在经济新常态下重塑发展模式引领世界经济，人民币"入篮"增添国际金融市场抗风险能力，中国发起亚投行开启全球经济治理新篇章，杭州峰会为全球经济治理提供新思路，中国通过机制建设促进全球经济治理发展，中国自由贸易试验区探索发展新举措，中国推进"一带一路"建设构建人类命运共同体，中国通过多次峰会外交为国际互动贡献新理念机制，中国与各主要大国构建新型大国关系，中国以全新理念促进周边外交，中国通过多种举措应对周边不确定因素，中国推动与发展中国家合作，新型大国关系初现新蓝图等。也正如习近平总书记在党的十九大报告中提出的，"我国日益走近世界舞台中央，不断为人类作出更大贡献"①，昭示了中国国际地位的历史性变化与未来的发展方向。

相对于建国初期中国急于摆脱"东亚病夫"的竞技体育狂热，我国竞技体育在经历了2008年北京奥运会的巅峰辉煌之后，竞技体育在提升国家在国际上的影响力方面有所下降。换句话说，中国经济和政治在国际上的影响力与日俱

---

① 习近平．决胜全面建成小康社会夺取新时代中国特色社会主义伟大胜利：在中国共产党第十九次全国代表大会上的报告［M］．北京：人民出版社，2017．

增，依靠竞技体育的发展来提升国家形象的影响在逐渐弱化。这既是中国发展影响力不断增强，日益走近世界舞台中央的必然结果，也是竞技体育发展到巅峰而进入新常态的正常表现。

（十）"我国竞技体育发展新常态"非经济致因的调查分析

关于"我国竞技体育发展新常态"非经济致因，本研究通过问卷调查，征询了国内竞技体育领域的部分专家学者及竞技管理领导，调查结果见表3-3。

表3-3　"我国竞技体育发展新常态"非经济致因专家认同度调查一览表（N=60）

原因表现	非常认同	比较认同	累积认同	一般	不太认同	不认同	排序
北京奥运会金牌问鼎，竞技体育发展进入换挡期	36.7%	63.7%	100%	0	0	0	1
国民对金牌逐渐淡化，金牌至上观念进入消退期	15.0%	81.7%	96.7%	3.3%	0	0	2
退役保障的体系不稳，后备人才进入渐进匮乏期	28.3%	66.7%	95.0%	5.0%	0	0	3
竞体和群体发展失衡，体育发展进入结构调整期	48.3%	45%	93.3%	3.3%	3.3%	0	4
竞技体育的成材率低，后备人才训赛动机淡化期	21.7%	70%	91.7%	5.0%	3.3%	0	5
计生政策的独生现象，竞技体育后备人才红利消失期	26.7%	63.3%	90.0%	10%	0	0	6
政治经济的国际彰显，依靠竞体扬名进入弱化期	23.3%	65.0%	88.3%	8.3%	3.3%	0	7
体育产业的蓬勃发展，竞技人才需求进入迅猛期	18.3%	60.0%	78.3%	18.3%	3.3%	0	8
国民体质的不容乐观，健康中国进入国家战略期	15.0%	56.7%	71.7%	18.3%	10%	0	9

由表3-3可知，调查专家对9个原因观点的累积认同度为71.7%~100%，显然，调查专家总体上认同本研究关于"我国竞技体育发展新常态"非经济致因的归纳总结。其中，专家认同度排名前4位的分别是：北京奥运会金牌问鼎，竞技体育发展进入换挡期；国民对金牌逐渐淡化，金牌至上观念进入消退期；退役保障的体系不稳，后备人才进入渐进匮乏期；竞体和群体发展失衡，体育发展进入结构调整期。

四、"我国竞技体育发展新常态"的理性评价

（一）我国竞技体育发展新常态并非偶然现象

经济发展新常态的发生并非偶然现象，它本身蕴含着必然性的因素。经济发展新常态是我国经济发展的粗放式模式发展到集约化发展模式的过程中阶段性的必然产物。

我国竞技体育发展新常态也并非偶然现象。其内在原因是我国竞技体育的粗放式发展模式的不可持续，外因是经济发展新常态的产生，对我国竞技体育发展新常态的快速来临起到了推波助澜的作用。我国竞技体育发展新常态，从竞技体育自身来讲，是举国体制下粗放式的、非生态化的发展模式发展到一定程度或阶段，自身所积累的矛盾日益凸显所致。矛盾的发展必然导致新的变化或变革。从国家体育管理部门来讲，国家体育总局作为体育的最高领导部门，对于竞技体育发展的现实状况不够满意和实施干预，也是导致我国竞技体育发展新常态的原因之一。当然，无论是竞技体育自身发展积累的矛盾凸显，还是体育管理部门的适时干预，客观上讲，都是竞技体育的粗放式发展所导致的必然结果。体育管理部门的人为干预，在很大程度上受到广大民众对竞技体育发展的态度影响。

在我国急于摆脱"东亚病夫"的窘境时，竞技体育的政治属性占据绝对地位，其经济属性、社会属性和文化属性等没有受到应有的关注。随着经济的发展和国际地位的提升，中国已经成为世界第二大经济体，国际地位空前提高。我国竞技体育发展的历史定位，也必将随着政治属性的弱化和经济属性的增强发生改变。这既反映了经济基础决定上层建筑的必然性，也诠释了竞技体育发展的历史阶段性和矛盾转化的必然性。哲学上讲，任何看似偶然的现象，都蕴含着深刻的必然性。毫无疑问，我国竞技体育发展新常态的产生，也是诸多因素影响的必然结果。

（二）我国竞技体育发展新常态，既是挑战也是机遇

全球经济危机的大爆发宣告了世界经济步入"大调整"与"大过渡"的时期。这种大时代背景与中国阶段性因素的叠加决定了中国经济进入增速阶段性

回落的新常态时期。这种新常态，从现实的角度来看，不是一种好的状态，因为会有一段不太适应的"阵痛期"，它需要人们直面应对和接受经济新常态的挑战。

机遇往往与挑战并存。新常态给中国带来新的发展机遇，经济增速虽然放缓，实际增量依然可观。习近平说，即使是7%左右的增长，无论是速度还是体量，在全球也是名列前茅的。经济增长更趋平稳，增长动力更为多元。中国经济发展的新常态，将会促使经济结构不断优化升级，逐步由旧常态下的高消耗、低效益的粗放式发展模式向注重质量、降低消耗的集约式发展模式转变。同理，我国竞技体育发展新常态，对当下我国竞技体育的发展会造成一定的影响，最直接的影响可能就是奥运成绩的下滑或者明显下滑。但是，正所谓困难是暂时的，我国竞技体育的发展，一旦从粗放发展转变为集约发展，就一定会出现"否定之否定"现象，即由竞技体育的辉煌到竞技体育的暂时低迷再到竞技体育的辉煌。因此，竞技体育发展新常态，既是发展过程中的挑战，更是发展的机遇。一旦我国竞技体育适应并超越新常态的发展，我国竞技体育就将进入一个更高的发展阶段，并逐渐成为均衡化可持续化发展的竞技体育强国。

（三）我国竞技体育发展新常态才进入起步期

2016年8月30日，国家体育总局印发《竞技体育"十三五"规划》，旨在加快健康中国和体育强国建设，进一步提高我国竞技体育的综合实力和国际竞争力①。可以说，《竞技体育"十三五"规划》为我国竞技体育发展进入新常态，奠定了政策制度层面的基础。

我国竞技体育发展的新常态，要求在管理体制和运行机制上，坚持改革创新，有效转变竞技体育发展方式，进一步提高我国竞技体育的发展质量和效益。进一步转变职能，深化单项体育协会改革，管办分离，提高公共服务能力。以足球改革为突破口，提升足、篮、排三大球发展水平。尽管我国《竞技体育"十三五"规划》目标明确、任务清晰、政策措施合理，但是基于我国竞技体育发展举国体制的路径依赖，改革仍然任重道远。准确地讲，我国竞技体育发展处于新常态过渡期或者说才刚刚进入起步期。竞技体育改革所面临的多维困境还没有完全呈现出来，竞技体育发展新常态所面临的严峻挑战还没有完全到来，只是进入了竞技体育发展新常态的起步期。

---

① 体育总局关于印发《竞技体育"十三五"规划》的通知．国家体育总局．2016-08-30 ［引用日期2016-08-31］．

(四) 我国竞技体育发展新常态，将持续较长一段时期

如前所述，我国经济发展的新常态使竞技体育的发展也进入新的常态。我国经济发展新常态需要针对我国的经济结构进行深化改革，需要从要素驱动、投资驱动转向创新驱动，而这都是比较艰巨的任务，绝不可能一蹴而就，需要相对较长的时间来改变民众对新常态的认识，调整革新我国经济的发展结构。因此，竞技体育发展的新常态，必将伴随着经济发展新常态持续相对较长的一段时期。

当前国家体育总局在积极推进项目协会实体化改革，并充分发挥市场在竞技体育发展过程对资源配置的决定性作用。然而，不可否认的是，由于多方利益纠葛，致使竞技体育的改革困难重重。正如习近平总书记所说："当前的改革已经进入了'深水区'，共产党人要拿出'抓铁有痕、踏石留印'的勇气，努力推进改革向纵深发展。"① 因此，改革的艰巨性也在很大程度上决定了我国竞技体育发展新常态将持续一段较长的时期。

---

① 本报评论员. 以踏石留印、抓铁有痕的精神推进转型升级 [N]. 中国航天报，2013-06-13 (001).

第四章

案例启示："新常态"下我国竞技体育
后备人才培养的实践探索

一、中国足协"165"青训行动计划

表4-1　中国足协"165"青训行动计划一览表

数字代号	具体内容	评价与启示
1个机制	加强中国足协和全国"校足办"的沟通协调、顺畅工作机制，包括理顺组织和形成例会制度等。每月召开一次例会，每年联合开展2~3次专题调研	突破了体育教育政策壁垒，打通青少年足球人才成长通道，达成体教双方共同努力的目标
6个平台	（1）大力推动青少年足球训练中心建设 （2）大力培育品牌社会足球青训机构 （3）合力打造国外青少年足球运动员培养平台 （4）大力推进足球俱乐部建设发展 （5）推动职业足球俱乐部加强梯队建设 （6）实施全国区域周末主客场联赛	中国足协还打破了以赛会制为主的青少年竞赛体制，逐步建立区域性省市间的周末主客场赛事，使青少年球员在保证学业的前提下达到赛练结合
5项保障	（1）组建足球名宿指导团 （2）完善青少年竞赛训练体系 （3）加强以教练员为主体的人才队伍建设 （4）修订《中国青少年足球训练教学大纲》 （5）建立全国青少年球员、教练员的竞训技术档案	制定了监督、训赛体系、教练员队伍建设以及教学训练标准、竞训档案等保障制度

（依据新华社发布的《中国足协拟推出"165"青训行动计划》① 的内容整理）

---

① 公兵，吴书光.（体育）中国足协拟推出"165"青训行动计划［EB/OL］. https://cn. apdnews. com/XinHuaNews/555189. html，2016-12-21.

2017年1月，中国足协在武汉塔子湖召开的足代会上审议通过了《中国足球青训体系建设"165"行动计划》，即"1个机制、6个平台和5项保障"，意在加快形成"体育教育高度融合、社会力量良性互通、竞赛训练高效协同、成才通道拓宽顺畅、人才支撑厚实强健"的发展体系。具体行动计划内容见表4-1。

启示：

借鉴中国足协"165"青训行动计划中"1个机制""6个平台"和"5项保障"，我国竞技体育后备人才培养也可以从以下三方面进行改进：

（1）我国竞技体育后备人才培养可以通过加强各单项协会和教育系统之间相互沟通协调、顺畅工作机制，打破体教壁垒，强化体育系统和教育系统的深度结合。

（2）我国竞技体育后备人才的培养可以借助社会力量建立青训机构，部分项目通过与企业联合的方式，充分发挥社会的资源优势。企业通过对国内外体育俱乐部的投资，为更多运动员和教练员提供参加国内外学习培训的机会，提升运动员的技术水平和战术素养，提升教练员的执教和训练水平。竞赛方面可以把各项目比赛安排到周末，青训队员既不影响正常学业，又可以协调好学习、训练和比赛三者之间的关系。

（3）各项目优秀现役或已退役的优秀运动员可以组建指导团队，为青少年运动员传递比赛经验，进行比赛和训练方面的指导，避免青训队员走弯路、错路，传递竞技体育正能量。加强各项目教练员队伍建设，完善各项目竞赛体系，解决好各项目运动员关于比赛注册等相关问题，力保体育系统比赛和教育系统比赛之间无冲突，各自敞开大门。建立各项目教练员和运动员电子档案，通过数据分析评估观察运动员，更有利于探寻运动员的生涯发展轨迹。

二、北京："5816满天星"北京市青少年精英训练计划

聚焦青训，北京市足协与北京市体育局、北京市教委联合打造"5816满天星"北京市青少年精英训练计划。"5"个市级青训中心，"8"大区青训中心，"16"个区级青训中心，"满天星"学区青训中心。"5816满天星"北京市青少年精英训练计划，可以完善北京市的青少年足球竞赛体系、指导员培训体系、青训体系、保障体系。

注重体教结合，整合青少年足球赛事，将校园足球与"京少联赛"作为北

京青少年主打的品牌赛事,并与市教委共同实施北京青训"5816"工程项目建设。此外,2019年全年的青少年赛事,以品牌赛事穿插精英集训,从而形成良好的竞训体系,为后备人才储备提供必要的保障和平台。

北京市足协顾问金志扬表示,对于足球事业发展而言,职业联赛是"本",而青训体系犹如"根"。如果忽视青训体系这一"根"的建设,职业联赛作为"本"就是虚浮的。因此,在未来工作中要更加注重青少年校园足球发展,积极选拔培养高水平足球后备人才。

时任北京市体育局副局长、北京市足协主席杨海滨指出,未来几年将进入足球改革发展的重要时期,我们在努力做好本职工作的同时,一定要遵循足球的发展规律,不能一蹴而就,不能急功近利,要积小胜为大胜,通过不懈的努力,大胆创新探索,共同推动北京足球事业实现新发展、新跨越,为中国足球发展凝聚起共圆足球梦的磅礴力量①。

启示:

借鉴北京市针对校园足球提出的三个规划,为我国竞技体育后备人才培养提供了一些新思路:

(1)体教深度融合,避免体育系统单一的后备人才培养模式,打造体育系统、教育系统和社会力量协同配合共同培养后备人才的多元化模式。学校是青少年成长的主体力量,可以采取以学校为重要载体发展各个项目,部分项目可设置一定的考试测评方法并纳入评价体系。教育部门可委托各单项协会组织教练员及裁判员培训,使更多体育教师积极参与,加强各项目的教练员队伍建设。

(2)教育系统、体育系统以及社会俱乐部等应该资源共享、相互协调、统一思想,组织开展各项目运动竞赛,抓好寒暑假或课余时间开展各项目训练营,进行高水平训练和比赛。

(3)研发建立各项目注册管理系统,形成运动员成长轨迹,把运动员学习成绩、比赛情况和健康状况等各项指标都纳入系统,在保护其个人隐私的前提下,可供教育系统和体育系统共同使用,让运动员的个人成长资料更加具体、全面。

(4)建立各个项目的志愿者联盟,动员社会力量,鼓励支持热爱各项目的青少年体育爱好者参与各个项目的发展。

---

① 校园足球和社会足球将纳入北京市足协未来工作重点 [EB/OL]. http://www. lysy90. com/story/16717,2019-05-24.

三、天津：竞技后备人才培养的"8421"工程

"8421工程"是天津市各级体育、教育部门协同推进，为有效推动本市青少年体育事业发展，提高青少年运动技术水平，培养优秀体育后备人才，依托小学、初中、高中和青少年体育学校，有计划、有组织地开展青少年体育运动训练的一项体育措施，是完善天津市青少年体育训练管理体系和训练运行模式的重要保障。

"8421工程"组织框架：

1. 每个区择优选定有较好体育基础的小学8所、初中4所、高中2所与青少年业余体校建立本区的"8421工程"青少年训练体系，见表4-2。推动学校运动队课余训练与业余体校专项训练的有机结合，实现小学—初中—高中课余训练和青少年业余体校训练体制的完整衔接、体育人才"一条龙"的系统培养。

表4-2 天津市"8421工程"部分区县学校统计一览表

序号	区县	学校	项目	备注
8所小学	蓟县	蓟县第一小学	乒乓球、篮球	
		蓟县第六小学	篮球、田径	
		桑梓镇中心小学	篮球、田径	
		侯家营镇中心小学	田径、篮球	
		下窝头镇台头小学	田径、篮球	
		下窝头镇白塔子中心小学	田径、篮球	
		东二营镇中心小学	田径、篮球	
		蓟县第八小学	足球、田径、跆拳道	
4所初中		马伸桥镇初级中学	田径、篮球	
		桑梓镇初级中学	篮球、田径	
		侯家营镇初级中学	田径、篮球	
		下窝头镇初级中学	田径、篮球	
2所高中		蓟县一中	篮球、田径	
		蓟县二中	田径、篮球	

续 表

序号	区县	学校	项目	备注
8所小学	津南区	葛沽实验小学	篮球、田径	
		小站第三小学	棒球、田径	
		咸水沽七小	足球、排球、田径	
		小站第六小学	足球、田径、武术	
		白塘口小学	足球、田径、篮球	
		小站实验小学	乒乓球、田径	
		八里台第一小学	田径、足球、篮球	
		双桥河第一小学	田径、足球、排球、跆拳道	
4所初中		小站第一中学	田径、棒球	
		咸水沽三中	篮球、乒乓球、足球、田径	
		天津市双桥中学	棒球、篮球	
		北闸口中学	足球、田径、篮球	
2所高中		咸水沽第一中学	篮球、田径	
		天津市双港中学	篮球、乒乓球、田径、足球	
8所小学	河西区	上海道小学	田径、排球	
		三水道小学	足球、田径、排球	
		东楼小学	游泳、水球	
		湘江道小学	乒乓球、田径	
		滨湖小学	排球、足球、田径	
		土城小学	武术、足球、田径	
		水晶小学	足球、田径、击剑	
		平山道小学	体操、击剑	
4所初中		培杰中学	排球、田径	
		海河中学	击剑、游泳	
		梅江中学	足球、击剑	
		佟楼中学	乒乓球、摔跤	
2所高中		微山路中学	田径、排球	
		实验中学	田径、游泳	

续 表

序号	区县	学校	项目	备注
8所小学	河东区	河东实验小学	田径、篮球、足球、羽毛球、乒乓球	
		第二实验小学	足球、篮球、田径、羽毛球	
		中心东道小学	田径、篮球、足球	
		盘山道小学	曲棍球、田径、篮球、足球	
		香山道小学	田径、篮球、足球	
		一中心小学	篮球、田径、足球	
		东兴小学	田径、乒乓球、足球、举重、排球、曲棍球	
		缘诚小学	足球、田径、篮球	
4所初中		第四十五中学	田径、篮球、足球	
		第五十四中学	田径、篮球、足球、乒乓球	
		第七中学	田径、篮球、足球、羽毛球	
		第一零二中学	田径、篮球、足球	
2所高中		第四十五中学	足球、篮球	
		第五十四中学	田径、篮球、乒乓球	

（依据天津市体育局青少处《天津市"8421工程"学校统计表》① 的内容整理）

2. 建立推动"8421工程"科学的管理体制和有效的运行机制。体育、教育部门在工作管理、设施建设、经费投入、教师配备、学生招生、训练保障等方面给予积极的政策支持。鼓励和推进相关部门、学校不断创新、改革，总结探索发展青少年体育的经验及新路子。

3. 各区应将"8421工程"建设纳入体育和教育事业发展规划的重要内容，列入推进学校体育和青少年运动训练的重要工作日程，有计划、有步骤地推动工作的发展②。

同时，为推动天津市青少年体育工作发展，进一步加强"8421工程"布局学校的管理，结合天津市实际，天津市体育局和天津市教育委员会联合制定《天津市"8421工程"布局学校评估实施细则（试行）》，主要内容见下表4-3。

---

① 基于天津市体育局青少处《天津市"8421工程"学校统计表》整理。
② 陈鹏. 让我们陪着你一起成长 [EB/OL]. http://news.hexun.com/2016-11-14/186871803.html, 2016-11-14.

表4-3　《天津市"8421工程"布局学校评估实施细则（试行）》一览表

一级指标	二级指标	评分细则	备注
一、基本条件（40分）	1. 领导重视（6分）	"8421工程"布局学校支持、落实此项工作。每缺一项分别扣2分	
	2. 项目建设（14分）	（1）每所"8421工程"布局学校开设运动项目至少1个（2分）	不足两个年龄段，扣2分；每个项目缺少一名学生扣0.5分；每增加一个运动项目加2分
		（2）各运动项目含2个以上年龄组学生（4分）	
		（3）每个单项有学生8名以上，集体项目每个项目15人以上（4分）	
		（4）每个运动项目配备1~2名教练员或体育教师（4分）	
	3. 师资职称学历（4分）	（1）每所"8421工程"布局学校开设运动项目配备1~2名专兼职执训教练员或体育教师（1分）	每项未达标分别扣1分
		（2）具有教练员或体育教师资格证达100%（2分）	
		（3）具有专科及以上学历的教练员或体育教师占教练总数的90%及以上（1分）	
	4. 师资培训（4分）	（1）全勤（4分）	
		（2）一次不参加，按全年培训活动平均分扣除	
	5. 师资科研成果（4分）	每所"8421工程"布局学校专兼职执训教练员或体育教师获取区级以上科研课题或教学成果、撰写年度论文或总结达到100%（4分），每缺1人1篇扣1分，扣完为止	在国家正式刊物公开发表论文一篇计2分（封顶）
	6. 经费使用（8分）	（1）使用规范（8分）	
		（2）使用不规范扣2分	
		（3）使用违规扣5分	
		（4）审计不合格扣8分	
二、训练工作管理（50分）	1. 日常训练（10分）	（1）每周训练保持3次及以上，每少1次训练课扣2分	
		（2）每次训练课1.5小时及以上，每次训练课不足1.5小时扣1分	
	2. 训练计划（8分）	每所"8421工程"学校专兼职执训教练员或体育教师须制定全年教学、训练计划或教案	
		（1）齐全、规范率达到90%及以上（8分）	
		（2）每降低一个百分点扣1分	
	3. 专项训练设备设施（12分）	（1）每所"8421工程"布局学校开设各运动项目有场（馆、房）使用管理制度（4分）	每缺1项扣4分
		（2）具有保证训练的标准训练场（馆、房）（4分）	
		（3）训练、体能器材齐全，能保证训练需要（4分）	

一级指标	二级指标	评分细则	备注
二、训练工作管理（50分）	4. 体质监测（10分）	每所"8421工程"布局学校按照《国家学生体质健康标准》对所开设运动项目的各年龄组学生进行体质和专项测试：	
		（1）学生参测达100%，每少一名学生扣1分，5分封顶（5分）	
		（2）每年至少一次全面考评，有选材信息登记表（5分），考评信息内容不全扣2分	
	5. 常规管理（10分）	（1）学校有训练、运动项目建设制度、计划和总结（4分）	1~3项中，每缺一小项扣1分
		（2）有选材、测试、监控制度和专兼职科研与管理人员（3分）	
		（3）有参训学生运动员花名册、考勤、参赛、输送、测试等各项制度（3分）	
三、人才输送（10分）		向上一级训练单位输送1人计5分，10分封顶	
四、附加分		每年"8421工程"布局学校落实市体育局安置退役运动员从事教练员或体育教师工作每年录用1人，附加10分，不封顶，已被安置运动员只记一次分	
五、评估方式、评估等级和奖惩	1. 评估方式	每年11月底前，各区体育、教育行政部门对本辖区内的"8421工程"学校进行评估，并将评估结果报市体育局、市教委。市体育局、市教委将派专家组对评估结果进行检查	
	2. 评估等级	（1）优秀：90分以上	
		（2）良好：70至89分	
		（3）合格：60至69分	
	3. 奖惩	（1）各区体育行政部门会同区教育行政部门，结合本区评估情况，合理分配80万元补助经费	
		（2）连续两年评估考核不合格的，取消该学校"8421项目"布局校资格	
		（3）凡不参加每年度评估的"8421项目"布局学校一律取消其资格，另评选其他学校	

（依据天津市体育局天津市教育委员会关于印发《天津市"8421工程"布局学校评估实施细则（试行)① 》的通知内容整理）

启示：

天津市"8421工程"的实施让学校业余训练队和业余体校训练体制相结合，实现从"小学—初中—高中一条龙"式业余训练与青少年业余体校训练体

---

① 《天津市"8421工程"布局学校评估实施细则（试行）》的通知：津体青少〔2017〕4号.

制相衔接，对后备人才的输送、培养和升学等方面提供有力支持。

（1）各省以市为单位组织选拔出体育成绩优异特色项目学校，各学校根据自身的条件确立自己的传统优势或重点培养项目，建立"小学—初中—高中一条龙"的培养模式，层层培养，逐级输送，避免运动员走弯路。

（2）建立特色项目学校评估标准，量化细化各实施细则。定期对各学校的基本条件、训练情况管理、人才输送及奖惩情况进行评比，优胜劣汰，对于评选上的学校给予积极的政策支持，以此调动各学校的热情。

（3）设立各项目的运动竞赛，展现各评选学校的训练成果，加强各校之间的沟通，共同进步。学校可以根据自身优势项目组织校内联赛，在普及中拔尖，调动学生积极性的同时也为教练员提供更多选择范围。

四、上海：青少年体育精英培训基地挂牌及后备人才培养模式创新

（一）57家上海市青少年体育精英培训基地挂牌

2016年，上海市青少年体育精英培训基地签约暨授牌会议在体育大厦三楼多功能厅举行，上海市第二体育运动学校等57家单位正式挂牌为上海市青少年体育精英培训基地（见表4-4）。据统计，57个精英培训基地中，除冰雪项目和棋类以外，有83.33%的单位曾经被体育总局列为国家高水平体育后备人才基地。随着体育发展方式的转变和体育事业改革步伐的加快，竞技体育后备人才培养向多元化模式转型。不管是原有的少体校模式，还是体教结合学校模式（二线运动队学校、体育传统校）、社会力量模式，都需要借助、聚焦以项目为引领的精英培训基地平台提升层次、提高水平。在57个培训基地中3种模式都有所体现，特别是冰上项目以社会力量办训为主。

表 4-4 上海市青少年体育精英培训基地项目布局及评选特点一览表

（一）体育精英培训基地布局项目	（1）优先发展基础大项（田径、游泳）	
	（2）重点发展具备奥运优势项目（自行车、射击、射箭）	
	（3）扶持体制外项目（围棋、象棋、国际象棋和冰壶、花滑、冰球、短道速滑）	
（二）体育精英培训基地评选特点	（1）针对性、可操作性强	各项目针对精英培养的短板，开出针对性处方，如田径项目设立 7 个短跨跳单项精英训练基地，以提升短跨跳项目的规模和质量
	（2）创新精英培养机制	如射击射箭中心创设步枪、手枪、飞碟、射箭项目工作室，聘请国内外优秀教练编制项目训练大纲、指导各精英基地青少年训练、发现优秀苗子
	（3）重视双精英队伍建设	各项目重视青少年精英运动员和教练员队伍建设，拓展他们的国际化视野，如自行车借助瑞士世界自行车培训中心和日本凯琳学校的平台，计划派出有发展潜力的青少年优秀运动员赴国际平台训练
	（4）注重搭建精英竞赛平台	各项目将围绕精英运动员设计专门的赛事，或有计划地组织参加国际青少年高水平赛事
	（5）加强社会力量整合	冰上、三棋等项目充分调动社会俱乐部在培养后备人才方面的积极性，在社会俱乐部挂牌冰上项目培训基地

（依据上海市青少年体育发布的《聚焦精英培养，夯实后备人才基础——57 家上海市青少年体育精英培训基地挂牌》的内容整理）

（二）申城"三位"一体创新培养竞技体育后备人才

表 4-5 申城三位一体创新培养竞技体育后备人才一览表

"三位一体创新"形式	内容体现	成果体现
（一）完善推进"体育系统"办训模式	45 所市、区两级体校是申城体育系统办训的依靠 （1）有上海体院竞校、市二体校和市体校 3 所市级体校 （2）有 8 所市属体育场馆体校 （3）有 34 所区级体校	在 2017 至 2020 年这一周期中，有 20 所体校被国家体育总局列为"国家高水平后备人才基地"，其中有 9 所是国家级重点基地
（二）创新推进"体教结合"办训模式	（1）在全市 51 所中小学校中开办了田径等 18 个运动项目，含有 58 支二线运动队（包括 8 支试办二线运动队）	在近 4 年中，市、区体育部门选派超过两千名优秀教练员进入校园，开展运动训练、专项辅导和活动课。上海的青训注册教练员有 2000 人左右，30% 都是体育教师兼职教练员
	（2）实施优秀教练员进校园工程，使基层学校从小学到初中到高中一条龙项目布局和水平得到进一步提高	
（三）鼓励支持"社会力量"办训模式	社会力量组办业余训练机构日渐兴起，说明体育人才培养逐渐走向社会化、市场化，例如徐根宝足球青训基地和曹燕华乒乓球培训学校等机构	崇明徐根宝足球基地在 17 年间培养了武磊等 43 名中超球员，5 名现役国脚，曹燕华乒乓球培训学校走出了奥运冠军许昕

（依据《中国体育报》发布的《申城三位一体创新培养竞技体育后备人才》[①] 的内容整理）

---

① 申城三位一体创新培养竞技体育后备人才 [N]. 中国体育报，2018-9-28（005）.

上海市体育局局长徐彬认为，从发展方向来说，以前是以体育系统办训为主，为了解决青少年后备人才不足的问题，为了让更多的青少年参与业余训练，体教结合办训、社会力量办训等模式会发展得越来越快，规模会越来越大，三位一体推进上海青少年后备人才的培养和业余训练体系的建设①。

启示：

上海市通过青少年体育精英培训基地的建立和三位一体创新培养模式强化和完善了上海市竞技体育后备人才的培养，具有借鉴作用。

（1）建立各项目青少年体育精英培训基地，在依靠竞技体育后备人才培养多元化模式的同时，借助各项目精英培训基地这一平台提升培养水平，利用平台的提升与国际接轨，学习先进的训练方法和手段，参加国内外高水平赛事，培养更多高水平教练员。

（2）大力实施优秀教练员进校园工程，通过体育部门选派优秀教练员进入校园，指导专项技术和开展运动训练，使运动员和教练员学习更加科学的训练理念，提升技术水平，深化体教结合的训练模式。

（3）提倡社会力量组织团队进行运动训练，随着俱乐部的不断发展，一些高水平的俱乐部也在日渐兴起，依托社会力量培养后备人才也为多元化培养后备人才模式提供了支持。

五、苏州："体企结合"多元化体育后备人才培养方式

2018年1月29日上午，张家港市体育运动学校和上正·威克多羽毛球俱乐部联办羽毛球运动队签约仪式在上正·威克多羽毛球馆举行。

张家港市体育运动学校隶属于张家港市体育局，现开展田径、游泳、网球、羽毛球、武术、足球、手球、乒乓球、举重、跆拳道等10个项目，其中与梁丰中学、凤凰小学、合兴小学、南沙中学、暨阳湖实验学校等学校以"体教结合"形式联办4个项目。游泳、网球、足球、跆拳道4个项目现作为苏州市县联办运动队扎根我市。在2017年第13届天津全运会上体校健儿取得了3金5银1铜的历史最佳成绩。

上正·威克多羽毛球俱乐部成立于2007年，现有教练员4人，球场12片，自成立以来一直致力于推广张家港市群众羽毛球运动，为广大羽毛球爱好者提

---

① 申城三位一体创新培养竞技体育后备人才［N］.中国体育报，2018-9-28（005）.

供优质的场馆保障和服务，积极参与和承办各类羽毛球赛事，为广大羽毛球爱好者提供交流比赛的机会。

此次合作是苏州市竞技体育发展中的创新，也为青少年竞技体育人才培养开辟了新途。无论是"体教结合"还是"体企结合"，都是加强竞技体育、促进青少年课余训练，强化素质教育和竞技体育后备人才培养的重大举措。此次合作对于促进我市品牌项目与名企强强联合，实现资源共享，需求对接，发展共赢的目标，对于形成开放多元的联合办队模式，加快转变竞技体育发展方式，推动我市多元化办队向纵深发展具有十分重要的意义，必将开创我市"体企结合"的新篇章、新局面①。

启示：

苏州市通过"体企结合"突显了苏州竞技体育后备人才培养的创新模式，为我国竞技体育后备人才培养开拓了新思路。

（1）加强各体育运动学校与企业之间的合作，通过企业的资源投资，促进各项目与企业之间的强强联合，达到资源共享、需求对接、互利共赢的目的。

（2）开展国队省办、省队市办、市队县办的后备人才培养模式，建立起与社会力量联合办队的后备人才培养模式，扩大各省市后备人才培养的规模和基础。

六、湖北：京山探索网球后备人才培养新路径

京山网球氛围之浓，在全国都属罕见。从运动项目到体育赛事，从体育现象到文化品牌，从单项学校到"省校市办"，京山从未停止探索的脚步。

（一）培育精英，打造名校

2017年12月，省政府出台《关于加快转变发展方式推进体育强省建设的意见》，为新形势下加强体育后备人才培养指明了方向。省体育局积极探索，推出全省一盘棋的"省校县办""省队市办"新理念、新路径，与京山市委、市政府反复论证，共同商定在京山开办湖北省网球学校，以选拔、培养、输送优秀后备人才为出发点，探索构建具有湖北特色的青少年网球人才。强化培养体制

---

① 张家港尝试"体企结合"多元化体育后备人才培养方式. 苏州市体育局 [EB/OL]. ht-tp://jsstyj. jiangsu. gov. cn/art/2018/2/2/art_ 40364_ 7477113. html. 2018-02-02.

和运行机制，建设布局合理的优秀后备人才梯队，建立符合青少年生长发育规律的科学训练体系，为省专业队、高校特长班、相关社会组织机构培养优秀人才。在这样的背景下，湖北省京山网球学校应运而生。

（二）政府主导，体教融合

为了保障学生的文化课学习时间，三至九年级学生全部实行住读周假制，充分利用每天早、晚时间段进行训练和学习。学校对师生实行动态管理模式，建立"能进能出，能上能下"的常态化机制，年度考核不达标者，调整分流到其他学校；对学生进行一人一档管理，定期双向考核，文化课不达标的学生减少网球专业技能训练课时；网球技战术水平不达标的学生利用课余时间强化训练，通过每个学期的双向考核和年度竞训成绩与文化课成绩捆绑式整体考核，确保每个孩子真正重视网球训练和文化课教学，真正做到"学训并重"。

在升学渠道上，建立小学、初中、高中专属绿色通道，合格毕业生直升京山最好的高中。华中师范大学、武汉体院、江汉大学、武汉职业技术学院等高校也向网球学校优秀学生伸出"橄榄枝"。打造"后劲十足的网球人才培训地"的梦想已经启程①。

启示：

湖北省通过京山网球后备人才培养新路径和打开"冠军从校园走出"的大门的培养案例，通过创新培养路径，强化体教融合，为竞技体育后备人才培养提供了一些新思考：

（1）建立后备人才学训管理的动态模式，文化课考核不达标者减少专项的训练时间，把文化课成绩与竞训成绩相捆绑，每年都进行考核，合格的进入，不合格的退出，建立后备人才流动机制，把文化课学习和训练放在同等重要的位置。

（2）建立运动员升学绿色通道，通过考核合格的学生直接升学，与各高校加强合作，签订人才培养的协议，确保运动员学训动力，解决运动员升学之忧。

（3）各项目训练中心、协会加强各项目夏令营活动的开展，举办相关赛事，扩大运动员的选材范围。加强各训练中心的相互合作和各训练中心教育部门的联动，针对各项目建立更加健全的后备人才培养体系。

---

① 模式可鉴未来可期：京山探索网球后备人才培养新路径．湖北省体育局［EB/OL］．ht-tp：//www. hbsport. gov. cn/qsnty/15063. html. 2019-04-19.

七、山东：夏津"三驾马车"驶出体校办学新模式

德州市夏津县通过"三结合"营造了该县培养青少年体育人才的良好氛围，使青少年体育人才的培养步入良性发展轨道，对国家推荐优秀青少年体育人才起到推动作用。[①]

表4-6 夏津"三驾马车"驶出体校办学新模式一览表

"三结合"形式	呈现内容
(1) "体教结合"建立新机制	教育与体育结合以寻找适合学校实际和学生爱好为切入点，2008年夏津县体育局以传统项目武术、乒乓球为龙头，普及中小学武术、乒乓球训练，发现和培养青少年后备人才。西关小学、县实验小学、县六中先后被省体育局、教育厅分别授予"省级体育传统项目学校"。成立学生课外体育活动社团、俱乐部，利用课外活动时间，多形式多样化开展体育活动
(2) "特色业余学校"结合创建新模式	鼓励、规范、培养创建体育特色培训站、点机构，发展社会力量办体育学校的理念，培养、选拔有潜力的体育后备苗子，与夏津业斌武校、栾庄武校、少林寺武校、康友乒乓球俱乐部、飞羽培训中心、金沙滩游泳馆等结合，进行长期系统训练。经过几年努力，在训青少年武术运动员达到500余人，被授予"德州市青少年武术训练基地"，先后向省运动队输送了吕永绪、靳祖涛、王宝涛、王钊朋、刘姗姗等30余名优秀运动员。青少年乒乓球运动员长期在训人数达到400余人，多次代表德州市参加省级比赛，取得了较好成绩
(3) "奖励机制"结合搭建人才平台	按照国家、省市相关文件规定，实施人人办体育，个个是主人，调动办好体校的积极性，最大限度营造宽松的培养环境。对办校成绩突出的优秀人才给予重奖，把人人办好体校的措施落到实处

（依据山东省体育局发布的《夏津"三驾马车"驶出体校办学新模式》的内容整理）

启示：

山东省通过"三驾马车"的新模式，形成后备人才培养的自身特色，对我国竞技体育后备人才的培养具有一定的借鉴意义。

（1）以学校的实际情况和学生的爱好为前提，大力开发传统项目，以运动项目进校园发现和培养更多青少年后备人才。以社会力量为依托建立各项目体

---

① 夏津"三驾马车"驶出体校办学新模式. 山东省体育局［EB/OL］. http：//ty. shandong. gov. cn/xwzx/dfdt/201512/t20151208_ 1719778. html. 2015-12-08.

育特色培训站,培养、选拔并输送优秀青少年后备人才。

(2)为青少年搭建多级赛事平台,以比赛促进训练,训练和比赛相结合,为青少年后备人才提供更多展现机会,从中选拔出优秀的后备人才进行人才输送。

(3)坚持多渠道培训提升教练员综合素质,教练员作为运动员的指引者和领路人,自身的素质水平对运动员有很大的影响。

第五章

镜鉴启示：国外竞技体育后备人才培养模式与经验借鉴

一、美国的竞技体育后备人才培养模式

奥运会成绩常常被人们用来衡量一个国家或地区的竞技体育实力。从美国历届奥运会金牌榜排名来看，美国是当之无愧的竞技体育强国。美国竞技体育的发展在全世界范围内一直保持着领先地位，它的强大很大程度上得益于竞技体育后备人才培养体系的成熟与完善。美国成熟的竞技体育人才培养体系为国家队输送了源源不断的人才，也帮助美国不断地巩固着竞技体育强国不可动摇的地位。

（一）美国的竞技体育后备人才培养途径

表 5-1　美国竞技体育后备人才培养途径一览表

教育阶段	主要任务	主要出路
小学	学生参加文化教育和教学计划中的体育必修课，全面参与体育运动，培养体育兴趣	普通运动俱乐部、进入初中
初中	学生参加文化教育和教学计划中的体育必修课，依兴趣爱好选择运动项目，自愿参加一些竞技体育活动	国家少年队、普通运动俱乐部、进入高中
高中	学生参加文化教育和教学计划中的体育必修课，提高专项竞技水平，参与各类体育竞赛和人才选拔	国家青年队、普通运动俱乐部、进入大学
大学	学生参加文化教育，努力提升自己竞技水平，代表学校运动队、俱乐部或者国家参加各级别体育竞赛	国家队、高级职业俱乐部、读研究生

（依董佳华①，2015 改制）

---

① 董佳华. 国外竞技体育后备人才培养法制化对我国的启示［J］. 沈阳体育学院学报，2015，34（05）：54-58.

　　美国的竞技体育后备人才培养模式与中国"举国体制"下政府主导型的培养模式差异很大。由表5-1可知，美国竞技体育人才的培养体制是"学校体制"，是以小学—中学—大学的学校教育为依托，在各学习阶段文化教育不间断的基础上开展运动训练和运动竞赛的一种培养模式。这种培养模式或许是真正意义上的"体教结合"，它既确保了学生的文化课学习，又为竞技体育的后备人才奠定了基础。学校在文化课合格的学生中选拔一批具有运动天赋的体育人才，他们随着教育系统到达教育阶段的顶层，当达到一定水平后便可进入职业俱乐部或国家队参加训练和竞赛。美国的学校为竞技体育人才的培养提供了良好的平台，学生从小学到高校都有机会参加体育运动。在美国，十二年级之前学生都必须参加体育运动，这既保证了学生的全面参与，也为竞技体育人才的培养奠定了基石。中学阶段学生可以根据自己的兴趣爱好选择自己喜欢的运动项目，同时，这个阶段也是学生的专项提高阶段，中学也就成为青少年竞技体育后备人才培养的摇篮①。经过高中文化课考试的筛选，一批青少年运动员脱颖而出，有机会继续进入高校学习和训练。这时，高校运动队的教练会通过发放奖学金的方式吸引优秀的体育人才进入自己的高校学习②。

（二）美国的竞技体育管理体制

表5-2　美国竞技体育管理模式一览表

主要管理组织	性质	主要工作职责
国家奥委会	非政府性、非营利性、自治性	以服务为宗旨的机构，帮助美国运动员科学地提高成绩
国家单项联合会	非政府性、非营利性、自治性	国家单项联合会会对下属的单项俱乐部进行管理，管理运动员训练和竞赛等事务
全美高中体育联盟（NFHS）	非政府性、非营利性、自治性、业余性、社会性	负责组织和管理高中学校之间以教育为基础的体育与艺术活动，促进美国高中生体育和竞技运动的发展。建立统一的竞技标准和规则，帮助中学生竞技体育人才的成长
大学生体育联合会（NCAA）	非政府性、非营利性、自治性、业余性、社会性	负责管理和协调大学生体育中的相关工作。例如，组织大学生体育比赛，制定运动员奖学金评定规则和运动员参赛的选拔标准等

① 彭国强，舒盛芳，经训成. 回顾与思考：美国竞技体育成长因素及其特征 [J]. 沈阳体育学院学报，2017，36（05）：28-36.
② 董佳华. 国外竞技体育后备人才培养法制化对我国的启示 [J]. 沈阳体育学院学报，2015，34（05）：54-58.

主要管理组织	性质	主要工作职责
职业体育联盟	非政府性、营利性、自治性、职业性	消除球队间的市场垄断，降低职业球队市场运营成本和追求高质量竞赛产品。对经营手段、所有权、俱乐部布局、电视转播、比赛规则等进行市场化的适应性改革，保持职业体育联盟和各职业球队健康发展

（依渠彦超等①，2017 改制）

美国政府没有设立专门负责竞技体育的管理部门，竞技体育的管理工作主要是由美国国家奥委会、各单项体育联盟和大学生体育联合会 3 大组织来承担①。除以上 3 个社会组织以外，全美高中体育联盟和职业体育联盟在美国竞技体育管理过程中也发挥着至关重要的作用。由表 5-2 可以看到，各社会体育组织各自发挥着自身的职能作用，这些组织大部分具有非政府性、非营利性、自治性等共同特征，它们分工合作、协调管理，共同推动着竞技体育向前发展。多元化的社会管理体制，也是美国竞技体育成功的关键之处。

二、俄罗斯的竞技体育后备人才培养模式

俄罗斯虽然在近两届奥运会中由于兴奋剂等种种原因跌出了金牌榜前三，但从历届奥运会来看，俄罗斯依然是一个竞技体育强国。那么它的竞技体育体制是什么？竞技体育后备人才模式又是什么样？

（一）俄罗斯的竞技体育后备人才培养途径

俄罗斯的竞技体育体制很大程度上还沿袭着苏联"中央集权管理模式"，体育运动学校是该体制的基础。运动员通过体校系统从青少年学校到高等学校层层选拔，向上输送。俄罗斯各运动国家队的运动员大部分都来自体育运动学校。体育运动学校的存在，既保证了青少年儿童的体育运动，又为国家竞技体育输送了大量的人才，确保了国家竞技体育的可持续发展②。根据运动员竞技水平的

---

① 渠彦超，高力翔. 国外竞技体育人才培养模式及其启示（一）：以美国与澳大利亚为例 [J]. 南京体育学院学报（自然科学版），2017，16（05）：54-58.

② 马志和，徐宏伟，刘卓. 论我国竞技体育后备人才培养体制创新 [J]. 体育科学，2004，24（02）：56-59.

高低，可以将俄罗斯体育运动学校分为 5 个等级，分别是青少年体育俱乐部、青少年运动学校、青少年奥林匹克后备力量学校、奥林匹克后备力量中等学校、高等运动健将学校① （表 5-3）。

表 5-3 俄罗斯竞技体育后备人才培养途径一览表

体育运动学校分类	主要任务
青少年体育俱乐部	开展一个体育项目，个别体校从事某个单项的训练
青少年运动学校	开展一个体育项目，个别体校从事某个单项的训练
青少年奥林匹克后备力量学校	对青少年中具备参加青奥会潜力的运动员进行集中训练
奥林匹克后备力量中等学校	将具备参加奥运会潜力的运动员集中到一起进行训练
高等运动健将学校	对奥林匹克运动员大师班进行训练，训练项目分别为田径、古典式摔跤、足球、棒球、搏击类运动等

（依张健等②，2017 改制）

（二）俄罗斯的竞技体育管理体制

表 5-4 俄罗斯竞技体育管理模式一览表

主要管理部门	性质	主要工作职责
联邦体育、运动与旅游署	政府性	政府设立的主要体育管理机构，负责管理全国范围内的体育相关事宜
俄罗斯联邦体育、旅游与青年政策部	政府性	进行竞技体育人才的培养和管理外，保证竞技体育人才培养中的各项投入
俄罗斯联邦奥林匹克委员会	社会性	负责在全俄罗斯推广奥林匹克运动，并负责运动员参加奥运会的相关事宜。协助政府体育部门进行管理工作，如申办大型国际体育赛事等

（依张健等③，2017 改制）

俄罗斯在"中央集权管理模式"下，竞技体育的管理工作主要是以政府部门

---

① 吴新炎，李芙蓉. 国外主要竞技体育强国后备人才培养体制和发展趋势 ［J］. 投资与合作，2011（05）：135.
② 张健，渠彦超，高力翔. 国外竞技体育人才培养模式及其启示（二）：以德国与俄罗斯为例 ［J］. 南京体育学院学报（自然科学版），2017，16（05）：59-64.
③ 张健，渠彦超，高力翔. 国外竞技体育人才培养模式及其启示（二）：以德国与俄罗斯为例 ［J］. 南京体育学院学报（自然科学版），2017，16（05）：59-64.

为主，由表 5-4 可以看到，联邦体育、运动与旅游署，俄罗斯联邦体育、旅游与青年政策部是政府组织，俄罗斯联邦奥林匹克委员是社会组织。它们从决策到管理再到实施各司其职，共同推动俄罗斯竞技体育向前发展。后来，俄罗斯国内经济出现波动，受此影响，单一的国家拨款体制已经不能够满足竞技体育后备人才培养的需要，用于体育方面的资金出现短缺。这时，俄罗斯的竞技体育机制开始做出改革，积极探索市场化机制，寻求社会力量的资金帮助①。目前，俄罗斯的竞技体育体制已经不完全是由政府主导，而是多方力量共同参与监督与管理。

（三）俄罗斯的竞技体育后备人才培养相关政策

表 5-5　俄罗斯竞技体育后备人才培养相关法规一览表

相关法规	颁布时间	核心内容或影响
《完善足球、其他球类项目管理和主要运动项目运动员、运动队管理辅助措施的问题》	1988 年	详细地规定了运动员劳动合同、服役时间，退役运动员的退休补助和其他待遇等，为运动员提供保障，并促进竞技体育后备人才管理的制度化
《体育和竞技运动的立法基础》	1993 年	标志俄罗斯体育制度更加法治化。同时期俄罗斯奥林匹克委员会成立，国家体育基金组织诞生
《俄联邦体育运动法》	1999 年	成立俄罗斯各单项体育联合会、各单项体育协会以及其他体育组织，各部门明确分工、各司其职，政府体育部门进一步加强宏观调控
《俄联邦青少年儿童体育教养和健康纲要（2002—2005 年）》	2002 年	要求通过创新高效率的工作机制来维持俄罗斯在世界范围内的竞技体育的实力和推动青少年体育事业的发展
《2003—2005 年社会经济中期规划》	2003 年	确保俄罗斯竞技体育的可持续发展，保障运动队竞技体育后备人才的储备，大力发展群众体育，增加人民体育锻炼的次数，促进人民身体健康，普遍提高人民身体素质
《2006—2015 年俄联邦体育运动发展计划纲要》	2006 年	为促进青少年儿童体育的发展，相关政府部门加大对体育设施的投资建设，进一步完善青少年儿童运动员培养的体系，针对不同年龄阶段、不同竞技水平的运动员制定相对应的发展规划

（依董佳华②，2015 和张莉清等③，2017 改制）

① 侯海波，李桂华，宋守训，等. 国外竞技体育强国后备人才培养体制及启示［J］. 上海体育学院学报，2005（04）：1-5+15.

② 董佳华. 国外竞技体育后备人才培养法制化对我国的启示［J］. 沈阳体育学院学报，2015，34（05）：54-58.

③ 张莉清，陈同童. 俄罗斯青少年体育制度研究［J］. 青少年体育，2017（10）：139-140+110.

　　在进行竞技体育体制改革过程中，法律法规起到了引领性作用。俄罗斯政府部门制定法律法规对竞技体育进行宏观调控，各部门组织根据法律法规的指导，在多方面具体落实各项改革条例。在近20年的时间里，俄罗斯政府颁布了多部法律法规，在运动员保障、竞技体育管理、青少年体育事业、群众体育发展、青少年体育发展运行模式等方面给出了指导性意见（表5-5）。通过颁布相关的法律法规来引导竞技体育发展的方向，通过探索市场化机制来寻求多方集资，通过保障学校工作人员、应用多领域研究成果来提高体校训练效率，通过健全运动员奖励制度、保障措施来鼓励运动竞赛。

三、德国的竞技体育后备人才培养模式

　　德国人口不足中国的十三分之一，但是其竞技体育成绩一直位居世界先列。尤其在民主德国时期，曾一度进入奥运会金牌榜前3。柏林墙倒闭以后，德国竞技体育成绩实力虽不如之前那般强劲，但依旧是一个竞技体育强国。民主德国的竞技体育后备人才培养体制与我国有相似之处，都是以体校为竞技体育后备人才的培养基础①。1816年，德国第一个体育俱乐部产生，随着时代的发展，德国的体育俱乐部遍布全国，逐渐形成竞技体育后备人才的"俱乐部"培养模式。

（一）德国竞技体育后备人才培养阶段

表5-6　德国竞技体育后备人才培养阶段一览表

培养阶段	主要培养机构	阶段任务	运动员训练费用来源
初级培养阶段	中小学和青少年体育俱乐部	培养青少年运动兴趣，引导青少年积极、主动参与体育运动，为高级别的体育俱乐部或体校输送竞技体育后备人才	体育俱乐部和政府财政共同承担
中级训练阶段	体育俱乐部或体育运动学校	对运动员进行训练、学习、住宿"三集中"式管理，提高通过考核运动员的专项化水平	体育俱乐部和政府财政共同承担

---

① 刘远花，吴希林．德国青少年体育发展及竞技体育后备人才培养经验与启示［J］．首都体育学院学报，2014，26（04）：338-342+375.

培养阶段	主要培养机构	阶段任务	运动员训练费用来源
高级训练阶段	奥林匹克训练基地	为运动员提供训练相关服务,采取职业化、业余化训练体制,培养顶尖的竞技人才代表国家参加国际比赛	只有优秀运动员能够得到来自体育俱乐部和联邦政府的费用资助,其余大部分运动员需要自行解决训练费用

（依张健等①，2017 改制）

在德国，俱乐部是人们参与体育运动的主要场所。从儿童培养体育兴趣到青少年训练都与俱乐部分不开关系。由表 5-6 可知，德国的竞技体育后备人才培养，初级训练阶段主要是号召儿童或青少年加入体育俱乐部，参与体育运动并培养运动兴趣，并从这些会员中发掘具有运动天赋或潜力的学生。该阶段确保了学生对体育运动的全面参与，为下一阶段的选材提供了良好的基础。中级训练阶段，体育俱乐部或体育运动学校对有潜力的运动员进行训练，同时保证文化课的学习。在这一阶段，运动成绩和文化成绩考核通过的学生继续进行专项化训练。高级训练阶段，主要是由奥林匹克基地承担，主要是培养代表国家出征的顶级运动员。

（二）德国竞技体育管理体制

表 5-7　德国竞技体育管理体制一览表

主要管理部门	性质及下设机构	主要工作职责
内务部	政府性，下设夏季体育委员会、冬季体育委员会、反兴奋剂委员会、残疾人体育委员会、场地建设委员会、国际合作委员会等	负责研究和制定体育发展的相关法规和政策，并通过这些法规和政策进行宏观调控和引导体育发展的大方向。处理重大体育赛事相关事务，并资助体育建设
州市体育部	政府性，下设体育竞赛组织部、财务部、体育场馆设施部	筹集体育发展资金，资助体育场馆设施建设，筹办大型体育赛事，负责教练员和教师教育培训工作，协助其他管理部门共同推动体育向前发展

---

① 张健，渠彦超，高力翔. 国外竞技体育人才培养模式及其启示（二）：以德国与俄罗斯为例 [J]. 南京体育学院学报（自然科学版），2017，16（05）：59-64.

续 表

主要管理部门	性质及下设机构	主要工作职责
奥委会	社会性，下设财政部、竞技体育部、办公室、体育发展部、政府联络部、国际合作部、新闻媒体部、青少年体育部	负责本国参加奥运会的相关工作，包括选拔代表运动员，加强与国际奥委会的联系，为各个州的体育联合会提供支持，促进奥林匹克运动在德国发展
单项协会	社会性，下设多个俱乐部	管理各竞赛项目的教练员和裁判员，组织各项目体育竞赛活动，制定和完善各项目的竞赛制度，对俱乐部与体育运动学校的运动项目的训练提供指导
州市体育联合会	社会性，下设竞技体育部、计划部、青少年部、大众体育部、财务部、教育部	开展吸引全社会青少年平等参与体育活动的 FSJ 活动，并资助各阶层青少年积极参与。负责青少年体育教练员的培训工作，指导下辖 800 个体育俱乐部的活动

（依刘远花等①，2014 改制）

德国的竞技体育管理体制不同于美国的社会管理体制为主，也不同于俄罗斯的政府管理体制为主，它是一种政府和社会共同监督和管理的体制。由表5-7可以看到，德国管理体育的主要政府管理机构有内务部和各州市体育部。它们主要的工作职责是制定体育发展的相关法律法规，组织重大体育竞赛，为体育建设筹集资金，对教师、教练员进行相关培训等。德国管理体育的主要社会组织有奥委会、单项协会和各州市体育联合会，它们的主要工作职责是对训练基地、学校、俱乐部、运动员进行具体的管理。

（三）德国竞技体育后备人才培养特点

表5-8 德国竞技体育后备人才培养特点一览表

机构要素	具体特点
政府	1. 通过给运动员提供训练资金，加强体育基础设施的建设等对体育发展进行宏观调控 2. 很多国家或地方的训练基地，实际上并不直接由国家或地方进行管理，而是将它们直接交由某个体育俱乐部或者借助体育俱乐部进行管理

① 刘远花，吴希林. 德国青少年体育发展及竞技体育后备人才培养经验与启示 [J]. 首都体育学院学报，2014，26（04）：338-342+375.

机构要素	具体特点
全国体育协会	执行德国联邦政府的相关政策和方针，负责具体的竞技体育后备人才管理工作
体育俱乐部	体育俱乐部是竞技体育后备人才培养的核心机构，从运动员的选拔到运动员的培养，再到运动员的训练几乎都是在各个体育俱乐部进行的
运动员	1. 运动员同时也是一名学生，他们在训练的同时也需要完成学校的文化课学习 2. 运动员在代表国家参加国际比赛时是德国国家队运动员，当他们参加国内各项比赛时，他们又是体育俱乐部的一名运动员。参加不同的比赛，他们的身份具有不同的属性

（依张健等①，2017 改制）

由表 5-8 可知，德国竞技体育后备人才培养过程中的机构要素，包括政府、全国体育协会、体育俱乐部和运动员。其中，政府是决策者，起到宏观调控竞技体育发展的作用；全国体育协会是执行者，主要负责管理竞技体育相关事务；体育俱乐部是德国竞技体育后备人才培养的核心机构，运动员则是竞技体育后备人才培养的主体对象，他们先是俱乐部的一员，当代表国家参赛时他们又是国家队选手。

三、英国的竞技体育后备人才培养模式

近年来，英国竞技体育发展迅速，特别是伦敦奥运会和里约奥运会都进入了奥运会金牌榜前 3 名。现阶段，英国竞技体育的成功，得益于英国竞技体育后备人才培养模式的完善。1996 年，亚特兰大奥运会英国的惨败，使得英国政府把竞技体育的战略转向重点培养精英运动员，通过采取一系列有效措施来培养精英运动员，完善竞技体育后备人才培养体系，使英国竞技体育逐渐复兴。

---

① 张健，渠彦超，高力翔. 国外竞技体育人才培养模式及其启示（二）：以德国与俄罗斯为例 [J]. 南京体育学院学报（自然科学版），2017，16（05）：59-64.

（一）英国竞技体育后备人才培养体系

1. 金字塔人才流动体系

表5-9 英国金字塔人才流动体系一览表

培养体系	构成	具体内容
塔基	主要是开展一些适合儿童的体育活动，例如游戏活动、娱乐性活动、身体练习、项目改良练习等，以多种活动形式培养儿童的运动兴趣	在儿童体育俱乐部、小学、幼儿园、社区等场所开展儿童体育活动
塔身	由运动参与和运动竞技构成	1. 该阶段的青少年儿童开始在体育俱乐部或学校学习各运动项目技能，青少年儿童可以参加学校之间的体育比赛 2. 选拔具有运动天赋的青少年运动员进入单项俱乐部或地方单项协会开展针对性、专门性的训练，并开始参加各协会和各地区之间的体育比赛
塔尖	由优秀运动员的训练与竞赛构成	表现突出的青少年运动员进入塔尖，在国家训练基地或国家单项协会开始集中训练，并代表国家参加国际重大体育比赛

（依唐丽等①，2014 改制）

2. 精英青少年运动员培养

英国政府和其他社会机构都大力支持精英青少年运动员的培养，各组织机构相互配合，共同促进"精英青少年体育项目"的发展。当然，该项目不仅局限于对运动员的培养，也培养了教练员和科研人员。

表5-10 英国精英青少年运动员培养一览表

	培养阶段	培养目的
第一阶段	距奥运会8~10年前开始着手发现和选拔适合项目条件的人才进行培养，确定14~16岁奥林匹克天才运动员	通过有选择性的训练，了解运动员各项身体素质情况，并以此判断运动员是否具有进入下一培养阶段的天赋

---

① 唐丽，吴希林，刘云. 英国竞技体育人才培养及启示［J］. 体育与科学，2014，35（05）：80-84.

续 表

	培养阶段	培养目的
第二阶段	距奥运会4~6年前对遴选出的有发展潜力的运动员进行系统培养，确定16~18岁奥林匹克发展运动员	对运动员进行集中训练，着重加强运动员的力量训练和培养运动员各个项目的运动技术，帮助运动员走向职业化发展道路
第三阶段	距奥运会4年时挑选出有潜力登上领奖台的运动员进行重点培养，确定18~23岁奥林匹克学术培养运动员	集中培养潜力运动员，代表国家参加国际重大体育竞赛，从事职业运动员训练
第四阶段	确定奥运会领奖台层级的运动员，所有经费由基金支付	通过运动员在国内或国际重大体育赛事中的表现来确定具有奥运会夺牌潜力的运动员

（依唐丽等①，2014改制）

英国竞技体育后备人才的培养主要分为"基础""参与""竞技"与"精英"4个阶段，基础与参与阶段的训练主要在体育俱乐部和学校完成。英国青少年体育锻炼与竞技体育人才培养结合紧密。

（二）英国竞技体育后备人才培养相关政策

英国在体育发展进程中出台了许多政策和规定，这些政策为英国竞技体育后备人才的培养，提供了强有力的制度或政策保障。通过表5-11可以看出，英国有关政府部门围绕青少年体育活动、大众体育、竞技体育等多方面制定了法律法规。协调发展竞技体育和大众体育，为精英运动员的培养提供保障。英国政府制定的精英运动员培养的相关政策和提高全民参与体育的大众体育的相关政策大大地促进了英国竞技体育水平的提高。2012年伦敦奥运会和2016年里约奥运会英国位列金牌榜前3，竞技体育成绩的提升是政策有效的最好体现。

表5-11　英国竞技体育后备人才培养相关政策一览表

相关法规	颁布时间	核心内容或目标
《体育：在比赛中提升》	1995年	发展青年体育运动和提高竞技体育成绩
《大众体育的未来》	2000年	促进青少年普遍参与体育活动，并从他们当中选拔出竞技体育后备人才进行进一步培养
《游戏计划》	2002年	实现竞技体育和大众体育的共同发展，竞技体育方面强调精英人才的培养及大型赛事的举办

---

① 唐丽，吴希林，刘云．英国竞技体育人才培养及启示［J］．体育与科学，2014，35（05）：80-84．

续 表

相关法规	颁布时间	核心内容或目标
《奥运会计划》	2002 年	设立体育研究院，为英国训练实践提供科研成果，确保青少年儿童全面参与体育运动，并从中选拔和培养有天赋的运动员，进一步完善精英运动员培养体系
《赢得比赛》	2008 年	英国要在北京奥运会取得良好竞赛成绩，为 2012 年伦敦奥运会的全面复兴奠定基础。同时，英国政府以北京奥运会为契机，鼓励更多的群众参与体育运动

（依孙雪①，2013 改制）

（三）英国竞技体育后备人才培养管理体制

表 5-12 英国青少年体育管理体制一览表

管理机构	管理对象	职能及作用
英国青少年体育政府管理	青少年精英运动员	1. 与科研机构、高校研究室进行合作，开发高科技运动器材、创新运动技术 2. 组织教练员进行学习培训，引荐水平高的教练员入职 3. 发掘有运动潜力的运动员，并督促各项目体育理事会进行系统培养，并建立竞技体育后备人才数据库，随时跟踪运动员的发展情况 4. 监督精英运动员专项资金的使用情况
英国青少年体育学校管理	英国校际体育工作和4000 余所中学	1. 指导学校体育课程设置 2. 制定学校体育课程标准 3. 资助学校体育设施建设 4. 负责组织校际体育比赛 5. 负责学校当地俱乐部及与政府的联系工作
英国青少年社会管理	青少年俱乐部	英国有 15 万个青少年俱乐部，在册青少年会员 1600 余万人。俱乐部管理制度是英国青少年体育工作与竞技体育后备人才培养的另外一条重要渠道

（依唐丽等②，2014 改制）

英国竞技体育后备人才培养采取"学校化"与"社会化"相结合的管理体

---

① 孙雪．英国精英运动员培养体系研究［D］．北京：北京体育大学，2013.
② 唐丽，吴希林，刘云．英国竞技体育人才培养及启示［J］．体育与科学，2014，35（05）：80-84.

制，中小学与社会青少年体育俱乐部共同培养竞技体育后备人才。俱乐部能够通过校际比赛—当地俱乐部—区域俱乐部—国家级俱乐部的路径对运动员进行层层选拔，从而培养出大量的优秀运动员。学校与社会相结合的管理体制夯实了竞技体育人才培养基础，为英国竞技体育持续走强提供了有力支撑。

四、法国的竞技体育后备人才培养模式

法国一直以来都是奥林匹克运动会的忠实参与者，自奥林匹克运动会产生以来，法国参加了所有届次的奥运会，曾获得过奥运会金牌榜第 1 名的好成绩。目前，法国在奥运会金牌榜的位次基本保持在第 2 集团。法国竞技体育的发展之所以如此稳定，得益于它相对成熟的竞技体育后备人才培养体系。

（一）法国竞技体育后备人才培养阶段

表 5-13　法国竞技体育后备人才培养阶段一览表

培养阶段	主要培养机构	阶段任务
基础选材阶段	1. 学校 2. 体育运动协会 3. 学校体育联盟 4. 俱乐部	学生在学校接触广泛的体育项目，通过明确的学校体育比赛体制，通过在学校之间、各俱乐部之间开展运动会，甄选出运动天才
成绩提高阶段	1. 训练基地 2. 学校	集中最有潜力的青少年运动员一起训练和竞赛，有希望代表国家参加重大赛事，教育部门负责运动员的文化教育
		增加竞技运动成分在学校体育中，保障有潜力的人才能够得到系统的训练
精英培养阶段	国家体育学院	为了能够让运动员训练更加专心，运动员退役后有更完善的保障。学院为运动员提供就业指导，其学习、训练和生活由相关的行政部门安排

（依张萌萌等①，2016 改制）

法国采用的是文化教育与运动训练模式同等重要的双向培养竞技体育后备

---

① 张萌萌，蒋志红. 法国竞技体育后备人才培养策略［J］. 体育科研，2016，37（04）：38-41.

人才学校化模式①。这种培养模式主要是学校和俱乐部为依托培养竞技体育后备人才。法国的竞技体育后备人才培养主要分为基础选材阶段、成绩提高阶段、精英培养阶段3个阶段（表5-13）。在这3个阶段的竞技体育后备人才培养中，文化教育贯穿始终。在前两个阶段，主要是以文化课学习为主，业余体育训练为辅。基础选材阶段的主要任务是让学生开始接触体育运动，培养学生的运动兴趣，并通过组织一些比赛，发掘具有潜力的学生进入下一阶段的训练。成绩提高阶段的任务主要是对上一阶段运动成绩突出的运动员进行集中训练，培养参加世界大赛的青少年选手。精英培养阶段的任务主要是培养国家代表运动员，该阶段顶尖运动员的文化课要求可以适当放宽。

（二）法国竞技体育管理体制

表5-14 法国竞技体育管理体制一览表

主要管理部门	性质	主要工作职责
青年与体育部	政府性	领导和负责体育管理活动，积极推动竞技体育与群众体育的开展
体育与民间组织部	社会性	负责项目的管理和发展工作
奥委会	社会性	负责在法国推广奥林匹克运动，组织运动员参加奥运会，其他社会体育部门开展各项体育工作
单项协会	社会性	开展多种体育活动，推荐和选拔各个项目的优秀后备人才，开展各类培训，为国内外的高水平比赛做准备

（依李栋①，2016改制）

法国采用的是一种综合型的竞技体育管理体制，即由政府部门进行宏观调控，其他社会组织协调管理的体育体制。由表5-14可知，法国主要的体育管理部门有青年与体育部、体育与民间组织部、奥委会、单项协会等。其中，青年与体育部是法国唯一的政府主管部门，主要引导竞技体育发展的方向，它的存在对竞技体育的发展起着至关重要的作用。其他社会组织各司其职，协助青年与体育部共同促进竞技体育的和谐发展。

---

① 李栋. 中法学校化竞技体育后备人才培养模式探析［J］. 肇庆学院学报，2014，35（05）：77-80+86.

五、澳大利亚的竞技体育后备人才培养模式

（一）澳大利亚竞技体育人才培养特点

澳大利亚拥有较强的竞技体育实力，世界各国都在关注。其竞技体育人才的"双轨培养"特点（见表5-15），为其竞技体育的成功奠定了坚实的基础[①]。

表5-15 澳大利亚竞技体育人才培养特点一览表

相关方面	具体内容
运动员培养	采用"双轨制"的培养模式，体育学院主要负责运动训练，普通学校主要进行文化教育，运动员的训练和文化课学习同时得到保障
退役运动员	帮助运动员明确他们的职业发展方向，为运动员提供一系列的保障就业的措施
措施和方法	政府采取了一整套的方法和措施，极其重视对于运动员的文化教育，为运动员的后续发展和再次就业提供条件
激励机制	设置高水平支持项目，为运动员设置了专门奖学金、竞技体育人才培养基金、教练员培养基金等奖励措施

（依渠彦超等[①]，2017改制）

（二）澳大利亚竞技体育人才培养社会化管理模式

表5-16 澳大利亚竞技体育人才培养社会化管理模式一览表

组织机构	主要职能
单项协会	1. 组织各单项比赛 2. 推动运动项目普及发展 3. 协调学校、社会、政府之间的关系 4. 单项协会不直接参与训练工作
中小学与社会青少年体育俱乐部	1. 培养青少年运动兴趣 2. 发现后备人才 3. 开展基础训练

---

① 渠彦超，高力翔. 国外竞技体育人才培养模式及其启示（一）：以美国与澳大利亚为例[J]. 南京体育学院学报（自然科学版），2017，16（05）：54-58.

续　表

组织机构	主要职能
高等院校与训练中心	1. 主要负责高水平运动员学习和训练 2. 提供训练、医疗、科研和资金方面的服务与支持
其他行业	为运动员提供社会、医疗与科研等方面的保障，如私企、保险公司或社会团体等

（依胡冰洋①，2016 改制）

由表 5-16 可以看出，澳大利亚竞技体育人才培养采用社会为主的管理模式，政府体育管理部门为澳大利亚运动协会（ASC），通过政策制定与资金预算对全国体育发展进行宏观引导。

（三）澳大利亚竞技体育后备人才培养模式及特点

在澳大利亚，青少年高水平运动员的训练和文化教育是由各州政府主要负责，而高水平运动员的学习和训练是由联邦政府负责。教学具有强制性，所有运动员都必须学习国家课程。"天才运动项目"规定运动员的学习成绩必须合格，不然就退出"天才运动项目"。"培养全面发展的人"是教育的核心和原则，所以运动员在接受运动训练、保持自身高水平运动技能的同时，也要在普通学校接受文化课的教育②。

表 5-17　澳大利亚竞技体育人才培养模式一览表

培养模式	具体内容
专业训练和普通高校紧密结合	1. 体育院校提供科学理论指导、高水平教练员和运动康复服务等去训练运动员
	2. 文化课教育和职业培训由普通高校完成。经过学习，运动员可以获得较高的文化知识和专业技能，使得退役后运动员可以获得一些生存技能
多渠道培养后备人才	1. 中小学阶段，传授给青少年一些基本运动技能，组织开展教育性活动，让青少年运动员养成积极参与体育活动的习惯，培养运动兴趣
	2. 体育俱乐部是青少年进行较高级别训练的另一阶段，是青少年运动员运动技能定向阶段，这一阶段是运动技能开始真正提高的过程

① 胡冰洋. 澳大利亚竞技体育人才培养特点与启示 [J]. 青少年体育，2016（11）：138-140+66.

② 肖扬. 中外竞技体育运动员文化教育模式的对比研究 [D]. 武汉：武汉体育学院，2015.

续 表

培养模式	具体内容
注重运动员全面发展	针对运动员退役后发展情况，专门设立了教育和职业发展部门，让运动员获取更多的职业技能和手段，帮助运动员解决就业难的问题

（依肖扬[①]，2015 改制）

六、日本竞技体育后备人才培养阶段及类型

第二次世界大战之前，日本竞技体育实力就已经位居世界前列，当时体操、游泳项目是日本的优势竞技项目。1964 年，日本作为东京奥运会的东道主，更是跻身第 1 集团，金牌榜排名第 3，当时日本奉行的是举国体制。从那以后，日本开始发展群众体育，群众体育迎来了一个新阶段，但是竞技体育成绩下滑明显。进入 21 世纪，日本政府开始采取一系列措施重新振兴竞技体育，从近几届奥运会来看，日本竞技体育成绩的逐渐提升与其竞技体育人才培养密切相关。

（一）日本竞技体育后备人才培养模式

表 5-18　日本竞技体育后备人才培养阶段一览表

各培养阶段	各培养机构	培养任务
青少年运动员选材与培养阶段	1. 学校运动部（小学、中学和大学） 2. 综合型地域体育俱乐部	让中小学学生全面参加体育运动，培养学生参与体育运动的兴趣，并从中选拔具备潜力的运动员
成人运动员训练与集中强化阶段	综合型地域体育俱乐部、县级代表、企业及大学、国家奥委会运动员学院	将运动成绩优异，具备参加世界重大比赛的运动员聚集到一起进行训练

（依胡启林[①]，2017 改制）

日本的竞技体育后备人才培养主要是以学校、俱乐部为依托，以业余训练为主，短期集训的模式。由表 5-18 可以看到，日本的竞技体育后备人才培养主要是分为青少年运动员的选材与培养、成人运动员的训练与集中强化阶段[①]。第

---

① 胡启林.日本竞技体育发展策略研究［J］.武汉体育学院学报，2017，51（06）：95-100.

一个阶段主要是在地方俱乐部和学校运动部进行，这个阶段主要是培养青少年对体育运动的兴趣。同时，日本不允许初中以下的学生进行专项化训练，故该阶段以业余训练为主，强调学生的文化课学习。第二个阶段则主要是对从第一阶段中脱颖而出的运动员进行专项化训练。同时，将有潜力参加国际重大比赛的运动员集中到国家奥委会运动员学院集中训练。

（二）日本竞技体育管理体制

表 5-19　日本竞技体育管理体制一览表

主要管理部门	性质	主要工作职责
奥林匹克委员会	社会性	承担提高日本竞技体育成绩，力争在国际重大比赛中取得优异成绩的重要任务，提出一系列具体实施计划，对日本竞技体育的发展产生重大影响
文部省体育局	政府性	1. 承担相关政府部门的领导职责 2. 负责社会体育法规的制定和修改 3. 与有关机构进行协调联络 4. 培养体育指导者
体育协会	社会性	其大众体育社团具有很高的权威性，直接承担文部省的大量具体工作，比如举办体育节活动、各种体育研究活动等

（依董佳华①，2015 改制）

目前，日本竞技体育后备人才的管理体制是综合型管理体制，由政府部门和社会组织共同管理。日本设有专门管理体育事务的机构，其中最权威、级别最高的当属文部省体育局，它主要是对体育的发展进行宏观把控，通过立法约束体育前进的方向，同时与其他政府部门或社会组织进行沟通联络。另外，文部省体育局还下设许多部门，它们协同管理大小体育事务。日本体育社会管理组织中最重要的两个部门是日本奥林匹克委员会和日本体育协会。其中，奥林匹克委员会主要是承担国际大赛相关的工作，体育协会则主要是协助政府部门共同管理。

---

①　董佳华. 国外竞技体育后备人才培养法制化对我国的启示［J］. 沈阳体育学院学报，2015，34（05）：54-58.

七、韩国冰雪竞技体育后备人才培养模式

2022年冬奥会在我国首都北京举办，目前，冰雪运动的发展成为体育人士关注的焦点领域之一。韩国在冰雪运动上总体实力强于中国，其冰雪运动开展较为普及，竞技体育后备人才培养体系相对完善。

（一）韩国冰雪竞技体育后备人才培养体系

表5-20　韩国竞技体育后备人才培养阶段一览表

培养阶段	培养对象	阶段任务
新苗运动员	9到14岁的儿少运动员	从全国小学生当中发掘选拔儿少运动员，使得冰雪优秀新苗后备人才力量得到扩大，经过层层选拔，将优秀人才再输送至各大学训练中心，对未来国家队进行人才储备，把科学化的训练和管理体系作为体育事业的发展根基
青少年体育精英	14到19岁的青少年运动员	除了完成日常训练计划外，还会定期在寒暑假组织青少年运动员，进行国内集中训练与海外拉练，通过和各冰雪强国进行比赛交流提高运动员竞技水平和自信心，运动员可以了解不同国家的战略和战术，学习其他优秀国家的经验
后备运动员	有潜力的青少年运动员	大力开发具有潜力的青少年运动员，培养他们成为国家的后备力量，以集训的形式提高他们的竞技能力和专业技术，进一步挑选优秀人才
国家队运动员	有实力参与国际重大比赛的运动员	对于冰上项目的竞争优势继续保持，除此之外还要大力培养雪上项目人才，每年定期派遣国家队赴世界各冰雪体育强国集训拉练，学习其他国家先进的训练和管理理念

（依段天龙等[1]，2018改制）

韩国的冰雪竞技体育后备人才培养体系主要分为以下4个阶段：新苗运动员培养阶段、青少年体育精英培养阶段、后备运动员培养阶段和国家队运动员培养阶段[1]。

---

[1] 段天龙，刘天宇，葛男. 韩国冰雪竞技体育人才培养体系的研究［J］. 冰雪运动，2018，40（07）：42-45+58.

（二）韩国冰雪竞技体育后备人才培养体系的机制

韩国冰雪运动后备人才的培养主要是依托学校。韩国将滑冰作为学校体育的必修课程，这样就保证了所有在校学生都能接触到冰雪运动。冰雪运动在学校的普及能够培养学生对冰雪项目的兴趣，使学生都能学到一些初级的冰雪运动技能，有利于从大量的学生中选拔出具有冰雪项目运动天赋的运动员。同时，冰雪俱乐部则对从中小学中选拔出来的有天赋的运动员进行全方位的训练和培养。除此之外，韩国在大赛运动员的选拔、训练管理观念、运动员福利保障等方面都具备相对完善的培养机制。

表 5-21　韩国竞技体育后备人才培养体系的机制一览表

培养机制	具体举措
韩国学校冰雪体育的开展	1. 滑冰是韩国中小学的必修课，小学注重培养学生对冰雪运动的兴趣，多以游戏的方式让学生们体验过程，并掌握冰雪体育规范的初级技能 2. 中学冰雪体育将训练方法与教学相结合，主要目的是规范动作技术和锻炼学生的身体素质 3. 各学校都要严格遵守政府关于学生体育运动的规定，除学校体育课程外，周末学生也要到俱乐部参加体育活动
韩国大学冰雪俱乐部训练项目	1. 运动营养教育、食谱制定、集体心理教育 2. 综合地面训练：在配置最新设备的训练中心进行动作节奏性、专项力量和平衡性训练 3. 冥想训练：目标强化、一对一对话交流和自我信念训练
大赛运动员选拔机制	三站式选拔机制，具体设置如下： 1. 第一站为个人赛，选取速度最快者 2. 第二站为一般比赛，选出排名前 8~10 名的运动员组成临时国家队 3. 第三站也为一般比赛，从临时国家队中优中选优，确定成绩最优者成为国家队正式成员
"走出去，引进来"的训练管理理念	1. 派遣国家队赴世界各冰雪强国集训或联合训练，目的是提高竞技水平，积极学习先进的训练和管理理念，缩小与冰雪体育强国的距离 2. 韩国体育人才战略中归化外籍运动员是重要手段
韩国冰雪体育运动员福祉	1. 国家制定政策引导和扶持韩国运动员保障工作，社会和政府一起参与，依靠财团俱乐部的赞助，通过补助金、发放贷款补助金和鼓励外出留学等形式资助运动员，实现运动员职业发展 2. 通过制定相关法律规定免除某些运动员服兵役的优惠政策，包括健康保险、薪资和再就业培训三个方面

培养机制	具体举措
体育明星宣传效应	借助对体育明星的包装宣传，更能提升花样滑冰等冰雪体育项目在本国的大众认知与关注度

（依段天龙等①，2018 改制）

八、国外竞技体育后备人才培养对我国的启示

通过上述分析发现，美国、俄罗斯、德国、英国、法国、澳大利亚、日本、韩国等 8 个国家的竞技体育后备人才培养模式因国情不同而各具特色。这些国家在竞技体育后备人才培养体系、选拔制度、管理体制、法治化等方面，既具有相似之处又存在差异。整体上来看，这些国家竞技体育实力可持续发展并位居世界前列，在于这些国家竞技体育后备人才培养模式较为成熟，而且各自的培养模式均渗透出以下共同特点：以人为本，全面发展的竞技体育后备人才培养理念；政府、社会、学校等相结合的多元竞技体育后备人才培养、管理体制；在竞技体育后备人才培养过程中，始终贯彻体教结合，注重运动员的文化教育；在竞技体育后备人才培养过程中相关法律法规涉及全面且体系完善。

在计划经济和举国体制的大背景下，我国竞技体育后备人才培养的三级训练网模式和政府主导型体制为我国竞技体育的崛起作出了巨大贡献。改革开放以来，我国的竞技体育后备人才培养模式也在不断地探索新的发展道路，但始终未形成完善且成熟的新体系。目前，我国竞技体育后备人才整体上呈现出不足的态势。2017 年，习近平总书记在党的十九大报告中指出，在中国特色社会主义的新时代要加快推进体育大国向体育强国迈进。实现竞技体育的可持续发展是体育强国的基础保障。结合我国国情，借鉴他国成功的经验，全面深化竞技体育后备人才培养模式改革是当前的必然选择。国外的竞技后备人才培养经验对于我国竞技体育后备人才培养模式的改革提供了诸多启示。

---

① 段天龙，刘天宇，葛男．韩国冰雪竞技体育人才培养体系的研究 [J]．冰雪运动，2018，40（07）：42-45+58．

（一）辩证看待我国和他国的竞技体育后备人才培养模式，取精华，弃糟粕

辩证思维要求我们要一分为二地看问题。既要看到有利的一面，也要看到不利的一面；既要看到自身的优势，也要看到面临的困难和问题；既要看到发展的机遇，也要看到存在的风险与挑战。在我国竞技体育后备人才培养模式的改革过程中，也同样要用辩证的思维客观地看待我国竞技体育后备人才培养模式的优点与不足，全面认识我国的国情，把握竞技体育后备人才培养模式改革的方向。我们要反对对自己国家竞技体育后备人才培养模式的全盘否定，理应延续模式中的优势，并借鉴他国的成功经验弥补不足之处。在借鉴他国经验之时，做到不照搬、不硬套，一定要紧密围绕我国的国情进行改革，否则就是东施效颦。

目前，很多学者认为发达国家的某些理念就一定是先进的、是科学的，中国的理念就一定是落后的、传统的，其实这是一种变相的崇洋媚外的思想。我国自参加现代奥林匹克运动会以来，一路披荆斩棘，不断地实现赶超，最终走向竞技体育强国，这说明我国的竞技体育后备人才培养模式必然有可取之处。所以，在我国竞技体育由赶超型向可持续发展型转变的过程中，要做到取精华、弃糟粕。

（二）摒弃"金牌至上"的唯金论，形成"以人为本，全面发展"的培养理念

以人为本是科学发展观的核心，运动员全面发展是竞技体育的最终目的。现如今，争金夺银成了竞技体育存在的主要价值，国家不惜一切代价争取在国际赛场上夺牌，各省市围绕着国内重大比赛想尽办法去拿牌，形成了以金牌论英雄，以成绩提政绩的价值观，在此之中往往为了短时效益而忽略了竞技体育后备人才的长远培养。毫无疑问，我国竞技体育在稳步前进的过程中，"举国体制"发挥了不可替代的作用，利用我国有限资源并举政府之力发展竞技体育，金牌数不断提升，竞技实力不断增强。但随着时代的不断发展，"举国体制"下以体育系统为主的三级训练网已经脱离了教育系统，出现了重训练、轻文化的现象，运动成绩成了衡量运动员是否成功的唯一标准。集中大量的时间进行运动训练，文化课学习时间被一再压缩，运动员出现了低升学率、高淘汰率的现象。缺乏文化知识的学习，运动员不仅会被竞技体育淘汰，更有可能会被整个社会所淘汰。所以，我国在竞技体育后备人才培养过程中，不能把夺得金牌视为唯一目标，摒弃"金牌就是一切"的观念，立足长远，从运动员的个人发展出发，培养一个全面发展的"竞体人"。竞技体育可以为所有人提供最大的可能来发展他们的才能，而不是单纯地争金夺银。

（三）全面深化体教结合，推进体育和教育系统的深度融合

20世纪80年代，国家在运动员学训矛盾突出、文化教育缺乏、退役后出路艰难等背景下，提出了"体教结合"的培养模式。政府希望教育部门能够利用学校扩大业余训练体系，因此教育部开始在各级学校创办高校高水平运动队、体育传统项目学校、体育后备人才试点学校等。但是，由中国教育系统培养的业余运动员并不在体育系统注册，也不能参加体育系统的比赛。这在一定程度上就已经是体育系统和教育系统的分离，再加上体育系统和教育系统对于人的培养目标不同，因此两者的利益会造成冲突。体育系统更加倾向于培养竞赛成绩优异的运动员，并不注重运动员的文化、素质、思想的教育。而教育系统在高考制度的指挥棒下，则更加倾向于培养学习成绩优异的学生，忽视了学生的运动训练。在体教结合培养模式实施的30余年中，教育系统虽在一定程度上为竞技体育后备人才培养作出了贡献，但并未达到预期的效果。中国要想全面深化体教结合，推进体教系统的深度融合，可以从以下三点入手。

一是教育系统需要改革高考评价制度。只有将体育作为高考考核的重要评价内容，才能提高教育系统对体育的重视程度，促进青少年全面参与体育活动，将竞技体育后备人才培养的金字塔底基做强做大。

二是体育系统需要转变竞技体育的评价观念。转变原来唯金论的观念，要深刻理解运动员首先应该是一个全面发展的人，其次才是一名运动员。只有保证了运动员的综合素质，才能从根本上解决运动员的退役出路问题①。

三是积极推进和细化落实学校一条龙培养的模式。借鉴美国竞技体育后备人才培养的学校体制，以小学—中学—大学为依托，将运动训练和文化学习同步进行。这样既能保证文化课学习，又能为竞技体育后备人才奠定基础。

（四）开放竞技体育投资主体和培养方式，充分调动多方参与的积极性

我国竞技体育崛起的这几十年时间里，主要实施政府主导的举国体制，竞技体育后备人才培养资金主要来源于国家财政拨款。在政府单一投资的情况下，

---

① 赵孟君，吴希林. 美国青少年体育及竞技体育后备人才培养模式与启示 [J]. 体育与科学，2014，35（06）：51-54.

我国竞技体育取得了不错的成绩。但是随着市场经济不断升级转型，仅仅依靠国家投入培养后备人才的模式，受到社会上越来越多的人质疑①。同时，随着竞技体育经济价值凸显，越来越多的人开始认可并投资竞技体育。在竞技体育后备人才培养的投资上，我国应该借鉴其他竞技体育强国的多元化集资方式，积极调动学校、社会、市场、家庭等主体的投资意愿，从而帮助政府减轻财政负担，使竞技体育后备人才培养的投资主体更具多样性和灵活性。在政府予以适度干扰基础上，多样性的投资主体有利于形成长久稳定的竞技体育生态局面②。

我国原有的竞技体育后备人才培养方式相对来说比较单一，主要是依靠三级训练网来培养运动员。这样的培养方式在长时间的实践过程中暴露出基层建设经费短缺、运动员成材率低、退役运动员就业困难等弊端。因此，在竞技体育后备人才培养模式改革创新的过程中，培养方式多元化也是必然趋势。我们可以调动社会多方力量共同开展竞技体育后备人才的培养工作。2019年6月23日，中共中央、国务院印发了《关于深化教育教学改革全面提高义务教育质量的意见》。意见提出，开齐开足体育课，将体育科目纳入高中阶段学校考试招生录取计分科目。科学安排体育课运动负荷，开展好学校特色体育项目，大力发展校园足球，让每位学生掌握1至2项运动技能。广泛开展校园普及性体育运动，定期举办学生运动会或体育节；开发俱乐部、社团等培养模式。通过购买服务等方式，鼓励体育社会组织为学生提供高质量体育服务；建立职业体育青训体系模式。将竞技体育后备人才培养纳入职业体育发展的整体体系，发展相应的后备梯队运动学校，并开展多层次的跨域、跨境交流③；鼓励家庭培养模式，父母可以根据子女的兴趣爱好和运动潜力聘请私人教练展开专门的针对性培养。通过多元化培养方式的探索与改革，发挥多方力量，夯实竞技体育后备人才基础。

（五）优化选材机制，提高后备人才的利用率

运动员选材是竞技体育的首要环节，科学选材对我国运动员的培养具有至关重要的作用。虽然我国已经建立了相对完善的科学选材体系，但我国运动员

---

① 张波，汪作朋，葛春林，等. 我国竞技体育后备人才培养的审视与发展路径［J］. 体育文化导刊，2018（07）：57-61.

② 田丽敏，李赞，秦剑博，等. 适度干扰：我国竞技体育发展的生态学审视［J］. 体育文化导刊，2017（10）：76-80.

③ 杨国庆. 我国经济体育后备人才多元化培养模式与优化策略［J］. 上海体育学院学报，2017，41（06）：17-22.

选材在长期发展过程中也存在一些问题。注重理论而缺乏创新，指标具有一定的局限性，可选范围太小，部分项目出现无人可选的局面，多数运动员在不成熟时期就被选材，造成成材率较低。由于运动员生长发育的不均衡性、个体差异性、各竞技能力发展的非同步性和传统选材方法的局限性等问题的存在，选材不能视为一种静态过程。我国运动员选材大多在儿少时期进行，初期选材仅仅通过一些生理生化指标和教练员的一些主观经验对运动员进行筛选，而忽视了运动员在长期发展过程中的成长因素和训练中各竞技子能力的动态发展过程。

所以，早期选材会随着训练的不断深入出现对项目的不适应甚至出现错选的情况，那么这部分人才就被浪费掉了，对于运动员长期的培养就会功亏一篑。优化选材机制是我国竞技体育后备人才长期可持续发展的关键，我们可以学习英国、日本的非项目化选材方式。目前，我国也提出了跨界跨项选材，它的出现为我国竞技体育后备人才培养提供了新思路。加大二次选材，为运动员提供更多发挥自己潜能的机会，扩大部分竞技体育人才稀缺的运动项目选材的范围，提高人才利用效率。

第六章

新发展理念："新常态"下我国竞技体育后备人才培养的指导思想

"创新、协调、绿色、开放、共享"的发展理念，统称为"新发展理念"，是习近平总书记在党的十八届五中全会第二次全体会议上提出来的。创新发展，注重的是解决发展动力问题；协调发展，注重的是解决发展不平衡问题；绿色发展，注重的是解决人与自然和谐问题；开放发展，注重的是解决发展内外联动问题；共享发展，注重的是解决社会公平正义问题①。五大新发展理念符合我国国情，顺应时代要求，对破解发展难题、增强发展动力、厚植发展优势具有重大的理论指导意义②。

"新发展理念"，具有普适性的应用指导价值，可以说在各行各业都可以发挥强有力的科学引领作用。因为，发展理念是发展行动的先导，是管全局、管根本、管方向、管长远的东西，是发展思路、发展方向、发展着力点的集中体现③。那么，毫无疑问，"新发展理念"对于我国竞技体育后备人才的培养同样具有重要的指导思想引领价值。基于文献研究、专家访谈和逻辑分析，本研究将新发展理念和我国竞技体育后备人才的培养之间的逻辑关系归纳为如图6-1所示。

由图6-1可以看出，新发展理念的价值定位是新常态下我国竞技体育后备人才培养的指导思想。在我国竞技体育发展新常态背景下，竞技体育后备人才培养质量的优劣同是否切实贯彻新发展理念息息相关。基于"创新"解决发展动力的逻辑，创新是竞技体育后备人才培养集约发展的动力引擎；基于"协调"关注发展不平衡问题，而不平衡就意味着发展不健康，协调是竞技体育后备人才培养健康发展的内在要求；基于绿色发展注重人与自然的和谐，和谐意味着生态发展，遵循生态规律意味着遵循规律科学发展，绿色是竞技体育后备人才

---

① 习近平. 在党的十八届五中全会第二次全体会议上的讲话［R］. 2015-12-29.
② 习近平. 新发展理念就是指挥棒、红绿灯. 网易. 2016-12-15［引用日期2017-01-24］.
③ 习近平. 中共中央关于制定国民经济和社会发展第十三个五年规划的建议［R］. 2015-11-3.

培养科学发展的必要条件；基于"开放"注重的是内外联动发展的逻辑，只有强化内外联动才能繁荣发展，闭关锁国最终必将走进"死胡同"，开放是竞技体育后备人才培养繁荣发展的必由之路；基于"共享"注重社会公平正义的逻辑，那就是大家都可以公平合理地分享发展的结果，每个人的合理诉求都能够得到满足，共享是竞技体育后备人才培养诉求满足的根本保障。

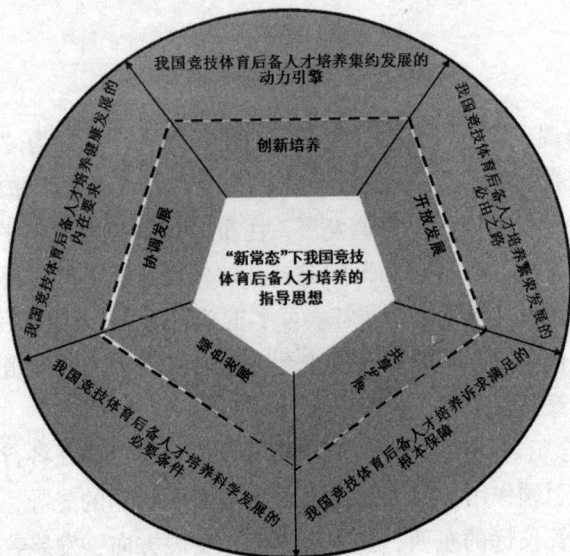

图 6-1　新发展理念与新常态下我国竞技体育后备人才培养的逻辑关系图

一、创新——竞技体育后备人才培养集约发展的动力引擎

创新是指人们为了发展需要，运用已知的信息和条件，突破常规，发现或创造某种新颖、独特的有价值的新事物、新思想的活动。江泽民曾提出，创新是一个民族进步的灵魂，是一个国家兴旺发达的不竭动力，也是一个政党永葆生机的源泉。从逻辑上分析，创新并不单纯是奇思妙想的灵光一闪，它往往是在解决问题的基础上的想法或思维的突破。因此，基于发展中存在的问题进行诊断，在探索解决方案和途径的过程中，常常会产生创新性的想法，进而使得发展中的问题得以突破或解决。

显然，解决问题的动机和诉求是发展创新的源泉。创新并不是全盘否定和突破前人的理论和框架，它往往是在前人的基础上进一步探索和突破，也就是在继承的基础上创新，然后再在创新发展成果的基础上更好地继承。在事物发展过程中，问题的出现导致发展的效果不理想，于是创新驱动的诉求就会驱使人们寻求解决之道，通过创新变革寻找新的发展方案。针对我国竞技体育后备人才的培养而言，毫无疑问，当前后备人才培养过程中的诸多问题，都迫切呼唤创新人才培养的理念和路径。基于科学技术是第一生产力，以及竞技体育后备人才培养的体制机制不畅和管理模式的亟待提升，本研究从制度创新驱动、科技创新驱动和管理创新3个方面探讨我国竞技体育后备人才培养的创新发展理念指导。

（一）制度创新驱动

我国竞技体育后备人才的培养模式经历了从"举国体制"到"体教结合"与"教体结合"再到"体教融合"。尽管人才培养的初衷或初心都是希望实现竞技体育后备人才的"育人"和"竞技"的完美结合，然而推行了几十年的体教结合"两层皮"的问题始终都没有得到很好的解决。因此，必须大力推进竞技体育后备人才培养的制度创新，使人才培养的体制和机制通道畅通。我国竞技体育的发展长期以来对于举国体制模式可以说产生了高度的"路径依赖"，这在很大程度上也催生了行政管理体制僵化、不够灵活、不够以人为本等负面效应。

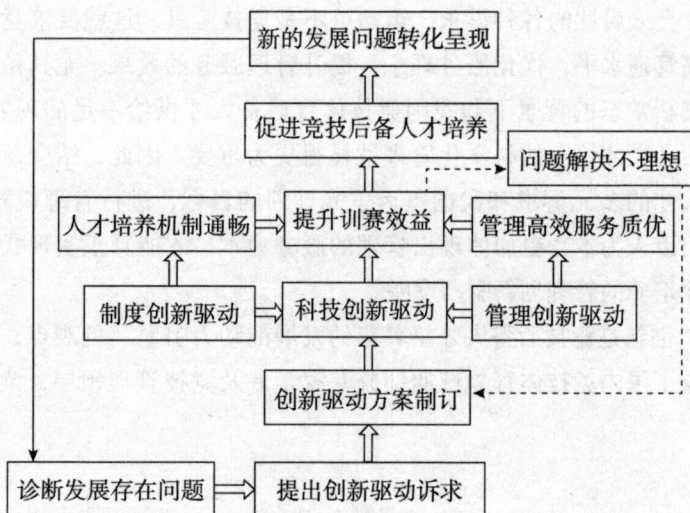

图6-2　创新发展理念与新常态下竞技体育后备人才培养的逻辑关系图

因此，我国竞技体育后备人才培养的制度创新就是要在原有体制和机制方面有所突破，必须充分激活包括运动员、教练员、科研人员、医务人员等所有参训人员的积极性，提供制度和机制保障，同时要充分体现竞技体育的不同项目和不同地域发展的特点，更好地促进竞技体育后备人才的高质量培养。

（二）科技创新驱动

科学技术的应用范围非常广泛，可以说渗透在竞技体育发展和人才培养的各个方面。对于竞技体育后备人才的培养而言，科技助力更多地体现在提升运动员的训练质量和参加比赛的效益方面。竞技体育人才作为一类特殊的培养对象，其培养效益就是要通过运动员训练和比赛的成绩来判断，通过运动员可持续发展能力来判断。通过科技创新驱动，不断优化运动训练方案和科学监控，更好地调控训练和参赛过程，为运动员的科学训练和比赛保驾护航。当前科技助力竞技体育后备人才培养，从科学选材到训练培养，从热身激活到恢复再生，从营养摄入到能量消耗，从运动服装到运动器材的功能性设计，等等，都在不同程度地体现着科技创新的力量。

（三）管理创新驱动

在竞技体育领域，提出了"向管理要金牌/奖牌"的观点，就足以见得竞技管理对于竞技体育发展和人才培养的重要作用。竞技体育后备人才作为社会的人，具有社会人属性的各种诉求。运动员不是竞技工具，这就要求竞技管理要不断地提高管理水平，优化服务理念，提升管理服务的效果。尤其是在我国竞技体育发展新常态的背景下和我国竞技体育后备人才供给不足的现实状况下，竞技体育后备人才培养的科学化管理就显得更为重要。因此，结合新时代竞技体育后备人才的多元诉求和我国奥运争光计划的目标，进行管理模式的创新，更加体现出以人为本，更加体现出管理的服务为本，才能真正实现我国竞技体育后备人才培养的管理创新驱动发展。

关于"创新是竞技后备人才培养集约发展的动力引擎"的观点，本研究通过问卷调查了国内竞技体育领域的部分专家学者及竞技管理领导，调查结果见表6-1。

表6-1　专家关于"创新——竞技后备人才培养集约发展的动力引擎"

观点认同度一览表（N＝60）

认同度	创新——竞技后备人才培养集约发展的动力引擎		
	频数	百分比（%）	累积百分比（%）
非常认同	16	26.7	26.7
比较认同	41	68.3	95.0
一般	2	3.3	98.3
不太认同	1	1.7	100.0
合计	60	100.0	

由表6-1可知，有26.7%的调查对象持非常赞同态度，68.3%的专家持比较赞同态度，二者累积百分比高达95%。显然，调查专家总体上认同创新是竞技后备人才培养集约发展的动力引擎的特征。同时，针对选择"一般"和"不太赞同"题项的专家，我们进行了电话回访，以了解他们的观点。他们认为创新在大环境中是动力引擎，但在竞技体育后备人才培养中，保障激励机制是竞技后备人才培养的动力引擎。显然，个别专家的观点更具指向性。总体来看，创新培养所涉及的影响因素只要努力创新，就会产生动力引擎的效果。

二、协调——竞技体育后备人才培养健康发展的内在要求

"协调"主要是关注发展不平衡问题。这里的"平衡"并不是绝对的平衡，而是相对的平衡，或者说不是绝对的"均衡"，而是相对的"均衡"。协调，要解决发展不平衡问题，也并不是解决"人人均等"的问题，而是协调发展过程中相关利益主体的利益诉求，进而使不同利益主体的诉求得到尽可能的满足，才能促进健康发展。关于我国竞技体育后备人才培养的协调发展，协调好不同利益主体的诉求，是我国竞技体育后备人才培养健康发展的内在要求。基于我国竞技体育后备人才所涉及的不同利益主体及其利益诉求，本研究在文献研究和专家访谈的基础上，构建了协调发展理念与新常态下我国竞技体育后备人才培养的逻辑结构图，如图6-3所示。

由图6-3可知，在我国竞技体育发展新常态的背景下，竞技体育后备人才的培养所涉及的利益主体主要有运动员家长、学校、运动体校、教练员、运动

员自身以及竞技管理和各类服务保障人员。虽说从根本上讲，不同利益主体的诉求是一致的，即运动员运动成绩卓越，在竞技体坛争金夺银为国争光。但是运动员的培养是一个相对漫长的复杂系统工程，在运动员成长的过程中，不同利益主体的利益诉求的满足对于竞技体育后备人才的培养具有重要的影响。

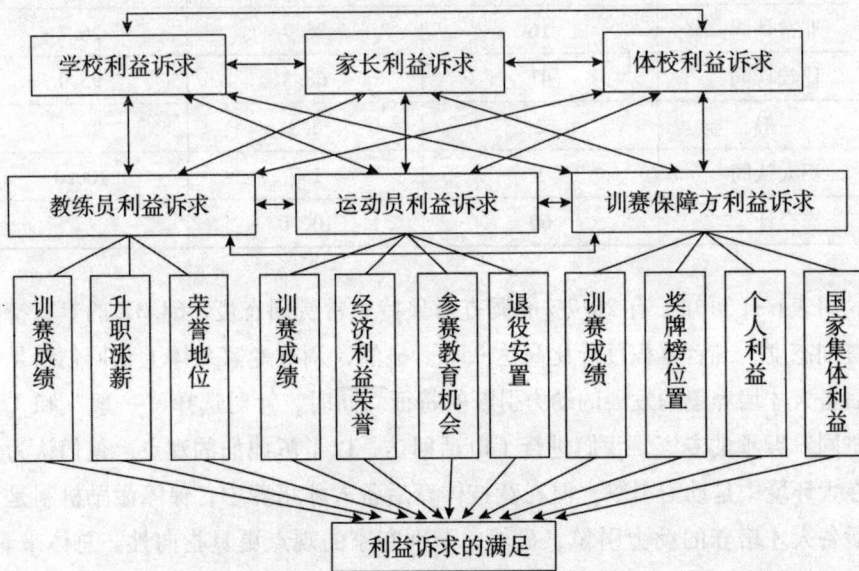

图6-3 协调发展理念与新常态下竞技体育后备人才培养的逻辑关系图

作为运动员的家长，尽管潜意识里也抱有自己的孩子能够成为世界冠军和奥运冠军的想法，但是更多的是希望从事竞技体育训练，孩子将来能有一个好的工作或出路。同时，家长希望孩子在训练中不要受伤，能有合理的经济利益保障。

作为文化教育的实施主体，学校希望青少年运动员能够有足够的学习时间，能够有良好的学习成绩。一旦运动员学习成绩比较差，文化课教师又会担心运动员成绩太差而影响班级的平均分，就希望运动员不要在他们的班级学习。此外，在竞技体育比赛时，学校还希望青少年学生运动员能够为学校增光添彩。

而竞技体育学校，可以说视运动员的训练和比赛成绩为生命，运动员运动成绩的提高是其根本任务。所以体校的核心诉求就是提高运动员成绩并在竞技体坛获得好的名次，为国家或地方增光添彩。当然，体校对于青少年运动员的学习成绩也比较关注，无奈运动员的文化课功底太差，文化课学习的动力不足，良好的学习习惯也没有养成，青少年运动员宁可运动场上"受苦"也不愿去学习的现象屡见不鲜。于是，体校对于竞技体育后备人才的学习方面的诉求，也就从"力不从心"的无奈到"顺其自然"了。

作为运动训练和竞赛的指导者,教练员是运动员训练成绩和比赛成绩的第一责任人。所以,教练员首先关注运动员的训练和比赛成绩,运动员的成绩也与教练员的核心利益直接相关。例如教练员的薪水增加和职称晋升同运动员的成绩直接相关,教练员的社会地位和荣誉称号之类的非物质利益也同他所指导的运动员的成绩密切相关。反之,如果教练员的核心利益诉求得不到满足,就会影响运动员的培养。例如,如果竞技管理方面唯运动成绩来评价教练员的优劣和晋升条件,那么就会导致教练员过度关注运动员成绩的快速提高,过早采用大力量训练方式,进而可能会影响运动员的可持续发展。

运动员本身是竞技体育后备人才培养中最直接的利益相关者。运动员训赛成绩的持续提高,教育机会的获得,参加比赛的级别和机会的多少,由比赛成绩而带来的各类经济利益和非经济利益,以及未来的退役安置等问题,都是运动员所关注的主要利益点。

竞技体育管理方和竞技体育服务方,虽说他们具有行政管理的职能,但是在新常态背景下或者说在新时代背景下,管理和服务在本质上是一样的,都是围绕着运动员竞技能力的提升和比赛成绩的提高而服务。因此,从代表竞技体育管理方来说,他们的利益诉求一方面首先也是关注运动员的训练和比赛成绩,关注国家或地方在重大比赛中奖牌榜的位次;另一方面,毫无疑问也关注自身利益的诉求。从宏观上看,竞技体育成绩的优劣同他们管理服务方的利益也休戚相关,同个人的经济利益和职位晋升也休戚相关。此外,作为竞技体育管理部门,还代表国家或集体的利益诉求。当然,这些利益诉求无论是直接或间接的,都与运动员的训练和比赛成绩息息相关,同投资和产出的效益息息相关,同竞技体育发展和竞技体育后备人才培养的可持续发展息息相关。

显然,无论是家长、学校、竞技体校还是教练员、运动员以及竞技管理和服务主体,他们之间是相互联系、相互促进又相互影响甚至相互制约的利益主体。他们之间的利益诉求必须得到相应的协调和满足,才能更好地促进竞技体育后备人才的高质量培养和可持续发展。因此,协调竞技体育后备人才培养不同利益主体的利益诉求,既要考虑当前的各利益方的诉求满足,又要长远考虑我国竞技体育后备人才培养的可持续发展和效益最大化。总而言之,协调不同利益主体诉求的当前满足和长远满足,是我国竞技体育后备人才培养健康发展的内在要求。

关于协调是竞技后备人才培养健康发展的内在要求,本研究通过问卷调查了国内竞技体育领域的部分专家学者及竞技管理领导,调查结果见表6-2。

表6-2　专家关于"协调——竞技后备人才培养健康发展的内在要求"
观点认同度一览表（N=60）

认同度	协调——竞技后备人才培养健康发展的内在要求		
	频数	百分比（%）	累积百分比（%）
非常认同	24	40	40
比较认同	32	53.3	93.3
一般	3	5	98.3
不太认同	1	1.7	100
合计	60	100	

由表6-2可知，有40%的调查对象持非常赞同态度，53.3%的专家持比较赞同态度，二者累积百分比高达93.3%。显然，调查专家总体上认同协调是竞技后备人才培养健康发展的内在要求。同时，针对选择"一般"和"不太赞同"题项的专家，我们进行了电话回访，以了解他们的观点。他们认为，竞技体育后备人才培养健康发展的关键在于体制和机制的完善。本研究认为，竞技后备人才培养体制和机制的完善，同样也会涉及不同培养主体的利益协调问题。

三、绿色——竞技体育后备人才培养科学发展的必要条件

新发展理念中的绿色发展，注重的是解决人与自然的和谐问题。人是实践的主体，自然是实践的客体，人与自然的和谐反映的是实践主体与客体的和谐。关于我国竞技体育后备人才的培养，包括运动员在内的培养主体是人才培养这一实践活动的主体，而竞技后备人才培养过程中的客观规律和价值取向是人才培养的实践客体。本研究基于文献研究和专家访谈，构建了绿色发展理念与新常态下我国竞技体育后备人才培养的逻辑关系图，如图6-4所示。

（一）绿色发展的本义体现：竞技体育后备人才培养的生态化

一谈到绿色发展，首先想到的是发展的生态化，比较契合工业发展中的"节能减排"。其实，在竞技体育后备人才培养方面，节能减排的思路同样适用。当前我国竞技体育后备人才培养的粗放模式，就是对人才的巨大浪费，就是对资源的过度消耗，当然需要节能意识的指导；我国竞技体育后备人才培养的成

才率较低，培养过程中的淘汰率和运动生涯短暂现象以及过早退役现象，都提示要强化"减排"理念的指导。由图 6-4 可以看出，节能减排的生态化体现在竞技体育领域，主要体现在"运动选材、运动训练、竞技比赛和竞技管理"4个方面。

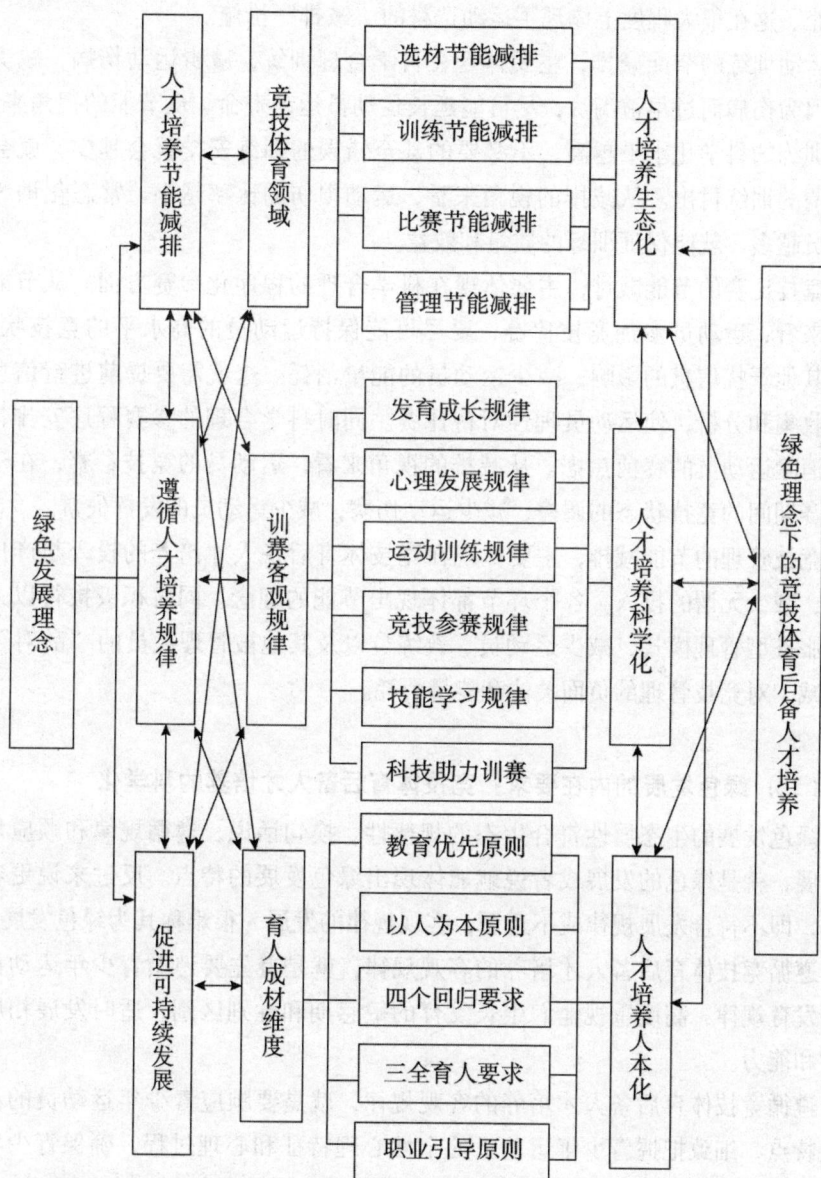

图 6-4　绿色发展理念与新常态下竞技体育后备人才培养的逻辑关系图

运动选材的节能减排，主要体现在提高选材的科学性和效果，力争使选出的每一个运动员都具有较强的发展潜力，避免选出资质平庸的运动员。但是运动员选材的确是很难做到精准选择，一旦被选上，就要精心培养，即使运动员在其主项上难以有较大发展，还可以通过跨项选材的方式转入其他竞技项目进行培养。这在很大程度上体现了运动选材的"减排"措施。

运动训练的节能减排，主要体现在科学合理训练，减少运动伤病，减少运动员因为伤病而过早被淘汰，尽可能延长运动员运动寿命。从节能的视角来看，运动训练的科学化水平越高，不必要的甚至错误的训练安排就会越少，就会节省无谓的训练付出。从减排的视角来看，运动损伤的比率越小，常态化训练的运动员越多，就能保证训练的质量和效益。

竞技比赛的节能减排，主要体现在科学合理的程序化参赛方面。从节能的视角来看，运动员参加竞技比赛，要尽可能保持运动员的高水平的竞技状态，减少其他干扰信息的影响，减少运动员的能量消耗。这就需要提前进行信息情报的收集和分析，使运动员理性对待比赛。同时科学合理的参赛程序安排，有助于消除运动员的赛前焦虑。从减排的视角来看，运动员的竞技参赛，在于做好比赛期间的竞技状态的调控，减少运动伤病，减少运动员的发挥失常。

竞技管理的节能减排，主要体现在竞技体育后备人才培养的投入与产出的效益，减少无谓的投入，各个环节都体现出节能的理念。同时积极推行以人为本的服务型管理模式，减少运动员、教练员以及其他被管理人员的"敌对"情绪，减少对竞技管理的负面关注和能量消耗。

(二) 绿色发展的内在要求：竞技体育后备人才培养的科学化

绿色发展的生态属性符合生态的规律性。换句话说，遵循规律和顺应规律的发展，就是绿色的发展或者说就能体现出绿色发展的特点。反过来说更容易理解，即不符合发展规律或不遵循，客观规律的发展，很难称其为绿色发展。

遵循竞技体育后备人才培养的客观规律，就是首先要遵循青少年运动员的生长发育规律，高度重视他们生长发育的敏感期和性别区别，适时发展相应的素质和能力。

遵循竞技体育后备人才培养的客观规律，就是要顺应青少年运动员的心理发展特点，细致把握青少年运动员的个性心理特征和心理过程，确保青少年运动员不至于"过早成熟"或"心理发育不足"。

遵循竞技体育后备人才培养的客观规律，就是要顺应运动训练的客观规律，例如训练适应规律、竞技状态发展规律等。只有顺应运动训练客观规律的训练才是科学化训练的本质要求。

遵循竞技体育后备人才培养的客观规律，就是要顺应运动技能学习掌握的规律。竞技体育后备人才的培养，主要内容之一就是运动技能学习和掌握。任何一个竞技项目的技术学习，都有一定的规律和周期。只有顺应技能学习掌握的客观规律和满足技能学习的主客观条件，才能更好更快地掌握相关技能。

遵循竞技体育后备人才培养的客观规律，就是要顺应竞技参赛的规律。竞技比赛犹如进行战争，要做到知己知彼，考虑万全之策，细化应对方案。因此，顺应参赛规律，就要信息收集和信息屏蔽相结合，就要程序化参赛和灵活应对程序相结合，才能应对比赛过程中的各种变化。

遵循竞技体育后备人才培养的客观规律，就是要顺应和借助科学技术的力量支持。科技是第一生产力，有了科学技术的支撑才能更好地彰显科技的力量。在很大程度上可以说，遵循科技发展规律就能更近距离地探索规律和顺应规律。当前科技助力竞技体育的发展，被提高到越来越重要的位置。显然，我国竞技体育后备人才的培养的科学化，必须要借助科技力量的支持，才能确保人才培养的科学化与合理化。

（三）绿色发展的价值诉求：竞技体育后备人才培养的人本化

众所周知，发展理念对于发展的数量和质量具有重要的指导作用。既然发展理念具有指导意义，那么理念本身就应该体现遵循客观规律的一面和体现实践主体价值诉求的一面。事物发展的客观规律体现的是真理性，实践过程中的主体意志体现的是价值性。因此实质上，遵循发展理念是实践者探索实践的真理性与价值性的统一。绿色发展理念，除了体现其客观规律的一面，当然也会体现出其价值诉求，即竞技体育后备人才培养的人本化。

竞技体育后备人才培养的人本化，就是要体现出教育优先原则。竞技体育后备人才作为适龄的受教育对象，从教育成材的观点来看，首先要把教育放在首位。教育是一个人发展成长的最基本的权利，无论其学习好坏，每个适龄儿童都必须接受九年义务教育。而我国有些竞技体育后备人才学校对于青少年运动员的训练成绩和比赛成绩高度重视，相对忽视他们的文化课学习，训练占用了大量的学习时间。这都与竞技后备人才培养的人本化相距甚远。

竞技体育后备人才培养的人本化，就是要体现出以人为本原则。运动员作为社会中的一员，他们的发展必须体现出社会性的一面。然而，在金牌战略的指导下，"唯金牌"和"唯成绩"的观念一度占据绝对优势，运动员几乎成了竞技比赛为国争光的工具。显然，运动员的"工具性"与"人本化"是背道而驰的。

竞技体育后备人才培养的人本化，就是要体现出"四个回归"的要求。"四个回归"是针对高校教育立德树人、提高教育质量的根本要求。其实，"四个回归"放在竞技体育后备人才培养方面也恰如其分。竞技体育后备人才培养的初心是什么？无论是运动员本身还是竞技体育管理部门，都需要回归初心，牢记使命，树立为国争光的初心，筑牢立德树人、育人成才的初心；竞技体育所涉及的不同主体，都要坚持回归常识和回归本分，干好自己的本职工作，而不要在利益面前迷失了自己；回归梦想，是竞技体育后备人才培养人本化的集中体现，作为运动员必须要回归自己的梦想，才会有发展的动力；唤醒青少年运动员的梦想，本身就是人本化的内在要求。相反，对于青少年运动员的放任自流，就是对他们不负责任，这与真正的运动员人本化是背道而驰的。

竞技体育后备人才培养的人本化，就是要体现出"三全育人"的要求。竞技体育后备人才的培养是一个相对漫长的过程。正所谓"十年树木，百年树人"。基于运动员人本化培养的理念，就是要契合国家提出的"三全育人"的要求，即"全员育人、全程育人和全方位育人"。这就要求竞技体育领域的不同主体都要全员参与和全程参与竞技体育后备人才的培养。在培养的整个过程中，要充分利用各种培养环节促进竞技体育后备人才的自我发展和完善。

竞技体育后备人才培养的人本化，就是要体现出职业引导原则。总体上看，竞技体育运动员本身就是吃"青春饭"。因此，退役后的职业诉求，体现了人本化的一面。以前曾一度出现过国家负责安排退役运动员的工作的情况。但是随着竞技项目实体化改革和市场经济体制改革的深化发展，运动员的职业引导必须要提上日益重要的地位。基于人本化的要求，培养竞技体育后备人才，不仅要让他们有能力参加训练和比赛、为国争光，而且要让他们有能力在退役之后立足于市场经济，自食其力，实现可持续发展。

关于绿色是竞技后备人才培养科学发展的必要条件，本研究通过问卷调查了国内竞技体育领域的部分专家学者及竞技管理领导，调查结果见表6-3。

表 6-3 专家关于"绿色——竞技后备人才培养科学发展的必要条件"
观点认同度一览表（N=60）

认同度	绿色——竞技后备人才培养科学发展的必要条件		
	频数	百分比（%）	累积百分比（%）
非常认同	13	21.7	21.7
比较认同	42	70	91.7
一般	2	3.3	95
不太认同	3	5	100
合计	60	100	

由表 6-3 可知，有 21.7% 的调查对象持非常赞同态度，70% 的专家持比较赞同态度，二者累积百分比高达 91.7%。显然，调查专家总体上认同绿色是竞技后备人才培养科学发展的必要条件。同时，针对选择"一般"和"不太赞同"题项的专家，我们进行了电话回访，以了解他们的观点。有的专家认为"绿色"主要指向人与自然的和谐相处，并不指向后备人才培养的科学发展；有的专家认为"绿色"发展，体现的是发展中的"伦理性"，属于价值范畴，而科学发展属于真理范畴。本研究认为，专家的反馈很有道理，也很受启发。绿色发展理念本身的内涵也不应该是固化的，而是可以拓展的。本研究认为，"绿色"发展本身，既可以反映客观真理性的一面，也应该反映主观价值性的一面，是二者的辩证统一。

四、开放——竞技体育后备人才培养繁荣发展的必由之路

新发展理念中的开放发展，注重的是解决内外联动问题。我国竞技体育后备人才的培养，正在由举国体制逐渐转变为项目协会制。正如国家层面发展的改革开放一样，我国竞技体育后备人才的培养，同样需要坚持开放发展的理念，需要竞技体育后备人才培养领域的内外联动，才能更好地提高竞技体育后备人才的培养。竞技体育后备人才培养领域的内外联动，一般来说涉及人力物力、资本投入、硬件平台和软件平台、制度保障、开放的理念和环境等要素。本研究基于文献研究和专家访谈，构建了开放发展理念与新常态下我国竞技体育后备人才培养的逻辑关系图，如图 6-5 所示。

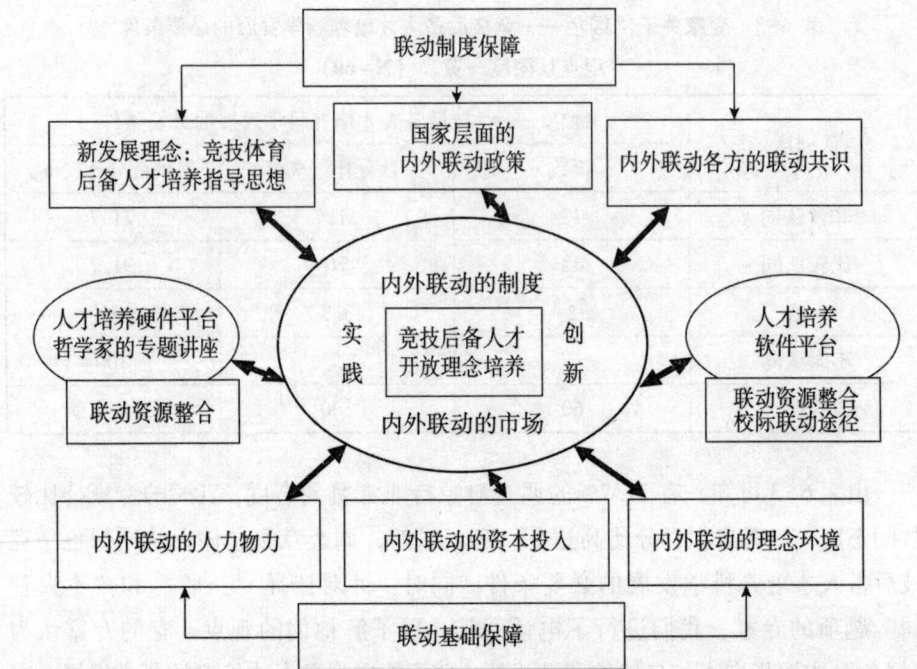

图6-5 开放发展理念与新常态下竞技体育后备人才培养的逻辑关系图

(一)竞技后备人才开放理念培养的联动基础保障

开放,作为新发展理念之一,本质上要求某一发展领域内外联动,才能更好地提高发展的速度和质量。我国竞技体育后备人才的培养,同样需要扩大和强化人才培养领域内外的有效联动,主要涉及运动员、教练员、体能训练师、康复理疗师、运动营养师等人力,场地器材等物力,资本、技术、平台以及内外联动的环境等要素。

当教练员、体能训练师、康复师等人力条件不能满足需求时,就要通过开放的方式,从外部或者国外引进满足要求的训练指导人员;当运动员不能满足训练和竞赛的要求或者专项可持续发展能力受限时,就要通过内外联动的开放路径或退役,或交流引进新的运动员,或跨项选材,或转项发展,或转换比赛位置角色等;当竞技后备人才培养的经费不足时,就要通过开放的方式吸引更多的社会资本进入竞技体育后备人才培养领域。尤其是在经济发展新常态的背景下,不可能再完全按照举国体制模式进行竞技后备人才的培养,通过市场化的方式,让更多的社会资本进入竞技体育领域是大势所趋。因此,针对我国竞技体育后备人才的培养,坚持开放发展理念,就要在人力物力、资本投入和开放环境等方面，扩大和强化内外联动，为我国竞技体育后备人才培养的开放发展提供内外联动的基础保障。

（二）竞技后备人才开放理念培养的联动资源整合

从发展的角度看，竞技体育后备人才培养是一个理论创新、实践检验和实践发展推动理论创新的渐进过程。在实践层面，我国竞技体育后备人才的培养，需要基于一定的训练、竞赛硬件平台，单靠国家主导三级训练网难以满足广大竞技体育后备人才培养的需要，这就要求以更加开放的姿态，将学校、企事业单位、社会团体以及公共的体育硬件资源整合起来。同时，还要将一些废弃场地或者尽可能充分利用土地资源，改造利用作为运动训练或比赛的硬件设施，为竞技后备人才运动员的训练和比赛搭建一个多元的硬件平台。

在理论层面，我国竞技体育后备人才的培养，需要先进理念和理论的指导和启示。理论观点的冲突和碰撞，更需要开放的环境和交流平台，正所谓“理，越辩越明”。关于竞技体育后备人才培养，需要搭建多元的理论层面的“软件平台”。无论是直接从事竞技体育人才培养的教练和科研人员，还是体育院校和科研所的专家，不论项目区别和训练层次，无论是国内的还是国外的教练和学者，都要通过各种论坛、学术会议、特别的研讨会等方式，实现理论创新与实践探索的交流、碰撞和融合发展，为我国竞技体育后备人才运动员的训练和比赛搭建制度化的开放的软件平台。

（三）竞技后备人才开放理念培养的联动制度保障

开放发展理念，旨在解决发展的内外联动问题。这绝不仅仅是思想解放和理念突破的问题，它需要相应的制度体系建设，才能确保开放的程度和范围，才能保证发展领域内外联动的效果。

那么，针对我国竞技体育后备人才的培养，以更加开放包容的姿态，吸引竞技体育领域内外的人力物力和资本技术等资源的投入，必须有相应的制度体系予以保证，才能真正有效促进竞技体育后备人才培养的开放发展。首先从国家层面看，在辩证坚持举国体制的基础上，制定相关制度和政策，尽可能地促进竞技体育项目和人才培养的市场化，让更多的人力物力和技术服务等社会资本参与竞技体育的发展和竞技后备人才的培养。这主要涉及社会资本进入竞技体育的门槛政策、参与政策以及效益分配制度等。只有社会资本的责、权、利得到清晰的界定和合理的保障，才能较好地调动社会资本与竞技体育后备人才培养的良性联动。

其次，从项目协会层面看，制定竞技项目良性的可持续发展的规章制度时，要高度重视竞技体育后备人才培养领域的开放发展方面的制度保障。竞技体育项目的实体化改革，直接将项目协会推到了类似自主经营、自负盈亏的企业发展境地。协会的发展必将会以更加开放的姿态，融入市场经济发展的大潮中，才能求得更好的生存环境。因此，竞技项目协会层面的规章制度的优化完善，将对竞技体育后备人才培养领域的内外联动产生重要的影响。协会的发展、人才的培养、经济效益和社会效益的合理分配，是竞技项目协会制度保障的重要基础。

开放发展理念中的"开放"只是一个途径，其目的在于共赢共享发展的成果或效益。所以，在经济发展新常态的背景下，我国竞技体育后备人才的培养，能够以更加开放的姿态吸纳社会资本的投入，是由竞技后备人才培养效益的政治价值、经济价值、文化价值和社会价值决定的。既然有价值，就能吸引追求价值的资本。因此，我国竞技体育后备人才培养领域内外联动的开放发展，必将会带来共赢共享发展的机会，也必将使内外联动各方达成开放共赢的共识。这种共赢共享的共识，加上国家层面和协会层面的制度体系，将为新常态下我国竞技体育后备人才培养的开放发展提供联动制度保障。

关于开放是竞技后备人才培养繁荣发展的必由之路，本研究通过问卷调查了国内竞技体育领域的部分专家学者及竞技管理领导，调查结果见表6-4。

表6-4　专家关于"开放——竞技后备人才培养繁荣发展的必由之路"
观点认同度一览表（N=60）

认同度	开放——竞技后备人才培养繁荣发展的必由之路		
	频数	百分比（%）	累积百分比（%）
非常认同	11	18.3	18.3
比较认同	43	71.7	90
一般	3	5	95
不太认同	3	5	100
合计	60	100	

由表6-4可知，有18.3%的调查对象持非常赞同态度，71.7%的专家持比较赞同态度，二者累积百分比高达90%。显然，调查专家总体上认同"开放是竞技后备人才培养繁荣发展的必由之路"的观点。同时，针对选择"一般"和

"不太赞同"题项的专家，我们进行了电话回访，以了解他们的观点。他们的观点集中表现为竞技运动员的训练培养和改革开放经济差别较大，运动员本身是特殊的群体，他们竞技能力的提升，有时需要封闭式训练。本研究认为，专家反馈的观点是因为视角不同的结果。从我国竞技体育后备人才培养的整体来看，需要在举国体制的基础上不断强化市场机制的作用，需要以更加开放的方式配置竞技后备人才培养的各种资源。专家反馈侧重于具体培养环节，例如运动员竞技能力的提升，在具体操作层面可能不需要很开放的环境。

五、共享——竞技体育后备人才培养诉求满足的根本保障

共享发展注重的是解决社会公平正义问题，是发展的根本目的和归宿。不能使得参与发展的不同主体共享发展成果的发展，是难以持续的，也终将为发展的参与者所抛弃。正所谓"一分努力，一分收获"，共建共享是天经地义的道理。只有大家共享劳动和付出的成果效益，才能促进更好的建设过程，进而实现更好共享的目的。我国竞技体育后备人才的培养，作为一项能够带来政治价值、经济价值、文化价值和社会价值的实践活动，其各种价值的效益，必将成为参与培养后备人才培养的不同主体以及竞技后备人才本身所追求的目标。本研究基于文献研究和专家访谈，构建了共享发展理念与新常态下我国竞技体育后备人才培养的逻辑关系图，如图 6-6 所示。

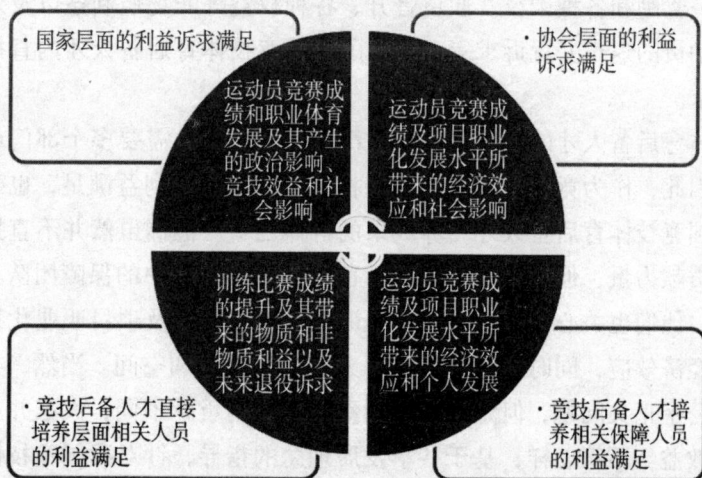

· 国家层面的利益诉求满足

· 协会层面的利益诉求满足

运动员竞赛成绩和职业体育发展及其产生的政治影响、竞技效益和社会影响

运动员竞赛成绩及项目职业化发展水平所带来的经济效应和社会影响

训练比赛成绩的提升及其带来的物质和非物质利益以及未来退役诉求

运动员竞赛成绩及项目职业化发展水平所带来的经济效应和个人发展

· 竞技后备人才直接培养层面相关人员的利益满足

· 竞技后备人才培养相关保障人员的利益满足

图 6-6 共享发展理念与新常态下竞技体育后备人才培养的逻辑关系图

由图 6-6 可知，参与竞技体育后备人才培养的不同主体，都有其核心的利益诉求，也就是其共享竞技体育后备人才培养成果效益的根本出发点。实际上，在经济发展新常态的背景下，能够参与我国竞技体育后备人才培养的不同主体将会有很多。本研究只是粗略地归纳了 4 类参与主体，通过图示的方法直观解读不同参与主体的共享诉求。

首先，是国家层面的利益诉求。我国竞技体育后备人才培养的初衷是对接"奥运争光计划"，培养出为国争光的优秀运动员，强化竞技体育强国地位，为建设体育强国而不懈努力。因此，国家层面的利益诉求，一是会关注竞技运动员的比赛成绩，尤其是在奥运会、世锦赛这样的世界大赛中的比赛成绩；二是会关注由竞技比赛成绩所带来的国际政治影响、竞技体育效应和国内社会影响。

其次，是竞技项目协会层面，由于其发展的程度与市场环境密不可分，伴随着新常态的时代背景，协会发展的经济效益必将成为其核心诉求之一。毫无疑问，运动员竞赛成绩及项目职业化发展水平所带来的经济效应和社会影响，将对协会的发展产生至关重要的影响，也决定了项目协会的核心利益诉求。

作为我国竞技体育后备人才的直接培养者，以教练员团队、科研营养保障团队等为主体的人群以及竞技后备运动员本身，都有着自身切实的利益诉求点。竞技运动员本身，其实也是培养的核心主体。因为所有的培养环节都需要经过运动员本身的实践活动，才能真正作用到运动员的培养过程。显然，竞技后备人才直接培养层面相关人员的利益满足，必将成为他们共享参与竞技体育后备人才培养成果的核心诉求。于是，运动员训练比赛成绩的提升及其带来的物质奖励、经济奖励和各种荣誉、职位晋升、各种权益等非物质利益以及未来退休待遇和运动员的退役安置诉求等，就成了我国竞技体育后备人才的直接培养者的共享诉求。

竞技体育后备人才的培养是一项系统的伟大工程，需要多个部门或环节协调配合。因此，作为竞技后备人才培养相关保障人员的利益满足，也毫无疑问是共享我国竞技体育后备人才培养成果的群体之一。他们虽然并不直接对后备人才培养贡献力量，但是他们是整个后备人才培养过程中的保障团队。从自身利益出发，他们也关心和关注运动员的训练和比赛成绩及项目职业化发展水平所带来的经济效应，同时也包含他们个人发展的机会和空间。当然，共享虽说关注的是公平正义问题，但是由于不同参与主体的贡献不同，大家并不是平均共享成果效益。不管怎样，基于共享发展理念的指导，针对我国竞技体育后备人才培养的成果效益，不同的参与主体只有共享了培养成果，使得自身合理的利益诉求得到满足，才能更好协调不同主体间的关系，才能以更加开放的姿态内外联动，才能在坚持绿色发展的基础上为国家培养出更多优秀的竞技体育人才。

关于共享是竞技后备人才培养诉求满足的根本保障，本研究通过问卷调查了国内竞技体育领域的部分专家学者及竞技管理领导，调查结果见表6-5。

表6-5　专家关于"共享——竞技后备人才培养诉求满足的根本保障"
观点认同度一览表（N=60）

认同度	共享——竞技后备人才培养诉求满足的根本保障		
	频数	百分比（%）	累积百分比（%）
非常认同	13	21.7	21.7
比较认同	43	71.7	93.3
一般	2	3.3	96.7
不太认同	2	3.3	100
合计	60	100	

由表6-5可知，有21.7%的调查对象持非常赞同态度，71.7%的专家持比较赞同态度，二者累积百分比高达93.3%。显然，调查专家总体上认同"共享是竞技后备人才培养诉求满足的根本保障"的观点。同时，针对选择"不太赞同"题项的专家，我们进行了电话回访。他们认为"共享"应该问题不大，但是共享的比例可能差距较大，不同培养主体的诉求满足，在实践中很难实现。但是追求大家诉求满足的共赢共享，应该是我国竞技体育后备人才培养改革完善的目标之一。

六、新发展理念之间逻辑关系解析

如前所述，新发展理念作为指导思想可以有效指导我国竞技体育后备人才培养，即创新是竞技体育后备人才培养集约发展的动力引擎；协调是竞技体育后备人才培养健康发展的内在要求；绿色是竞技体育后备人才培养科学发展的必要条件；开放是竞技体育后备人才培养繁荣发展的必由之路；共享是竞技体育后备人才培养诉求满足的根本保障。

从整体上看，创新、协调、绿色、开放、共享的新发展理念之间其实是互相联系、互为条件、相互促进又相互制约的逻辑关系。本研究基于文献研究和专家访谈，构建了我国竞技体育后备人才培养的五大发展理念逻辑结构关系图，如图6-7所示。

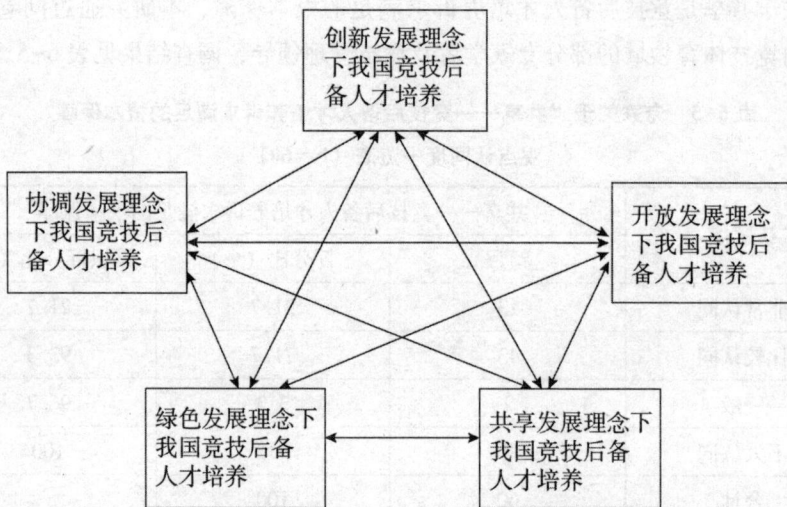

图6-7 我国竞技体育后备人才培养的五大发展理念逻辑关系图

新发展理念中任何一个理念的有效指导和价值彰显，都需要其他4个理念的协同配合与有效支撑。关于创新发展理念，只有竞技体育后备人才培养的创新发展，才能更好地共享发展的成果；而创新发展，又需要开放的发展理念和环境，还需要契合竞技体育后备人才培养的规律即绿色发展的要求。不符合竞技后备人才培养自身内在规律的发展，显然不能算是创新发展；同时，创新发展也只有处理协调好竞技体育后备人才不同培养主体的利益诉求，才能更好地体现创新的动力推进。因此，"创新"需要以"协调"和"开放"为条件，以"绿色"发展为核心主线，以"共享"为创新的归宿和落脚点。

关于协调发展理念，如何协调竞技体育后备人才培养的不同主体的利益诉求，这就需要创新后备人才培养的模式，需要坚持开放的理念，创造开放的环境，制定确保开放的制度；需要坚持符合人才培养规律的绿色发展理念；需要满足不同培养主体共享发展成果的要求，很难想象不能满足不同培养主体利益诉求的发展，能够协调好它们之间的关系和利益诉求。因此，"协调"需要以"创新"为动力引擎，以"开放"和"共享"为条件，以"绿色"发展为原则指导和判断标准。

关于绿色发展理念，如何确保和坚持竞技体育后备人才培养的绿色发展？主要体现在绿色发展的科学性与合理性方面。绿色发展不是静止的僵化的标准，而是随着竞技后备人才的成长和培养的不同阶段以及不同项目的特点发生变化，这就需要竞技后备人才培养模式的不断创新，以更加开放的姿态确保后备人才培养领域内外联动的针对性和实效性，才能保证其培养的科学性，而绿色发展的合理性，则需要不断协调不同培养主体的利益诉求并确保其共享人才培养的发展成果来予以保障。显然，竞技体育后备人才培养过程中，不同培养主体利益关系不畅，成果共享份额不清晰，就不能体现绿色发展的特征。因此，"绿色"需要"创新"和"开放"来保证其发展符合规律，体现出科学性，需要以"协调"和"共享"为条件和判断标准，体现出其合理性。

关于开放发展理念，如何开放发展？首先还是创新模式，以创新为开放发展提供动力支持和制度保障。依据什么开放发展？这就需要协调竞技体育后备人才培养不同主体间的利益诉求和关系，只有利益关系和人际关系畅通，开放发展就顺理成章了。怎样判断开放发展的优劣或效果？这就需要看是否坚持绿色理念或原则，是否能够确保竞技体育后备人才培养的成果效益得到公平合理的共享。因此，"开放"需要以创新为动力条件，以"协调"为人和条件，以"绿色"和"共享"为标准和归宿。

关于共享发展理念，共享是发展的归宿和目的。那么如何确保共享？首先还是要开放发展和创新发展模式。只有通过开放发展，才能使更多的培养主体参与我国竞技体育后备人才培养的事业，也才能呈现出大家"共享"培养成果效益的局面；只有通过创新发展，才能更好地解决发展中的问题，提升发展的质量和效益，才能为共享提供坚实的基础。同时，确保共享的前提是确保不同利益主体的利益诉求得到有效的协调，这是共享成果的先决依据，共享的成果效益是否科学合理，就需要通过绿色发展的标准予以评判。因此，"共享"需要以"开放"和"创新"为动力和保障条件，以"协调"为共享规则或依据，以"绿色"为判断共享的标准条件。

第七章

原则遵循："新常态"下我国竞技体育
后备人才培养的多元诉求

原则，是人们说话或行事所依据的法则或标准，是由人们根据其对客观事物运动内在规律的认识而制定的。科学的原则是人们实践经验的智慧结晶，是人们对客观规律正确认识的反映。在实践活动中，遵循实践活动的相应指导原则，在很大程度上就可以确保实践活动遵循客观规律进展，或者说不会太偏离客观规律。因此，高度重视对实践活动客观规律的本质探索、经验总结和原则凝练，对实践活动的科学发展具有重要的指导意义和价值。

我国竞技体育后备人才的培养，是一项涉及诸多因素、诸多环节和诸多利益主体的复杂系统工程。竞技体育后备人才培养的数量和质量，同人才培养的规律、运动训练规律、竞技参赛的规律、竞技管理的规律、竞技项目发展的规律、全面发展的人的培养规律等规律息息相关。规律都是隐藏在事物发展的过程中的，是难以精准把控的，在具体的实践中往往根据原则的指导不断探索和遵循事物发展的客观规律。我国竞技体育后备人才的培养，同样由于诸多规律的客观存在和难于把控，就需要根据人们长期丰富实践的经验总结、文献梳理和基于哲学、经济学、教育学、生态学等相关成熟理论的逻辑推导，凝练和归纳出我国竞技体育后备人才科学合理培养的遵循原则。正因为竞技体育后备人才培养的复杂性，所以原则遵循的科学真理性、价值合理性、人本主体性、环境客体性与项目差异性等方面都必须协调兼顾，才能更好促进竞技体育后备人才的科学化培养和可持续发展。

一、"以人为本"的价值诉求

（一）坚持以人为本，摒弃运动员的"工具"价值

我国竞技体育后备人才培养的主体是青少年运动员。从人力资源角度分析，

毫无疑问，竞技体育后备人才是一种特殊的人力资源，也是社会中的特殊群体。那么，既然青少年作为社会中的"人"存在，就必须关注人的主体性和人本价值。自新中国成立时的积贫积弱到"东亚病夫"的蒙羞，中国竞技体育的发展被赋予了特殊的振兴中华的政治使命。因此，我国竞技运动员在很大程度上成为实现我国竞技体育特殊使命的工具，作为竞技体育金字塔塔基的竞技体育后备人才的培养就更是如此了。

过去在打仗之前，统帅经常对士兵讲"养兵千日，用在一时"，突出了养兵的目的和使用价值，士兵也就具有了鲜明的"工具"色彩。在竞技体育领域，某些领导也喜欢用"养兵千日，用在一时"鼓舞运动员的参赛斗志和拼搏精神。毫无疑问，这种说法也突出了运动员的"工具价值"。在我国"奥运争光计划"和竞技体育发展"金牌/奖牌论"的背景下，运动员的存在价值被功利地定格为"争金夺银"。因此，竞技体育后备人才的培养，应当首先坚持"以人为本"的理念，摒弃功利的"工具"价值理念。

（二）坚持以人为本，彰显运动员可持续发展价值

其实，竞技比赛的奖牌归属是运动员参加比赛公平竞争的自然结果，但是奖牌不是也不应该是运动员参加比赛的唯一目的或诉求。因为运动员首先是具有社会属性的人，是社会的一员，不能简单地把青少年运动员作为获取运动成绩的工具，导致竞技体育的异化现象，而是要树立竞技体育发展的最终目的是培养综合、全面发展的人才的观念[①]。

竞技体育是一种社会现象，作为参与竞技体育活动的主体之一——竞技体育后备人才的培养与发展，必将体现出丰富的社会性和鲜明的主体意识。换句话说，运动员不是竞技体育活动的木偶，而是竞技体育发展的主导者。竞技体育后备人才的成长是一个相对漫长的过程，在此过程中，运动员存在很多的不确定性，例如由于运动损伤或者成绩不佳而提前结束训练生涯。残酷的现实也证明，竞技体育后备人才的成材率很低，那么绝大多数竞技体育后备人才都难以实现在世界竞技体坛"争金夺银"的梦想。

从社会统计学意义上讲，奖牌是众多不同层次的运动员参加比赛的自然而然的具有概率性的结果，是一种社会体育现象。因此，对于竞技体育后备人才的培养，基于可持续发展的理念，必须要坚持以人为本，积极关注竞技体育后

---

① 赵立霞，吴贻刚. 美国高校竞技体育"教体结合"发展的经验及其对我国的启示 [J].南京体育学院学报（社会科学版），2017，31（05）：81-85.

备人才的学习教育和科学化训练。竞技训练和参赛的成绩只是竞技体育后备人才成长过程中的一个必经环节而已，而不是其成长或培养的终极目标或唯一诉求。所以，只有坚持以人为本，高度重视竞技体育后备人才的主体性价值诉求，才能从根本上促进竞技体育后备人才培养的人性化、科学化与可持续发展。

二、"育人竞技"的成材诉求

（一）坚持教育成材，以"育人"为根本主线

教育的根本目的在于培养人才。我国竞技体育后备人才的主体是适龄的青少年乃至儿童，他们本身就处于义务教育的适龄阶段。因此，我国竞技体育后备人才的教育应是其根本任务。而之所以称其为"竞技体育后备人才"，是因为他们被赋予了振兴竞技体育、为国争光的竞技体育使命。换句话说，我国竞技体育后备人才的主体，就是处于义务教育阶段，愿意从事竞技体育训练为国争光的适龄学生。那么我国竞技体育后备人才的培养，就必须满足"育人竞技"的成材诉求。

"育人竞技"的成材诉求，首先是要以育人竞技的"育人"为根本主线。竞技体育后备人才接受教育，是其发展成为具有社会属性的人的根本途径。而作为竞技体育后备人才参加训练和比赛乃至为国争光，是其主要任务甚至是核心任务，但不是其作为社会属性的人的根本诉求。因为真正能够为国争光的运动员，相比较竞技体育后备人才群体，实在是太少了。这就决定了我国竞技体育后备人才的培养，绝对不能功利性地直接定位于"报效祖国、为国争光或实现体育强国梦"。事实上，任何事物的发展都有其内在的客观规律，竞技体育后备人才的培养亦是如此，我国努力奋斗争取实现体育强国梦当然也不例外。我国竞技体育后备人才逐渐培养成为能够在世界竞技体坛为国争金夺银的竞技人才，应该是自然而然水到渠成的结果；而不应该是急功近利地苛求运动成绩，忽视后备人才教育成材进而制约其可持续发展的结果。

（二）坚持成材为本，摒弃运动员的"非衡"发展

成材诉求，应是每个人本源性的价值追求，我国竞技体育后备人才的培养，必须要关注运动员的成材诉求。在竞技体育后备人才培养的过程中，既要强化

运动员的文化课学习,使其在义务教育阶段的文化课成绩不至于落伍掉队。在我国,对于竞技运动员的评价,常常会有人给出"头脑简单、四肢发达"的观点。显然,这种说法既带有歧视性,也不真实客观。事实上,能够以身体展示复杂技术动作的运动员,必须具有聪明智慧的大脑。不过,这句近乎谬论的观点也折射出运动员专项技能突出而文化课学习成绩糟糕的事实。在竞技体育后备人才培养的过程中,普遍存在运动员由于学习成绩一塌糊涂而运动成绩比较突出的"非衡"现象。导致这种现象的原因,一方面是竞技体育后备人才的学习基础原本就相对较差;另一方面是竞技体育管理层对于运动成绩的功利化追求,而相对忽视对运动员文化课学习的要求。运动训练和比赛也经常打乱青少年运动员文化课的学习计划和进度,导致青少年运动员文化课学习缺乏系统性。再加上以"金牌至上"为导向的竞技体育,为保证训练质量、提高运动成绩,以牺牲文化课学习时间为代价,进而造成文化课成绩与运动成绩有天壤之别①。这与竞技体育后备人才培养的"育人竞技"成材诉求是背道而驰的。

基于马克思主义关于人全面发展的理论,竞技体育后备人才的培养必须坚持运动员成材之根本,坚决摒弃只青睐运动成绩而无视文化课学习的"非衡"发展。在当今学习型社会的背景下,每个人的学习能力对于他未来的发展起着决定性的作用。运动员学习成绩的优劣在很大程度上反映了其学习能力的高低。因此,坚持成材为本,就要严格要求运动员的学习成绩和学习能力,让运动员的学习能力与竞技能力相对均衡协调地发展。另外,竞技体育后备人才的这种"失衡"现象,也将会影响他们竞技水平所能达到的高度。运动员竞技能力的高低取决于其体能、技能、战术能力、心理素质和运动智/知能的协同水平。而运动智/知能又与运动员的学习能力息息相关。我国一些集体类项目尤其是男子足球的糟糕比赛成绩,一直饱受文化素质低,不会用脑子踢球的诟病。

(三)重视竞技育才,挖掘竞技领域教育价值

基于"育人竞技"的成材诉求,还要充分重视竞技体育领域内的"育人"环节。可以说,任何实践活动都具有教育价值。我们关注运动员的"育人竞技成材诉求",也不能忽略了育人竞技的"竞技"亦是育人的重要手段。从统计学上看,很多竞技体育后备人才无法实现在世界竞技体坛一展才能的"竞技成才梦",但是他们都不同程度、不同阶段地经历了竞技体育训练、竞赛和接受竞

---

① 张兰. 青少年运动员文化教育缺失的困境与出路 [J]. 青少年体育, 2019 (01): 26-27.

体育管理的过程。因此，要充分挖掘和整合竞技体育领域内的教育价值，并内化为竞技体育后备人才的内在素养，无论其从事何种职业和工作，都成为促进其积极发展的动力和基础。

三、"节能减排"的生态诉求

健康的生态系统能够维持它们的复杂性，同时能满足人类的需求。通俗地讲，生态就是指一切生物的生存状态，以及它们之间和它们与环境之间息息相关的关系。人们常常用"生态"来定义许多美好的事物，如健康的、美的、和谐的等事物均可冠以"生态"修饰。

"节能减排"出自我国"十一五"规划纲要。"十一五"期间单位国内生产总值能耗降低 20％左右、主要污染物排放总量减少 10％。这是贯彻落实科学发展观、构建社会主义和谐社会的重大举措；是建设资源节约型、环境友好型社会的必然选择；是推进经济结构调整，转变增长方式的必由之路；是维护中华民族长远利益的必然要求。

我国竞技体育后备人才的培养，从生态学角度看，也是一个生态系统。不同的竞技项目分布，不同年龄的后备力量，不同竞技水平的运动员和教练员，不同的训练与竞赛环境，不同的地域间的差异，不同的经费投入和管理方式，不同的培养任务和目标，不同竞技项群间的发展战略，构成了我国竞技体育后备人才培养的复杂系统。该系统的生态如何，在很大程度上决定了我国竞技体育后备人才培养的数量和质量，决定了我国奥运争光战略、体育强国战略和健康中国战略的达成度。因此，我国竞技体育后备人才的培养，基于培养"质量高、效益好、可持续"的诉求，就要坚持"节能减排"的意识理念，进行系统培养。

（一）坚持"节能"意识，摒弃"粗放式"浪费

虽说我国竞技体育发展取得了辉煌的成就，但是"高投入、低产出"，竞技体育后备力量储备不足、运动员成材率不高、学训矛盾突出、体教结合割裂等问题都折射出我国竞技体育发展和竞技体育后备人才培养方面不够生态的问题。

在选材维度，要充分借助科技的支持和丰富的选材经验，比较精准地选拔出潜力较大、气质适合、勇于竞争的竞技体育后备人才。只有选拔出具有夺冠潜能和潜力的运动员，才能通过培养逐步实现目标；如果选拔出来的后备力量

不具有争夺奖牌的潜力，那么后面无论多么努力地参加训练和竞赛，都难以实现预期的目标。因此，从节能的角度看，首先是要选拔出优秀的苗子，而不是那些略有潜质的后备力量，否则他们既浪费了大量的竞技体育资源，也耽误了文化课的学习，最终还是黯然退出。

在训练维度，基于"节能"的意识，就要控制好训练的过程，保证训练实践的科学化。科学化训练是指对训练全过程的科学控制，是训练科学理论、方法和技术在运动训练中的全面、广泛运用。科学化训练最重要的内涵，即其本质特征，就是遵循运动训练过程的客观规律所进行的训练①。只要训练活动能够按照规律开展，那就根本上保证了训练资源的合理配置，即达到了"节能"的诉求。宏观层面，在训练过程中，要把握好运动训练不同阶段的训练内容和负荷安排；要把握好一般训练和专项训练的比例和节奏；要把握好专项技术和运动员个体化特点的结合。中观层面，要精确诊断出运动员所存在的问题，制定具体的训练计划。微观层面，主要涉及具体的操作环节的科学性和合理性。例如，提高上肢推力的爆发力训练，就要尽可能地采取"末端释放式"的爆发力训练方式，并给予不同的推力方向进行专门功能性安排和平衡性安排。如果在运动训练的宏观、中观和微观层面，不能较好地做到科学化安排和训练实施，那么训练的效果就会差强人意，就无法实现"节能"的目标。

在竞赛维度，"节能"的意识主要体现在赛前充分准备、赛中科学调控和赛后调整恢复和总结成败方面。当前对于运动员的参赛，无论其水平高低，都要注重程序化参赛，也就是说整个参赛过程都有一套详细严密的程序进行指导。只有按照科学化的参赛程序，才能保证参赛过程的"节能"。赛前准备阶段，一方面要科学合理训练，避免伤病现象；另一方面，要广泛收集竞争对手的相关信息，切实做到"知己知彼"和"心里有底"，这样才能以一种客观理性的心态参加比赛，同时可以大大减少甚至避免赛前的焦虑和紧张。赛中控制阶段，就是要密切关注运动员的竞技状态和情绪、心理变化，加强沟通和发现问题，及时进行功能性训练安排，将问题和风险消除在萌芽状态，确保运动员良好竞技状态的保持。赛后恢复阶段，主要是消除运动员身体和心理的疲劳，也要按照既定的恢复再生步骤和程序，认真细致地执行。这样才能尽快促进运动员疲劳的恢复和最大限度减少运动员伤病的出现。

在竞技管理维度，科学高效的管理是"节能"的最好体现。在竞技管理过程中，如何做到"高效管理"？首先，是要做到管理的"规范化"，即建立公正

---

① 全国体育学院教材委员会. 运动训练学［M］. 北京：人民体育出版社，1990：58.

合理的管理制度和运行机制，并切实贯彻实施；其次，是在规范化的基础上，进行人性化管理和特殊情况下的灵活性管理。其实管理本身并不是目的，管理的宗旨应该是更好地促进训练和竞赛，促使竞技体育发展的效益最大化，促进竞技体育后备人才培养效益的最大化。反之，竞技管理的"不节能"，将会造成竞技体育后备人才群体产生不满情绪，将会引起训练内部的不团结、不和谐情况出现。

（二）坚持"减排"意识，增强"集约化"诉求

"减排"的本义，在工业上是减少有害物质的排放。而站在我国竞技体育后备人才培养的角度，"减排"意义发生了根本性的转变，即"减排"是指"减少后备人才的流失"。例如，在运动训练过程中，负荷安排不合理导致运动员过度训练或运动伤病，严重者可能会结束运动生涯。那么此类运动员就属于"排出去"的不能从事竞技体育训练的"废材"。

如果将竞技体育后备人才范围放大的话，那么没有处于一线准备参赛的运动员都可以划为"竞技体育后备人才"的行列，甚至曾经达到竞技巅峰的运动员退役之后，同样可以划为"竞技体育后备人才"范畴，因为他们随时有可能复出而成为一线运动员。事实上这样的例子不在少数，例如柔道运动员冼东妹生完孩子后复出参加 2008 年北京奥运会又获得了奥运金牌。事实上，我国很多优秀的运动员在达到竞技巅峰时，常常会选择"急流勇退"，年纪轻轻就选择了退役。例如，1984 年 5 月出生的李娜，在 2000 年第 27 届悉尼奥运会上，与队友桑雪获得了女子 10 米台双人冠军，2005 年十运会结束后退役，时年才 21 岁。2007 年 1 月 29 日，浙江队的奥运会、世界锦标赛冠军罗雪娟正式宣布退役，年仅 23 岁。从人才培养的成本角度看，培养一名奥运冠军或世界冠军，需要多年的辛苦训练，投入了大量的人力物力，结果刚一成名不久就退役，不能不说是一种很大的浪费。

然而，国外很多优秀的职业运动员往往会坚持到无能为力的时候，才会选择退役。例如 1976 年出生的 NBA 球星"石佛"蒂姆·邓肯打球打到 40 岁，2016 年 7 月 11 日，蒂姆·邓肯正式宣布退役，结束了长达 19 年的 NBA 生涯。我国优秀羽毛球运动员林丹出生于 1983 年 10 月，2019 年 4 月，获马来西亚羽毛球公开赛男单冠军，2020 年 7 月 4 日，37 岁时才选择正式退役。这都是竞技体育后备人才应该学习的典范。因此，从"减排"的角度看，我们希望更多的优秀运动员延长运动生涯，不断地挑战自我，更长时间地报效祖国、为国争光。

除了运动损伤和较早退役所造成的优秀运动员流失之外，还有其他因素导

致的"减排"困难。例如,由于运动队中教练员和运动员或运动员之间人际关系复杂紧张所导致的人员过早流失;个别教练员怂恿运动员服用兴奋剂而导致运动员流失;还有早期专项化和早期成人化所导致的运动员竞技潜力被消耗。这都是"减排"所要关注的问题。

四、"市场导向"的动力诉求

(一)竞技项目发展的市场潜力及其价值

竞技体育后备人才的培养状况,与后备人才所承载的竞技项目关系密切。我国优势竞技项目后备人才的培养相对于潜优势项目和待发展项目后备人才的培养效果要好很多。因此,可以说我国竞技体育后备人才的培养,同竞技项目的竞技水平高度相关。然而,随着经济发展的新常态和我国竞技体育的巅峰辉煌,竞技体育不会再像先前那样粗放型投入了,竞技体育发展的市场化和竞技体育后备人才培养的市场化的呼声也愈来愈高。

因此,竞技体育后备人才的培养,就同竞技项目的市场潜力和市场价值紧密地联系在一起。例如,足球和篮球,在我国根本算不上优势竞技项目,但是由于其市场潜力巨大和市场价值不菲,就吸引了较多的青少年儿童参加竞技训练。相反,举重虽说是我国竞技优势项目,但由于其目前市场潜力还有待挖掘,市场价值尚没有较大程度彰显,从经济动力方面吸引青少年运动员的力量还不够大。所以,竞技体育后备人才的培养,在新常态下很大程度上要密切关注竞技项目的市场潜力和未来市场价值。竞技项目的市场价值将在很大程度上决定该项目竞技体育后备人才的数量和质量。

(二)竞技体育后备人才培养的市场价值导向

众所周知,体育明星、奥运冠军、世界冠军、亚洲冠军乃至全国冠军,在中国都瞬间价值陡增,各种广告代言、娱乐活动、形象代言等都使得体育名人的市场价值明显提高。那么相比较而言,还没有"成名成星"的竞技体育后备人才的市场价值就显得非常微不足道或者根本就没有。但是随着市场经济的深入发展,相信会有更多的资本涌入竞技体育领域,涌入竞技体育后备人才培养领域。当前运动项目的协会制改革,就是要把不同项目的发展推向市场,无论是竞技体育后备人才培养和竞技赛事，还是体育产业，都将在市场中定位其价值，抑或升值，抑或贬值。显然，当市场在经济活动中发挥决定性作用的时候，竞技体育后备人才的培养必将会被赋予市场价值，进而吸引相应的资本进入该领域。从长远或长期来看，对竞技体育后备人才的培养进行投资，不仅可以从运动员成材成名后的市场价值中分红，还可以通过提前的契约签订，获得未来运动员成名后的形象代言权利或商标注册权等相关利益。

（三）竞技体育后备人才的人力资源市场价值

从人力资源的角度看，毫无疑问，我国竞技体育后备人才绝对是特殊的人力资源。既然是人力资源，在市场中就会有相应的市场价值。当然，目前竞技体育后备人才整体上还没有赋予其市场价值。但是新常态下，市场在资源的配置中发挥决定性作用的时候，国家就不再是竞技体育发展的买单者，竞技体育后备人才这一塔基领域必然要参与市场经济。于是，作为人力资源，竞技体育后备人才的价值属性就会愈加突出。市场对价值的追求是无处不在的。竞技体育后备人才在其成长的过程中，会被市场不断赋予新的市场价值，直至他们成为闻名国内外的体育明星或竞技冠军。在竞技体育后备人才培养过程中，后备人才或被赋予当时的市场价值，或被契约签订未来的市场价值。这样的结果就是，市场将在竞技体育后备人才的培养过程中发挥着决定性的主导作用。

显然，从竞技项目的市场潜力和市场价值，到竞技体育后备人才培养的市场价值，再到竞技体育后备人才本身的市场价值，都将通过经济动力的吸引或推动，对竞技体育后备人才的培养发挥着动力导向的作用。

五、"供给侧改革"的保障诉求

供给侧结构性改革，简称"供给侧改革"，是一个经济术语，意为调整经济结构，使要素实现最优配置，提升经济增长的质量和数量。供给侧要素主要有劳动力、土地、资本、制度创造、创新等要素。供给侧结构性改革，就是从提高供给质量出发，用改革的办法推进结构调整，矫正要素配置扭曲，扩大有效供给，提高供给结构对需求变化的适应性和灵活性，提高全要素生产率，促进经济社会持续健康发展。我国竞技体育后备人才的培养，在举国体制的培养模式下，呈现出来的诸如后备人才储备不足、项目发展不均衡、地区发展不均衡、培养效益低下、成材率低等问题，也呼唤进行供给侧结构性改革。

我国竞技体育后备人才培养的供给侧改革,同样需要从劳动力、土地、资本、制度创造、创新等类似要素进行改革,即从竞技体育后备人才为主体的人力资源、后备人才的所有权属性、培养资本、制度供给和培养模式、机制以及管理方式等方面的创新进行改革。显然,如果契合供给侧改革的思路,对应竞技体育后备人才培养的供给要素,应该是可以较好地实施供给侧改革。但是,贯彻到具体的改革实践,就会发现供给侧改革首先要在制度上予以保障,才能扫清改革的障碍。

关于人力资源要素的改革,无论是从竞技项目间的相对均衡发展,还是不同地域间的相对均衡发展;无论是基于"人力优势互补"来实现不同地区人力要素的供给整合;或是基于"跨界跨项选材"来实现不同项目人力要素的重新配置;还是"与狼共舞训赛提高"实现不同质量人力要素的国际竞技平台整合提升。这都需要供给侧改革得以推进的制度保障,否则,竞技体育后备人才这一人力要素的供给侧改革就难以实质性地推进。

关于竞技体育后备人才的所有权属性,是从土地这一要素的所有权属性演绎过来的。竞技体育后备人才的项目属性、教练员的所有权和地方体育局的所有权或者运动项目管理中心的所有权等方面的改革,首先涉及的还是制度方面的改革予以保障。所有权问题,是一个极为敏感而又涉及多方利益的核心问题。只有从制度上打破僵化的运动员所有权的诸多规定,使运动员能够顺畅地流动起来,才能实现人力资源的优化配置,才能提升竞技体育后备人才的培养效益。

关于竞技体育后备人才的培养资本投入,在新常态下将会逐渐由举国体制下的行政投入占主导,改变为市场投资主体占主导。我国竞技体育方面的法律尚不完善,尤其是针对竞技体育后备人才培养方面的法律或制度更是接近空白。因此,市场主体的资本介入本身是一大进步。但是资本投入的预期效益则需要针对性较强的制度予以保障。否则,投资主体就会因收益的不确定性而停止投入资本,就会影响到竞技体育后备人才培养的经费来源,进而影响人才培养的数量和质量。

关于竞技体育后备人才培养供给要素改革的制度供给,本身就是供给侧改革的重点领域和先决条件。毋庸置疑,没有制度供给的保障先行,其他方面的所谓供给侧改革,都将沦为理念层面的美好设计。

关于创新驱动,主要体现在培养模式、运行机制以及管理方式等方面的创新。所谓创新驱动,主要还是国家体育行政部门管理竞技体育方式的创新。要在竞技体育后备人才培养的各个环节,深入推进"简政放权、放管结合、优化服务"的行政审批制度改革。

六、"因类制宜"的差异诉求

我国竞技体育后备人才的培养，涉及不同的竞技项目；涉及不同地域的项目分布和竞技体育后备人才分布；涉及不同性别和不同质量的竞技体育后备人才分布。因此，竞技体育后备人才的培养，必须要考虑各个方面的差异化诉求。

竞技项目的差异，基于奥运战略，可以分为竞技优势项目、潜优势项目和待发展项目。由于比较了解项目的制胜规律和人才培养的规律，优势项目相对潜优势项目和待发展项目更具优势。因此这就要求竞技体育后备人才的培养，坚持因项目制宜，满足不同项目竞技体育后备人才培养的差异化诉求，使优势项目更具优势，使优势不明显的项目逐渐凸显优势。同理，针对不同地区竞技体育后备人才分布的不均衡现象，也需要因地制宜，有重点、有步骤、分阶段地推进竞技体育后备人才培养的均衡化发展。

此外，基于竞技体育后备人才市场化培养的趋势，考虑到不同项目的市场发展潜力和市场价值，要因市场价值和市场潜力而区别对待。对于市场发展潜力和市场价值较好的项目，主要通过市场来进行人力资源配置、经费投入和创新驱动；对于市场发展潜力和市场价值不高的项目，还要坚持和完善举国体制下的培养模式。

总之，我国竞技体育后备人才的培养体系，是一个复杂的系统工程。无论是坚持和完善举国体制模式，还是积极推进市场化培养模式，都不能采取一刀切的方式，要根据具体的项目差异化诉求、地区差异化诉求以及市场发展潜力及其市场价值的差异化诉求，采取差异化的培养方式或模式，差异化地对待后备人才培养过程中的各个环节，并制定差异化的政策予以保障。

七、"规范约束"的科学诉求

（一）市场化路径唯利是图的规范约束

我国竞技体育后备人才的培养，在新常态下将会发展为市场化培养和举国体制模式培养并存的局面。由于市场经济活动是以互惠的交易为基础，因此市场中人们的利益关系实质上是同金钱有联系的利益关系。这就存在着在竞技体育后备人才培养过程中出现为了实现个人或公司或者小集团利益，而损害他人或者损害竞技体育后备人才培养的行为。同时，资本投入后备人才培养领域，可能会导致某种程度的垄断现象，使得后备人才培养的人力资源配置效率低下，损害我国竞技体育后备人才培养的整体效益。

此外，由于参与竞技体育后备人才培养的市场主体之间的信息可能是不对称的，一些人唯利是图，就可能利用信息优势进行欺诈，这会损害正当的交易，进而影响市场配置资源的功能。此时市场一般不能完全自行解决问题，为了保证市场的正常运转，政府需要制定一些法规来约束和制止欺诈行为。因此，在竞技体育后备人才培养的过程中，既要关注市场化培养路径的高效资源配置，也要注意对唯利是图的现象的强制规范和约束。

（二）违背体育道德行为的规范约束

在竞技体育中，违背体育道德的现象和行为可谓比比皆是。例如改小年龄、服用兴奋剂、消极比赛、恶意犯规伤残他人、球场暴力、黑哨、比赛交易等违背体育道德的现象始终无法根除。这种类似的违背体育道德的现象，也开始向竞技体育后备人才培养领域蔓延。因此，必须制定相应的法律和规章制度予以规范和约束。否则，只要有利益的地方，就会有人去突破道德的底线。

违背体育道德行为，就应该制定相应的制度予以规范，就应该根据相关制度给予相应的处罚。2019 年 5 月 31 日发布的《中国足球诚信建设行动计划》指出，足球诚信是指足球从业主体在足球活动中遵守足球规则、恪守职业道德、开展公平竞赛、守护体育精神的价值准则，是内心信念与外在行动的统一。违反足球诚信行为，又称"足球失信行为"，包括足球活动中的操纵比赛、打假球、赌球、身份信息造假、合同造假、腐败、黑哨、球场暴力和服用兴奋剂等违反公平竞赛与体育道德的行为。对于违反足球诚信的行为，中国足球协会根据《中国足球协会纪律准则》和《中国足球协会道德与公平竞赛委员会工作规则（试行）》给予处罚，处罚包括但不限于警告、通报批评、罚款、退回奖项、禁止转会、取消注册资格、禁止从事任何与足球有关的活动和中国足球协会规定的其他处罚①。

---

① 《中国足球诚信建设行动计划》（足球字〔2019〕526 号），2019 年 5 月 31 日。

第八章

多元路径："新常态"下我国竞技体育
后备人才培养路径构建

一、"八双组合路径"：供给侧改革视域下
竞技体育后备人才培养

（一）供给侧改革与竞技体育后备人才培养的逻辑关系

自 2016 年初，习近平总书记强调，供给侧结构性改革的根本目的是提高社会生产力水平，落实好以人民为中心的发展思想①。当前，我国在应对经济发展新常态的情势方面，主要采用供给侧结构性改革的思路，简称供给侧改革。作为改革的一种新主张或新思路，供给侧改革不仅仅在经济发展领域发挥作用，对于其他领域的改革发展同样具有重要的引领作用和指导价值。本研究认为，基于供给侧改革的思路，审视和构建我国竞技体育后备人才的培养路径，一方面是基于哲学层面事物之间是普遍联系的观点，另一方面更重要的是供给侧改革与我国竞技体育后备人才培养之间有着内在的逻辑关系。

1. 有效制度供给：供给侧改革和竞技后备人才培养的核心内涵体现

供给侧结构性改革旨在调整经济结构，使要素实现最优配置。供给侧的要素主要包括劳动力、土地、资本、制度创造、创新等。对于国家层面，供给侧改革的主要抓手在于制度和政策的制定、运行和完善。制度就像一个杠杆或指挥棒，可以撬动和引导不同的要素或资源进行相应的配置。正如贾康所言，"供给侧改革的核心内涵是有效制度供给问题"②。推进供给侧结构性改革，就是要

---

① 习近平：从生产领域加强优质供给．新华网．2016-01-27 [引用日期 2016-01-28].
② 贾康．供给侧改革：理论、实践与思考 [M]．北京：商务印书馆出版，2016，5：Ⅵ（序言）.

更多地发挥好企业和个人的作用。政府的主要职责是把法律、法规、标准和政策等相关制度制定好,给企业和市场相对稳定的预期,提高其积极性和创造性①。

对于竞技体育后备人才的培养,我国一直以来都是采取举国体制的发展模式。国家制度和政策的出台对于我国竞技体育的发展和后备人才的培养具有决定性的影响。针对我国竞技体育后备人才培养过程中的种种积弊沉疴,从改革的角度来看,首先是出台相关改进、改革的有效制度或政策。有效制度供给,决定了改革的发展方向、改革目标、实施进程等环节。我国竞技体育后备人才培养路径的创新性构建,需要政府自上而下的供给侧改革,尽管需求侧的诉求,也会推动后备人才培养的相关改革。无论是经济发展改革还是竞技体育发展改革乃至竞技后备人才培养路径的改革,都是主要基于有效制度的供给,不断推动各项改革的深化发展。因此,从逻辑关系来看,有效制度供给体现了供给侧改革思路和我国竞技体育后备人才培养的核心内涵要求。

2. 结构性改革,是提升我国竞技体育后备人才培养效益的内在诉求

供给侧改革主要指的是"结构性"改革,并不是一般意义上的局部的改良,而是指向更深层次的结构重组和优化。中国经济发展的结构性问题主要包括产业结构、区域结构、要素投入结构、排放结构、经济增长动力结构和收入分配结构等六个方面的问题②。这些结构性问题既相对独立又相互叠加,需要通过结构性改革有针对性地解决。

我国竞技体育后备人才的培养多年来一直沿袭着投入大、成材率低、浪费现象比较突出的粗放式培养模式。竞技后备人才培养的结构失衡主要存在着项目失衡、性别失衡、区域失衡、竞技水平失衡、要素投入与产出效益失衡等问题,这都需要通过深化改革来解决。我国奥运参赛的辉煌成绩在很大程度上掩盖了我国竞技体育后备人才培养中的诸多问题。但是伴随着我国奥运成绩的巅峰辉煌的到来和我国经济发展的新常态背景,以及我国竞技体育发展模式饱受诟病的改革呼声越来越高,我国竞技体育后备人才培养也在呼唤更深层次的结构性改革,更好地适应我国竞技体育发展新常态的要求。因此,供给侧结构性改革,既顺应了时代的发展要求,也是我国竞技体育后备人才培养效益提升的内在诉求。

---

① 结构性改革:改什么　怎么改:访国务院发展研究中心资源与环境研究所副所长李佐军.中国共产党新闻网.2015-11-23［引用日期2015-12-15］.

② 结构性改革:改什么　怎么改:访国务院发展研究中心资源与环境研究所副所长李佐军.中国共产党新闻网.2015-11-23［引用日期2015-12-15］.

（二）供给侧改革视域下竞技体育后备人才培养的"八双"解读

关于供给侧结构性改革，贾康提出了"八双"政策思路或主张，即"双创"（走创新型国家之路和大力鼓励创业）、"双化"（推进新型城镇化和促进产业优化）、"双减"（实施以结构性减税为重点的税费改革和大幅减少行政审批）、"双扩"（扩大中国对亚非拉的开放融合，以及适度扩大投资规模）、"双转"（人口政策逐步转向适当鼓励生育，促进国有资产收益和存量向社保与公共服务领域的转置）、"双进"（国有、非国有经济共同进步实现共赢）、"双到位"（促使政府、市场双到位地良性互动、互补和合作）、"双配套"（实施新一轮"价、税、财"配套改革和金融配套改革）①。

作为改革的一种新主张或新思路，供给侧改革不仅仅在经济发展领域发挥作用。关于供给侧改革的"八双"政策主张，对于构建我国竞技体育后备人才的培养路径，同样具有重要的指导借鉴价值的观点。本研究通过问卷调查了国内竞技体育领域的部分专家学者及竞技管理领导，调查结果见表8-1。

表 8-1　专家关于"八双"政策主张对竞技后备人才培养的借鉴价值认同度一览表
（N=60）

认同度	作为改革的一种新主张，供给侧改革不仅仅在经济发展领域发挥作用；供给侧改革的"八双"政策主张，对于构建我国竞技后备人才的培养路径，同样具有重要的指导、借鉴价值。		
	频数	百分比（%）	累积百分比（%）
非常赞同	6	10.0	10
比较赞同	51	85.0	95
一般	2	3.3	98.3
不太赞同	1	1.7	100
合计	60	100.0	

由表8-1可知，分别有10%的专家非常赞同，85%的专家比较赞同，认同度累积高达95%。显然，专家对"八双"政策主张对竞技后备人才培养的借鉴价值是持明显的赞成态度。同时，针对选择"一般"和"不太赞同"题项的专家，我们进行了电话回访，以了解他们的观点。他们认为，供给侧改革的"八双"政策主张，主要是针对经济发展的，而我国竞技后备人才培养，虽然涉及

---

① 贾康. 供给侧改革的理论内涵 [J]. 经济，2016（01）：9.

市场机制和经济活动，但是主要是培养人的。运动员本身就是特殊的群体，经济改革的政策主张是否适合竞技体育后备人才培养，还有待进一步验证。本研究认为专家的反馈视角值得思考，的确是主体对象不同。不过我国竞技体育后备人才培养这一实践活动，从供给侧来讲，同样涉及"劳动力、资本、制度创造、创新"等供给要素，那么从供给侧结构性改革的视角来说，"八双"政策主张虽说不能全盘模仿，但是应该对我国竞技体育后备人才培养具有较好的借鉴价值。

基于供给侧改革的"八双"政策主张的精神实质和内涵要求，本研究对我国竞技体育后备人才培养的改革完善，进行类似"八双"的理论解读。

1. "双创"：创新竞技体育后备人才培养的举国体制模式和创新社会力量培养的模式

由"走创新型国家之路"和"大力鼓励创业"所构成的"双创"，其内涵实质是"发展的灵魂和先行者"[①]。那么，我国竞技体育后备人才培养的"双创"，结合几十年来的发展和改革诉求，参照其发展灵魂和先行者的价值体现，将集中表现为"创新竞技后备人才培养的举国体制模式"和"创新社会力量培养的模式"。

举国体制的制度保证、特色功能和辉煌成绩，决定了无论是过去，还是当下，乃至未来相当长的一段时期，我国竞技体育的举国体制都不能被肆意否定，而是要在坚持的基础上创新发展和不断完善。针对我国竞技体育后备人才的培养，国家体育总局、教育部联合制定并印发的《关于加强竞技体育后备人才培养工作的指导意见》中明确指出，"强化青少年三级训练网络建设，各级各类体校是竞技体育后备人才培养的主体"[①]。

当然，从"各级各类体校的主体地位"可以看出，我国竞技体育后备人才培养既要创新举国体制模式，还要创新社会力量培养后备人才的模式。在我国经济发展的新常态和竞技体育发展新常态的背景下，创新社会力量参与培养竞技体育后备人才，将会是一个发展趋势或必然趋势。正如《关于加强竞技体育后备人才培养工作的指导意见》中也明确提出，"社会力量是竞技体育后备人才培养的重要组成部分，引导和支持社会力量参与竞技体育后备人才培养工作，鼓励兴办多种形式的青少年体育训练机构，引导社会资本参与青少年校外体育

---

① 关于加强竞技体育后备人才培养工作的指导意见 [N]. 中国体育报，2017-12-06 (005).

活动中心和户外活动营地等建设"①。

综上所述，基于供给侧改革的"双创"政策主张和内涵要求，我国竞技体育后备人才培养的"双创"思路，必须体现出国家层面制度供给的创新，必须体现出后备人才培养的核心诉求和制度引领的价值定位。因此，从宏观层面看，竞技后备人才培养的举国体制模式的坚持、完善和创新以及创新社会力量参与竞技后备人才培养模式，将共同构成我国竞技后备人才的主体培养体系。

2. "双化"：强调我国竞技体育后备人才培养的科学化训赛和人文化教育

由"推进新型城镇化"和"促进产业优化"所构成的"双化"改革思路，其内涵要求是"发展的动力与升级过程的催化剂"②。那么，结合我国竞技体育后备人才的培养，其"动力"和升级的"催化剂"是什么呢？毋庸置疑，我国竞技体育后备人才的培养，其核心目标或任务是培养高质量的能够在国际体坛取得优异成绩并为国争光的竞技体育人才。而竞技体育人才的培养既要坚持科学化的训练和竞赛，又要坚持提升竞技后备人才的人文化教育水平和人文素养。

从供给侧改革视角，政府推进新型城镇化和促进产业优化，作为经济结构改革的推动力和催化剂；而对于我国竞技体育后备人才的培养，科学化的训练和竞赛是推动竞技后备人才走向卓越竞技体育人才的第一推动力，而竞技体育后备人才的人文化教育水平，将影响运动员的发展质量和人生格局。因此，基于供给侧改革的视角，强调我国竞技体育后备人才培养的科学化训赛和人文化教育，则是竞技后备人才培养的推动力和催化剂，构成其"双化"思路或主张。

需要重点指出的是，由"强调我国竞技体育后备人才培养的科学化训赛和人文化教育"所构成的"双化"思路，是竞技后备人才培养的核心思路或核心诉求。竞技后备人才作为运动员参加训练和竞赛，从训练和竞赛的客观规律出发，要求运动员必须遵守和坚持科学化的训练和参赛，这是对后备运动员的理性要求或者真理性要求。虽说运动员本身具有参加训练和比赛为国争光的工具属性，但是更重要的是运动员也是具有鲜明社会属性的公民，其具有接受教育和提升人文素养的权利，在一定程度上这也是作为一个公民对社会的义务。然而，现实是早期的体校培养，使得后备运动员的人文化教育严重缺失，学训矛盾突出而又难以解决。因此，我国高竞技体育后备人才培养的"双化"，理应成为后备人才培养的核心主线和核心诉求。

---

① 关于加强竞技体育后备人才培养工作的指导意见 [N]. 中国体育报，2017 - 12 - 06 (005).

② 贾康. 供给侧改革的理论内涵 [J]. 经济，2016 (01)：9.

3. "双减"：竞技后备人才培养过程中减少低效训练和减少工具性管理

由"实施以结构性减税为重点的税费改革"和"大幅减少行政审批"所构成的"双减"，其内涵要求是"侧重于提升供给效率、优化供给结构以更好适应和引导需求结构变化的制度基础"①。那么，我国竞技体育后备人才培养的"双减"，结合我国竞技体育后备人才培养的过程，参照其提升效率和优化制度的要求，将集中表现为"竞技后备人才培养过程中减少低效训练"和"减少工具性管理"。

供给侧结构性改革的根本目的是提高社会生产力水平。结构性减税，减少了企业发展的负担，增加了企业的资本投入和流动资金；竞技后备人才的培养过程中，减少无效、低效甚至负效的训练，将有利于提升后备运动员的训练质量和水平，这就需要不断提升教练员、运动员、科研人员以及领队等相关参训人员的科学化训练水平。只有遵循训练规律，才能更好地减少无效和低效训练。

由僵化管理体制和制度所带来的纷繁复杂的各种审批手续，不仅浪费了企业或个人的大量时间，同时还有可能使他们付出大量的精力、金钱甚至自尊。毫无疑问，大幅减少行政审批，必将大大促进企业或个人办事效率的提升和经济生产活动的开展。同理，在我国竞技体育后备人才培养的过程中，缺乏人性化的竞技体育管理，而将运动员作为竞技体育训练和竞赛的工具而漠视甚至忽视运动员的人性化诉求，则必将为运动员的训练质量和竞技参赛的可持续性带来负面的影响，甚至导致运动员提前离开竞技体育领域。因此，减少工具性管理，就是要求供给侧的管理层要以人为本，关注运动员的个性化诉求，提升管理水平和质量，大幅减少乃至杜绝工具性管理，才能实现"向管理要奖牌、向管理要效益"的目标，才能更好地服务于竞技体育后备人才的培养。

4. "双扩"：扩大早期专项化项目数量和适度扩大比赛的项目和比赛级别

由"扩大中国对亚非拉的开放融合"和"适度扩大投资规模"的政策主张所构成的"双扩"，其内涵要求是"力求扩大供给方面在国际、国内的市场空间"②。那么，结合我国竞技体育后备人才培养的过程，参照其"扩大国际、国内市场空间"的要求，我国竞技体育后备人才培养的"双扩"，较为契合的解读是"扩大早期专项化的项目数量"和"适度扩大比赛的项目和比赛级别"。

我国竞技体育后备人才培养的"开放融合"与"扩大空间"，之所以解读为"扩大早期专项化的项目数量"和"适度扩大比赛的项目和比赛级别"，主

---

① 贾康. 供给侧改革的理论内涵 [J]. 经济, 2016 (01)：9.
② 贾康. 供给侧改革的理论内涵 [J]. 经济, 2016 (01)：9.

要在于我国竞技体育后备人才培养的实际情况。我国竞技体育领域一直在反对后备运动员的"早期专项化",而实际上后备运动员的早期专项化本身并没错,他们只是误解和混淆了早期专项化与早期成人化训练。专项化训练是分层次的,一个后备运动员的专项化训练水平与一线运动员的专项化训练相距甚远。这就类似青少年足球队和世界杯参赛队伍踢球一样,或者小孩子和大人比赛一样,水平肯定差距较大。因此,后备运动员的早期专项化是与其竞技水平相适应的专项化训练,这是需要提倡的。但是需要指出的是,后备运动员的早期专项化并不是特定指向某一个专项,而是要针对两个以上甚至多个项目进行训练。

我国竞技体育后备人才培养的"双扩"之一,侧重于后备运动员"扩大早期专项化的项目数量",就是因为我国竞技体育后备人才早期定专项即特定一个项目训练较早,这就泯灭了运动员在其他项目可能独具发展潜力的机会和可能。事实上,很多运动员"转项训练""转项成才"和"跨项选材"的成功案例,都说明了其实运动员最早定的专项不一定就是最适合他的竞技项目。因此,在竞技后备人才早期训练的过程中,不要急着给他们定专项,而是要尽可能扩大早期专项化训练的项目数量,让运动员根据自身的兴趣、特点和发展潜力最终确定一个专项。据陈小平教授调查,英国后备运动员通常在15岁之前不会专门进行一个项目的训练,而是让运动员参与多个项目的训练,让运动员在接触和熟悉不同项目的基础上来确定自己未来所从事的专项训练。

与专项训练联系密切的就是竞技参赛。我国竞技体育后备人才培养的"双扩"之二,侧重于"适度扩大比赛的项目和比赛级别"。正所谓"练为战",与竞技后备运动员多个项目的扩大训练相对应的就是扩大比赛的项目和比赛级别。只有通过比赛的检验,才能较好地发现训练过程中所存在的问题,才能及时采取相应的解决方法。而我国竞技后备运动员的参赛次数较少和参赛级别不高是后备人才培养过程中一直存在的问题。因此,基于优化提升竞技后备运动员的专项选择、训练潜力和竞技比赛的需要,从制度的供给层面看,就要在竞技后备运动员青少年时期将更多项目融合到训练过程中,而不是过早地专项化在某一个项目上训练;同时适度扩大他们参加比赛的项目和比赛级别,使他们在比赛中不断检视问题,改进短板、提高训练水平和竞技成绩。

5. "双转":竞技后备人才的主要来源从竞技体育学校向普通学校转变和体教分离向体教融合转变

由"人口政策逐步转向适当鼓励生育"和"促进国有资产收益和存量向社保与公共服务领域的转置"的政策主张所构成的"双转",其内涵要求是"不失时机、与时俱进地在人口政策和国有资产配置体系两大现实问题上顺应供给结构与机制的优化需要，以支持打开新局"①。那么，结合我国竞技体育后备人才培养的人才来源和体教结合的"两层皮"现象，参照其"优化人口政策扩大来源、顺应供给结构与机制"的精神实质，我国竞技体育后备人才培养的"双转"，较为契合的解读是"竞技后备人才的主要来源从竞技体育学校向普通学校转变"和"体教分离向体教融合转变"。

尽管我国竞技体育后备人才的培养主要是在各级各类体校中完成，并且最新出台的官方文件仍旧确认"各级各类体校是竞技体育后备人才培养的主体"，但是从人才培养的长远发展来看，随着我国由体育大国向体育强国的转变，我国竞技后备人才的主要来源将逐渐从竞技体育学校向普通学校转变。根据世界体育强国的经验，诸如美国、英国、德国等国家的竞技后备人才的来源和培养主要是在学校，而不是我们具有特色的"三级训练网"。当然，无论是过去还是现在，继续强化青少年三级训练网建设，将各级各类体校确认为我国竞技体育后备人才培养的主体，应该是由特定阶段的任务和历史使命所决定的。

6. "双进"：举国体制国家培养和社会市场化培养共同进步、共赢共享

由"国有、非国有经济共同进步实现共赢"的政策主张所构成的"双进"，其内涵要求是"明确市场供给主体在股份制现代企业制度安排演进中的合理资本金构成与功能互补和共赢效应"②。那么，结合我国竞技体育后备人才培养的供给要素来源和国家培养与社会力量培养相结合的培养体系，参照其"国有和非国有股份功能互补和共赢效应"的精神实质，我国竞技体育后备人才培养的"双进"，较为契合的解读是"竞技后备人才的举国体制国家培养和社会市场化培养共同进步、共赢共享"。

在经济发展新常态和竞技体育发展新常态的背景下，社会各界对竞技体育举国体制的改革呼声也逐渐高涨，甚至有人提出取消全运会的建议，在这种背景下，以前高投入、高消耗、低效益的粗放式培养竞技后备人才的模式越来越难以为继，运动项目实体化改革正逐渐展开。当前运动项目协会实体化改革就是从体育领域的供给侧出发，聚焦结构性问题，转变政府职能，厘清体育行政管理部门与项目协会的职能边界，形成管办分离、各司其职的新机制③。其实关于项目实体化改革，早在1986年就进行了实体化改革试点，例如国家体委颁布的《关于体育体制改革的决定（草案）》就提出了"有条件的协会可以建成半

---

① 贾康. 供给侧改革的理论内涵 [J]. 经济，2016（01）：9.

② 贾康. 供给侧改革的理论内涵 [J]. 经济，2016（01）：9.

③ 李军岩. 新时代我国运动项目协会实体化改革的思考 [N]. 中国体育报，2018-08-06（007）.

权力、半咨询性机构，并赋予其职称评定、业务考评、推荐人才、学术交流、审议政策法规以及为项目发展提供咨询参谋等职能"①。北京奥运会后，运动项目实体化改革再一次提上日程。2015 年足球协会成为项目协会实体化改革的先行军。同年，《行业协会商会与行政机关脱钩总体方案》出台，体育项目协会实体化改革被纳入国家社会组织改革的一部分。2017 年 2 月，姚明全票当选新一任篮协主席，篮球协会实体化改革的步伐加快，表明运动项目实体化改革正从试点阶段逐渐过渡到全面展开阶段。

运动项目实体化改革，将会激发协会自力更生的能力，有助于盘活社会资源参与竞技体育、群众体育、体育产业和竞技体育后备人才的培养等环节，将在很大程度上减轻国家的财政负担，提高我国竞技体育后备人才培养的效益。运动项目实体化运转，除了国家层面供给的相关政策外，协会的其他活动都要遵循市场的规则进行，让市场在资源配置中发挥决定性的作用，有助于提高资源配置的效率和效益。具体到我国竞技体育后备人才培养，目前尚没有较好地挖掘竞技后备人才的经济价值，国家从制度政策供给的角度看，要尽可能考虑社会力量参与竞技后备人才培养的经济效益。对于经济效益或市场化潜力较小的运动项目，需要继续强化举国体制的国家培养。

因此，从培养投入和产出以及培养效益的角度看，考虑到我国竞技体育后备人才培养的国情和项目特点，采用举国体制国家培养和社会市场化培养相结合的模式，比较符合当前我国竞技体育后备人才培养的现实需要和未来发展。需要指出的是，从国家层面的政策和制度供给，要能够确保社会力量参与竞技后备人才培养的经济效益，要能协调好国家层面和社会层面的要素投入和效益的共赢共享。

7. "双到位"：竞技体育领域的培养要素到位和非竞技体育领域的培养要素到位

由 "促使政府、市场双到位地良性互动、互补和合作" 的政策主张所构成的 "双到位"，其内涵要求是 "要在政府与市场这一核心问题上明确相关各方的合理定位"②。那么，结合我国竞技体育后备人才培养的竞技+育人宗旨和 "双化" 思路，参照其 "要素配置的政府与市场的到位与合理定位" 的精神实质，我国竞技体育后备人才培养的 "双到位"，基于培养要素供给方的到位，较为契

---

① 李军岩. 新时代我国运动项目协会实体化改革的思考［N］. 中国体育报，2018-08-06（007）.

② 贾康. 供给侧改革的理论内涵［J］. 经济，2016（01）：9.

合的解读是"竞技体育领域的培养要素到位和非竞技体育领域的培养要素到位"。

关于我国竞技体育后备人才的培养,竞技体育领域的培养要素,从宏观层面看涉及运动选材、运动训练、竞技比赛和竞技管理4个维度的供给要素都要到位,即运动选材的科学测量和精准识潜;运动训练的原则理念指导正确、训练手段选择合理、训练方法运用得当、负荷调控个体适宜、训练安排科学有效;竞技参赛的次数合理、级别适宜、参赛程序规范、赛间调控科学等;竞技管理的严格与灵活有机结合,制度管理与人本管理相协调,为了竞技目标服务和为了培养人才服务的有机统一。此外,在具体训练和比赛过程中,训、赛、医、恢复、营养、康复和管理等各个环节都要协调配合、合理到位,共同服务于竞技后备人才的培养。

非竞技体育领域的培养要素,主要指学校、家庭、社会等因素对竞技后备人才培养的影响,侧重于后备运动员非竞技能力的提高,例如文化教育、社会适应能力、人文素养等。如前所述,运动员并不是竞技训练和比赛的工具,他们首先是一个完整的社会人。从育人成才的角度看,我国竞技体育后备人才的培养,显然不可能把所有的后备运动员都培养成为能争金夺银的卓越运动员。他们绝大部分都难以达到竞技巅峰的高度,或中途退出或退役就业。这就要求必须高度重视后备运动员的文化教育、社会适应能力、健康心理和人文素养的培养,为其退役后的工作奠定坚实基础。然而,现实是很令人失望的。绝大部分退役的运动员,由于从事竞技体育而耽误了学习,人文素养较低而导致就业困难。

因此,基于竞技后备人才的"竞技+育人"成材宗旨,无论是竞技体育领域的供给方还是非竞技体育领域的供给方,都要努力在培养后备运动员的过程中合理到位,保持相互之间的协调和平衡。必要时,要用长远的眼光看待非竞技体育领域的供给要素的首先到位,只有确保非竞技体育领域的供给要素真正到位,才能真正实现竞技体育后备人才培养的可持续发展。

8. "双配套":竞技体育后备人才培养过程中配套制度体系的优化改革和运动员的退役出路的配套制度完善

由"实施新一轮'价、税、财'配套改革和金融配套改革"的政策主张所构成的"双配套",其内涵要求是"对基础品价格形成机制和财税、金融两大宏观经济政策体系,再加上行政体制,以大决心、大智慧推进新一轮势在必行的制度变革与机制升级"①。显然，从经济发展改革的角度看，国家供给层面主要是通过"价、税、财"以及金融手段供给制度和政策，促进经济的良性发展。那么结合我国竞技体育后备人才培养，同样也需要国家层面供给相关制度和政策来促进人才培养的高效益和高质量。参照经济改革国家层面供给的"制度变革与机制升级"的精神实质，我国竞技体育后备人才培养的"双配套"，基于制度供给服务于人才培养的配套制度改革，较为契合的解读是"竞技体育后备人才培养过程中配套制度体系的优化改革和运动员的退役出路的配套制度完善"。

在我国竞技体育后备人才培养过程中，无论是举国体制国家培养占主导，还是国家培养和社会力量培养共同构成后备人才培养体系的"双进共赢"，政府层面的制度供给在很大程度上决定了培养要素的配置方向和数量。因此，竞技体育后备人才培养过程中的各项配套制度的优化改革或完善，对于激发竞技后备人才培养的不同参与主体的积极性和能动性具有重要影响，同时对于各种培养要素的科学合理配置具有重要的导向作用。因此，必须坚持以"培养高质量后备人才"为本的理念，各种各类制度和政策的配套供给，都要以高效益、高质量培养竞技后备人才和提升后备运动员文化教育水平和人文素养为核心诉求。

此外，对于竞技体育后备人才的培养，"出口"在很大程度上决定"进口"。退役运动员的今天，可能就是后备运动员的明天。为了吸引更多的儿童少年运动员加入竞技后备人才队伍，就需要为他们的未来出路考虑。从政府层面看，要完善退役运动员的配套安置政策或制度，要通过配套制度设计和践行实施，着力培养和提升退役运动员再就业能力，而不仅仅是给点类似青春损失费的补偿金就不管了，这对于参加竞技体育的运动员是不负责任的一种做法。因此，我国竞技体育后备人才的培养是一项复杂的系统工程，需要在各个培养环节的配套制度和政策设计方面进行优化改革和完善，才能确保整个后备人才培养体系的科学合理运转。

（三）我国竞技体育后备人才培养的"八双组合路径"构建

如前所述，基于供给侧结构性改革视角审视我国竞技体育后备人才的培养，无论是供给侧改革和竞技后备人才的逻辑关系，还是类比供给侧改革的"八双"政策主张，都能给竞技体育后备人才的培养提供有价值的参考和启示。本研究在文献资料分析和专家访谈的基础上，组合我国竞技体育后备人才培养的"八双"思路，构建出优化完善我国竞技体育后备人才培养的"八双组合路径"，如

---

① 贾康. 供给侧改革的理论内涵 [J]. 经济，2016 (01)：9.

下图 8-1 所示。

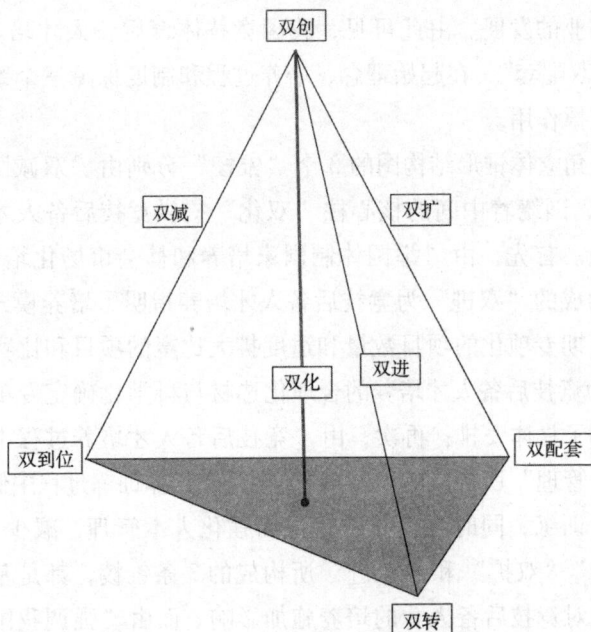

图 8-1　我国竞技体育后备人才培养的"八双组合路径"结构图

由图 8-1 可以看出，基于供给侧改革的视角，按照类比"八双"政策主张所构建的我国竞技体育后备人才培养的"八双"思路，将"八双"组合成一个三角立体锥形的结构图，从而更好地解读我国竞技体育后备人才培养的"八双组合路径"。

培养路径结构图的底座是由"双转""双到位"和"双配套"所构成的三角形底座，为竞技后备人才培养提供坚实的基础支撑。首先，从后备人才培养起始理念层面来看，由"竞技后备人才的主要来源从竞技体育学校向普通学校转变和体教分离向体教融合转变"所构成的"双转"，可以保证竞技后备人才的充足来源，同时可以消除后备人才进入竞技训练领域几乎就放弃文化学习的顾虑；其次，从培养过程的要求来看，由"竞技体育领域的培养要素到位和非竞技体育领域的培养要素到位"所构成的"双到位"，可以为竞技后备人才的竞技能力与竞技状态的提升和文化教育与社会适应能力等人文素养的提高，提供过程监控；第三，从竞技后备人才培养的制度保障来看，由"竞技体育后备人才培养过程中配套制度体系的优化改革和运动员的退役出路的配套制度完善"所构成的"双配套"，可以为竞技后备人才从进入竞技训练领域开始至整个运动员生涯和退役再就业，都提供制度上的保障支撑，确保运动员全心投入并服务于国家竞技体育事业的发展。由此可见，我国竞技体育后备人才培养的"双转""双到位"和"双配套"，在起始理念、培养过程和制度保障三个维度发挥了培养路径的基础支撑作用。

　　培养路径三角立体锥形结构图的3个"锥棱"分别由"双减""双扩"和"双进"所构成，围绕着中间的核心柱"双化"提供竞技后备人才培养的模式思路和具体措施。首先，由"举国体制国家培养和社会市场化培养共同进步、共赢共享"所构成的"双进"为竞技后备人才培养指明了培养模式和思路；其次，由"扩大早期专项化的项目数量和适度扩大比赛的项目和比赛级别"所构成的"双扩"为竞技后备人才培养的合理化选材与科学化确定专项以及竞技参赛的安排，提供了具体安排；再次，由"竞技后备人才培养过程中减少低效训练和减少工具性管理"所构成的"双减"，则是在具体训练过程中侧重于科学化训练，减少无效训练，同时在竞技管理层面强化人本管理，减少工具性管理。显然，由"双减""双扩"和"双进"所构成的3条锥棱，都是基于竞技体育领域的构成要素对竞技后备人才的培养施加影响。而由"强调我国竞技体育后备人才培养的科学化训赛和人文化教育"所构成的"双化"则居于三角立体锥形图的核心柱的地位。也就意味着，竞技后备人才的人文化素养的培养要和通过科学化训赛来提高后备人才的竞技能力同样重要而居于核心地位。

　　培养路径三角立体锥形结构图的"锥尖"，指向由"创新竞技体育后备人才培养的举国体制模式和创新社会力量培养的模式"所构成的"双创"，为我国竞技体育后备人才的培养提供发展动力和方向指引。竞技体育后备人才培养不是一个一成不变的过程，它需要根据时代的变更和条件的变化，不断创新发展思路和模式。

　　综合来看，基于供给侧改革的视角，我国竞技体育后备人才培养的"八双组合路径"，"双创"是发展动力和方向指引，"双化"是贯穿于培养过程的核心主线，"双减""双扩"和"双进"构成了竞技体育领域培养的思路模式和具体方案，而"双转""双到位"和"双配套"构成竞技后备人才培养的基础支撑，"八双"之间既相互联系又互为条件，共同构成供给侧改革视角下的我国竞技体育后备人才培养路径。

二、"集约培养路径"：竞技体育后备人才
培养过程中的"节能减排"

（一）"节能减排"与"竞技体育后备人才培养"的逻辑关系分析

1. 浪费现象明显：节能减排与竞技体育后备人才培养的共有前提

节能减排就是节约能源、降低能源消耗、减少污染物排放。通俗地讲，就是工业生产能耗很大，污染物排放很多，产出质量不高，在生产过程中造成了很大的能源和物质浪费，同时也污染了环境。因此，我国"十一五"规划纲要中明确提出了"节能减排"的目标。

我国竞技体育后备人才的培养，多年来一直沿袭着投入大、成材率低、浪费现象比较突出的粗放式培养模式。在我国发展整体追求和践行"平衡、协调、可持续发展的科学发展观"以及我国经济进入"新常态"的背景下，我国竞技体育后备人才培养的高投入、低产出和浪费严重的状态已经难以为继。我国竞技体育后备人才培养方式和路径需要变革的呼声也此起彼伏，相关的理论研究和实践探索也在不同的层面进行。目前国家正在推行中的项目协会实体化改革，就是类似"节能减排"的结构性改革。

显然，节能减排理念完全可以移植到我国竞技体育后备人才的培养领域。因为二者之间的逻辑前提是它们各自的领域中都存在的大量的粗放式发展和明显的浪费现象。只要有浪费现象，一方面可以通过节约能耗和减少投入的方式来"节能"；另一方面可以通过减少排放"有害物质"和"有用物质"，即"减排"来减少浪费。对于我国竞技体育后备人才培养中的浪费现象，可以通过减少人力物力投入、提升人才培养质量的"节能"路径和减少人才的过早淘汰和退役等"减排"路径促进我国竞技体育后备人才培养的科学化发展。

2. 追求高效质优：节能减排与竞技体育后备人才培养的共同宗旨

节能减排与竞技体育后备人才培养的共有前提是具有明显的浪费现象，那么如何有效地改进和减少"浪费"就成为二者共同追求的目标。节能减排措施的全面推进是希望通过科技水平的提升来实现节约能源、减少排放和提升质量和效益的目标。而竞技体育后备人才培养的粗放式发展到集约化发展，同样也是希望减少浪费，提升人才培养效率和培养质量。显然，追求高效质优的产出，既是节能减排的宗旨体现，也是我国竞技体育后备人才培养的宗旨诉求。

３. 节能减排理念：竞技体育后备人才集约化培养的实施路径指导

"节能减排"理念不仅在理论层面可以推动竞技体育后备人才培养模式的变革，而且在实践层面，通过"节能"和"减排"在竞技体育后备人才培养领域的具体体现，并进一步提出改进方式，就使得"节能减排"可以类比为竞技体育后备人才集约化培养的实施路径。理论是实践的先导，理论的具体化和操作化，就逐渐演变为在实践层面的具体做法和行动方式。基于理论层面"节能减排"理念和竞技体育后备人才培养"减少浪费"的共有前提和"追求高效质优"的共同宗旨，节能减排理念也一定可以在竞技体育后备人才培养领域细化演化为具体的实施路径，为竞技体育后备人才培养路径的改进和完善提供可资借鉴的理念、视角、方法和途径。

关于我国竞技后备人才的培养，基于"节能减排"的理念，构建"集约培养路径"的观点，本研究通过问卷调查了国内竞技体育领域的部分专家学者及竞技管理领导，调查结果见表8-2。

表8-2　专家关于"节能减排"视角下的"集约培养路径"的认同度一览表
（N＝60）

认同度	"节能减排"是节约能源和减少环境有害物排放，用在竞技体育人才培养方面，主要指"节约培养成本，提高成材率，减少运动员的各种淘汰，延长运动生涯，推迟退役年龄"。基于"节能减排"视角，提出竞技后备人才培养的"集约培养路径"。		
	频数	百分比（％）	累积百分比（％）
非常赞同	23	38.3	38.3
比较赞同	37	61.7	100
一般	0	0	100
不太赞同	0	0	100
合计	60	100	

由表8-2可知，非常赞同的专家有38.3%，比较赞同的专家有61.7%，可以看出专家对竞技后备人才培养的"节能减排"模式全都持赞成态度。同时，通过访谈几位专家，他们认为对于国家部分高投入、低产出的项目实施"节能减排"，非常契合我国竞技后备人才培养的高投入和低产出的症结。

（二）"节能减排"视域下我国竞技体育后备人才培养的集约路径构建

基于"节能减排"与"竞技体育后备人才培养"的逻辑关系，结合运动训练学、体育管理学以及逻辑学等理论，并通过专家访谈，本研究从理论层面基于竞技体育、育人成材和发展战略三个维度构建了"节能减排"视域下我国竞技体育后备人才培养的集约路径结构图，如图8-2所示。

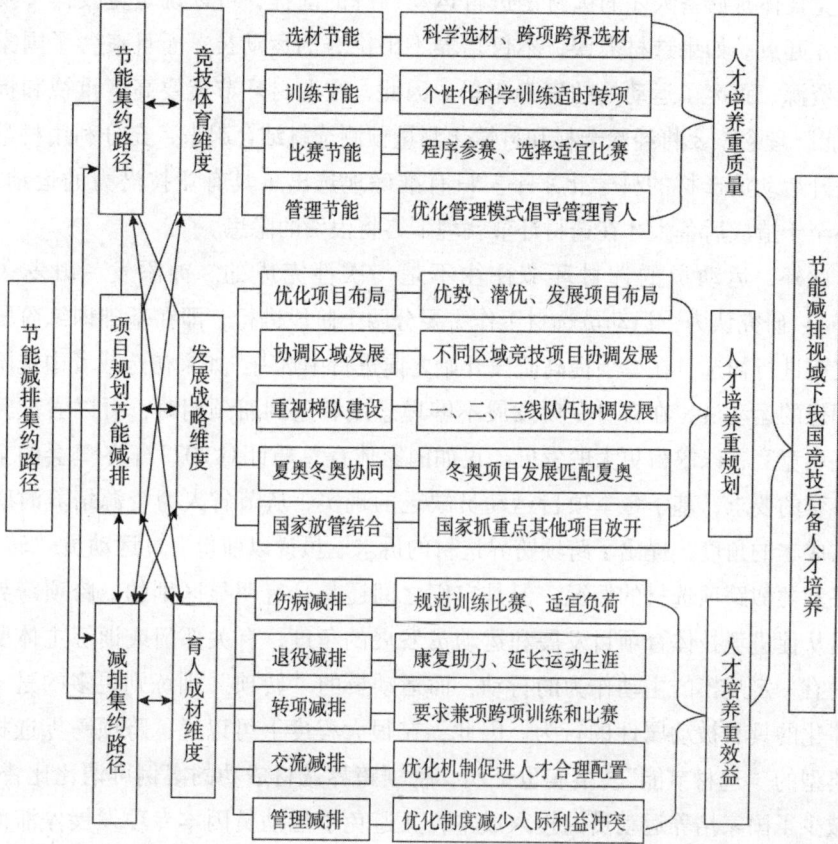

节能集约路径	竞技体育维度	选材节能	科学选材、跨项跨界选材	人才培养重质量
		训练节能	个性化科学训练适时转项	
		比赛节能	程序参赛、选择适宜比赛	
		管理节能	优化管理模式倡导管理育人	

图 8-2 我国竞技体育后备人才培养的节能减排集约路径结构图

1. 竞技体育维度的节能集约路径

竞技体育后备人才的培养是竞技体育领域中至关重要的环节，竞技体育后备人才培养的质量和数量，决定了竞技体育发展的潜力和水平。反过来，竞技体育领域不同环节的具体实践行为，也在很大程度上影响着竞技体育后备人才培养的效果。基于竞技体育由运动选材、运动训练、竞技比赛和运动管理①四个部分构成的逻辑，本研究从这四个环节构建竞技体育维度的节能集约路径。

———————————

① 田麦久. 运动训练学 [M]. 北京：人民体育出版社，2000：6-7.

（1）"选材节能"：科学化选材与适时跨项跨界选材

正如"节能"就是减少浪费，如果选择错误的训练方向，无论怎样努力都会造成很大的浪费。一旦选择发生了偏差，不仅结果不理想，也造成了很大浪费。竞技体育后备人才的选材是进行运动训练的前提，可以说是竞技体育发展的人才起点。如果选材失误，不仅培养不出优秀的运动员，而且浪费了国家的大量资源、荒废了运动员的青春年华。因此，在选材环节就要高度重视和提倡"节能"理念。要将经验选材和科学化测量预测选材结合起来，充分利用科学技术提升运动员选材的科学化水平。只有准确地选出了具有竞技潜力的运动员，才不至于造成后备人才在选材环节就埋下终将浪费的隐患。

此外，运动员的选材环节往往不是一次性完成的。钟添发、田麦久等（1994）研究认为，运动员选材工作主要分两个阶段进行，即在基础训练阶段开始之前进行初选，在专项提高阶段开始之前进行中选①。如果初选或者中选阶段不理想的运动员，在自身专项发展不够理想或者遇到瓶颈期时，可以尝试跨项训练和竞赛，以求得更大的发展。正如国家体育总局针对 2022 年冬奥会的全项目参赛的要求，基于冬季项目运动员缺乏的现实，从节省人力资源培养时间和投入成本的角度，提出了跨项跨界选材的诉求。虽说以前也有过运动员"转项"训练和类似跨项选材的情况，但是它们之间还是具有明显区别的。跨项跨界选材是从促进竞技体育项目发展和运动员发展的角度，有关部门或训练主体所进行的有一定规模的主动作为的行动，而运动员的"转项"训练则更多的是一种个体化的具有被动属性的行为。因此，在很大程度上可以说，跨项跨界选材就是典型的"选材节能"。事实也证明，跨项跨界选材成功的案例可谓比比皆是，既减少了国家培养运动员的投入成本，又避免了运动员因本专项发展停滞而过早被淘汰的浪费现象。

（2）"训练节能"：科技助力个性化训练与适时转项

关于运动员的训练曾经有个形象的比喻，即拿一篮子鸡蛋往墙上摔，终归会有一两个鸡蛋没有摔破的概率来描述运动员训练成材的概率。这从节能减排的角度来分析，运动训练领域具有明显的粗放式发展特征，存在大量的不够节能的浪费现象。因此，"训练节能"应该是运动训练领域的首要目标。众所周知，科学化训练一直是运动训练领域的永恒主题。只有顺应运动训练的客观规律进行训练，只有充分利用科技助力，才能更好地发现和遵循运动训练的客观

---

① 钟添发，田麦久，王路德，等. 运动员竞技能力模型与选材标准［M］. 北京：人民体育出版社，1994：22.

规律。因此，训练节能比较集中的体现就是借助科技助力来实现科学化训练。

在运动训练过程中，一方面要探索和顺应专项训练的客观规律；另一方面也要细化研究运动员，探索适应运动员个性化特点的训练方法，才能更好地促进运动员运动成绩的提升。当前运动员的个性化训练越来越受到高度的重视，满足运动员的个性化诉求的训练，才是真正有价值的训练，那种无视运动员个性化特点的训练必将造成训练成本投入的浪费。

此外，尽管在运动员选材领域，各个项目都希望准确选择出适宜专项发展的运动员，然而实践层面总是或多或少地出现偏差，总会出现一些运动员似乎在原有专项上"潜力枯竭"的现象。那么，在这样的情况下，运动员是苦苦坚持还是另辟蹊径尝试其他项目的选材呢？正所谓"天生我材必有用"，如果运动员在本专项训练方面难以有进一步的提升和突破，也不要"一头撞在南墙上"，适时转项训练和比赛，将会获得相对更大的机会获得成功。因此，训练过程的节能集约路径，主要体现在运动员的科学化训练方面和本专项发展潜力不足时的适时转项训练方面。

（3）"比赛节能"：强化程序化参赛与选择适宜比赛

竞技比赛的激烈竞争往往会导致运动损伤的出现，严重时有可能导致运动员中途退出或提前退役，进而造成人力资本的浪费和训练培养投入的浪费。因此，为了避免由于参加比赛所造成的运动损伤和充分利用比赛对运动员的正向激励促进作用，就需要高度重视"比赛节能"环节的安排。一方面，要强化运动员参赛的程序化安排，要对运动员的比赛程序进行细致周密的考虑和细节安排。正所谓"天下大事，必作于细""细节决定成败"。只有周密合理地程序化参赛，运动员才能按照既定的程序进行热身激活、赛前准备，从容应对比赛过程中的各种问题，减少运动伤病的发生，积累比赛经验，提升运动员自信心。

运动员的竞技比赛可以说是一把双刃剑，有时候可以激发运动员的训练动力和顽强拼搏的精神，有时候也可能打击运动员的自信心，使其丧失训赛斗志，尤其是对于竞技体育后备运动员而言更是如此。因此，在竞技体育后备人才培养的成长阶段，要有所选择地进行参赛。既要适当地增加比赛难度，又不能打击运动员的自信心；有时候需要参加一些难度相对较小的比赛，使运动员在比赛中找回自信和积累比赛经验。因此，针对竞技体育后备人才培养的比赛环节，要针对运动员的个体情况和训练水平，选择适宜的比赛促进其不断成长。同时，在具体的比赛过程中，要预先进行细致的程序化参赛设计，确保运动员经过比赛的历练不断成熟，而不至于由于参加比赛出现大的运动伤病，因为疏忽而酿成大错，甚至导致减员浪费。

（4）"管理节能"：优化管理模式以及倡导管理育人

我国竞技体育发展的辉煌成绩，不仅与运动选材、运动训练和竞技比赛环节的努力付出密切相关，也与竞技体育管理密切相关。"向管理要金牌、奖牌，向管理要效益"的观点或理念越来越受到普遍接受和认可，也说明了竞技管理的重要性。我国基于奥运争光计划的举国体制，为集中人力、物力、财力，通过统一领导、调配、布置，保证部分重点项目形成优势，取得突破，也起到了积极的作用。但是举国体制下的管理过程中，也存在三级人才训练网衔接不畅，体教结合不紧，运行机制不灵，投入大、效益低、运动员成材率低的诸多浪费或不节能现象。

此外，在竞技体育后备人才培养的过程中，由于管理体制和机制的不完善，兴奋剂问题、假赛、运动员身份造假、年龄造假、执裁不公、利益操纵比赛等不良现象也层出不穷。这些问题，对运动员的培养造成恶劣的影响，也导致训练和竞赛过程中大量的资源浪费。因此，在竞技体育管理过程中，要不断优化管理模式，要充分贯彻"以人为本"的思想，通过竞赛杠杆，正确运用加分、物质、荣誉激励机制，调动广大运动员、教练员的积极性、主动性和创造性。同时，竞技体育管理层面要摒弃"重金牌、奖牌，轻育人成才"的错误观念，牢固树立将竞技体育后备人培养成才的理念，关心关爱运动员的发展成才，进而提供科学合理制度予以保障。

2. 育人成材维度的减排集约路径

（1）"伤病减排"：规范训练和比赛流程细节与关注个体承受能力

在运动员的训练和比赛生涯中，运动伤病可谓是挥之不去的主题。因为运动训练适应的规律就是"训练适应—加负荷—不适应—训练适应—加负荷—不适应—再训练适应"的过程。运动员增加负荷训练时或者高强度激烈竞赛时，常常会出现因为负荷超出运动员承受能力而导致的运动损伤现象。此外，运动训练也是一个相对漫长的过程，运动员需要不断地克服困难超越自我，也常常会出现身体机能恢复不足、精力不够集中，或者疏忽大意的时候，这也往往成为运动训练过程中损伤发生的原因。

因此，从运动选材到运动训练和竞技参赛，都要强化运动员预防运动损伤的观念，牢固树立预防运动损伤的职业素养。在具体的训练和比赛实践中，一定要规范化地要求训练和比赛过程各个环节的细节，并监督运动员落实到位。细节决定成败，只有高度重视训练和比赛各个环节的细节规范，才能最大可能地防患于未然，尽可能地减少运动伤病，进而避免"伤病减排"运动员的现象。此外，在训练过程中要充分运用科学手段监控运动员的训练负荷，使负荷适合运动员的个体承受能力。"极限负荷理念"虽说具有一定的道理，尤其是针对运动成绩进入"高原现象"的运动员而言，但是针对竞技体育后备人才的训练负荷，要尽量避免冲击个人极限负荷，而是要谨慎调控负荷，适宜运动员的个体承受能力，将有效地减少"伤病减排"运动员的现象。

（2）"退役减排"：强化康复助力并多元激励延长运动员运动生涯

也许是受中国传统文化中"否极泰来""见好就收""功成身退""急流勇退"等观念的影响，我国很多优秀的运动员在获得奥运冠军或者世锦赛、世界杯赛等冠军之后，毅然选择了退役，年纪轻轻就结束了自己的运动生涯。虽说运动员的退役是个人的自由选择和权利，但是培养一个优秀的运动员要花费很大的成本，不仅有诸多的运动员的"陪练"，还有大量的人力、物力和科技等要素的投入。显然，从投入效益上看，运动员的退役尤其是年轻运动员的退役，本身就是一种人力资源的巨大浪费。因此，对于优秀运动员要尽可能地减少"退役减排"现象，要采用多种激励措施尽可能延长运动员的运动生涯。

当然，也的确有部分运动员是由于身体的原因，例如运动伤病不断加重，通过医学手段也难以达到继续训练和参加比赛的需求，而不得不退役。对这类运动员而言，退役其实是他们心中难以释怀的"痛"。这就需要充分落实"训练—比赛—科技助力—医务监督—高效管理"一体化模式，针对出现伤病的运动员，及时强化康复医疗和康复性功能训练，确保运动员及时高效康复，尽可能避免运动损伤的病情加重导致的运动员退役现象。

（3）"转项减排"：强化兼项或跨项训练与参赛，挖掘运动员潜力

在运动员的多年训练过程中，运动员的"转项"训练是一种比较常见的现象。一般来说，转项成功的运动员可以在新的项目上获得优异比赛成绩。王大卫（1993）把这种专项成功的现象称为"转项成才"，即运动员在多年训练过程中改变原来选定的运动项目，并在新转改的运动项目上取得优异运动成绩的现象①。他还首次提出了异项潜才概念，并认为异项潜才的存在是运动员转项成才的重要基础。由于运动员的选材很难一次性精确到位，所以经过训练实践的检验，不太适合初选项目的后备人才运动员，转入其他项目进行训练也合情合理，同时可以减少运动员的训练浪费现象。因此，运动员的转项，其实也是"减排"运动员的一种表现形式。

另外，从竞技体育后备人才培养的角度看，在培养的初期，最好不要局限在某一个专项上，尽可能采用兼项训练和兼项比赛的方式培养后备人才运动员，让运动员有更多的机会来确认自己的训练潜力究竟更适合哪一个专项的发展。

---

① 王大卫. 对运动员转项成才现象的初步研究 [J]. 体育科学，1993（04）：44-48+94.

关于运动员的转项成功率，王大卫（1993）研究认为，无论男女转项成才运动员都表现出同项群内部的转项多于异项群之间的转项①。李士建（2014）研究认为，获得奥运奖牌的运动员，大类间转项和同群间转项的均为9.2%，明显高于亚类间转项②。一般来说，转出项往往是认知度较高的项目，转入项认知度则相对较低。例如，陈仁伟、霍凯（2010）在对曲棍球、蹦床项目运动员成才特征的研究中发现，多数运动员是从体操、篮球项目中迁移过来的③。相信随着运动员转项研究的深入发展，运动员转项成才的概率会明显提高。从竞技体育后备人才培养的角度看，为了充分挖掘运动员的训练潜力，我们要尽可能地鼓励或制度化运动员的兼项训练和兼项比赛。

（4）"交流减排"：优化运动员交流机制，促进人才资源合理配置

我国区域经济发展水平及竞技体育投入水平的差异，会在一定程度上导致训练经费匮乏而竞技体育人才资源丰富，或者竞技后备人才资源匮乏而训练经费充足的情况，这将会造成我国竞技体育资源的浪费。此外，竞技体育较强省市优势项目，人力资源过剩，致使一些优秀后备人才缺乏比赛和发展机会，造成了运动员训练热情降低与人力资源浪费。而一些经济发达省市具有良好的训练环境和物质条件，但缺乏优秀的竞技体育后备人才，致使项目发展水平提升缓慢与训练资源的浪费④。

体育人才流动是体育发展的重要趋势，尽管2003年国家体育总局颁发了《关于施行〈全国运动员注册与交流管理办法（试行）〉的通知》，经过十几年的试行，目前国内体育人才流动还处在较低阶段，其主要原因体现在教练员绩效和利益分配上⑤。因此，要想进一步提升竞技体育后备人才的合理配置，尽可能减少由于交流限制而导致运动员人力资源的浪费，就需要在坚持和完善举国体制和积极推行项目实体化改革的背景下，进一步优化运动员交流机制，促进竞技体育后备人才的合理配置，进而实现运动员的"交流减排"。

（5）"管理减排"：优化体制机制、人本管理，避免人际利益冲突

竞技体育管理本身也是一把双刃剑，管理的效果好可以有效促进运动员训

① 王大卫. 对运动员转项成才现象的初步研究 [J]. 体育科学, 1993 (04)：44-48+94.

② 李士建. 我国夏季奥运会优秀运动员成才过程的项群特征研究 [J]. 中国体育科技, 2014, 50 (06)：12-18.

③ 陈仁伟, 霍凯. 我国部分运动项目中运动员流动的项群特征与趋势研究：以体操、蹦床等项目为例 [J]. 北京体育大学学报, 2010, 33 (02)：119-121.

④ 杨成波. 我国优秀运动员流动机制优化研究 [D]. 北京体育大学, 2015：5.

⑤ 王舜, 汪作朋. 我国运动员训练过程中转项现象的研究进展 [J]. 哈尔滨体育学院学报, 2016, 34 (02)：71-76.

练和比赛成绩的提高以及竞技体育的良性发展，反之则可能导致运动员或教练员与竞技管理层面的关系紧张甚至爆发冲突，进而可能导致运动员和教练员的训赛动机下降、离队或退役，造成人力资源的减员浪费。

运动员和运动队、管理中心或协会因为利益的原因闹矛盾甚至闹掰的现象在近年来的中国体坛并不罕见。2017 年 2 月 22 日，宁泽涛由于违规违纪行为被调整回原单位。在游泳中心出具的调整函中，宁泽涛被调整的原因是"未经批准私自代言广告、不愿意服从国家队竞赛安排、拒绝参加接力项目资格赛等"①。跳水冠军田亮雅典奥运会夺冠之后，在没有得到国家队和游泳中心允许的情况下，参加过多的商业活动，而一些商业活动收入没有根据国家的有关规定与国家队和游泳中心分配，田亮最终离开国家队。

对于此类优秀运动员的"减排"现象，不能不说很可惜，也很遗憾，他们的离开对我国竞技体育人才的培养是一个巨大的浪费和损失。从竞技体育人才"减排"的角度看，管理层面需要进一步优化管理制度和运行机制，要周密设计避免出现优秀运动员的利益和国家队利益或项目管理中心利益相冲突的情况。另外，竞技体育管理，应该尽可能多地体现出人本管理的规定，避免冰冷管理所带来的人际利益冲突。关于队员和国家队的关系，刘国梁曾谈道："不管是他（运动员）出名，还是他挣钱，还是他体现自己的价值，只要是对他好的，不违反原则，我都支持他们。因为我太了解运动员不容易，我经历过这些，我知道他们在高峰期能坚持多久，要付出多少努力才能得到。我们一定要保护他，甚至帮他去争取，这样他才有更多的动力，他才继续想奋斗，双方的感情才会更深。"②

3. 发展战略维度的项目规划节能减排路径

竞技项目的规划布局，也就是规划了竞技体育后备人才培养的项目布局和竞技后备人才的项目储备。合理的竞技项目规划布局，将有利于竞技选材的针对性与合理性开展，有利于竞技后备人才在不同项目间的合理配置；不合理的竞技项目规划布局，则很容易导致竞技后备人才的项目失衡，人才储备失衡，进而导致人才培养的浪费。

（1）"优化项目布局"：合理布局优势项目、潜优势项目与待发展项目

竞技体育项目的规划布局，并不是全面项目的均衡化发展。基于我国竞技

① 宁泽涛生涯荣誉争议并存：世锦赛创历史摘金 违反队规被开除. 腾讯体育［引用日期 2019-08-14］.

② 刘国梁谈宁泽涛和队里矛盾，他的这一番话印证了为何他如此成功. 番茄体育［引用日期 2017-04-13］.

体育"奥运争光计划"的需要，优势竞技项目和潜优势竞技项目，必然是首先要重点规划发展的，那么优势项目的竞技体育后备人才的储备和培养，将在很大程度上超越待发展项目。当然，一旦优势项目储备的优秀人才过多，将会导致很多优秀的运动员丧失发展的机会，进而造成人才培养的浪费。因此，基于强化保持我国优势竞技项目的优势地位的需要，要深入研究优势竞技项目制胜规律和人才培养规律，并在此基础上对竞技项目和后备人才培养进行合理的规划布局。

当前，我国正处于体育大国向体育强国迈进的过程中。2019年9月2日，国务院办公厅印发的《体育强国建设纲要》提出，在竞技体育发展方面，坚持改革和完善竞技体育的举国体制，拓展夯实竞技体育的项目基础和人才基础，保持优势项目，强化潜优势项目，重点发展以田径和游泳为代表的基础大项和以篮球、足球、排球为代表的集体球类项目①。竞技项目的发展，关键在于竞技体育后备人才的培养。因此，合理规划布局优势竞技项目、潜优势竞技项目和待发展项目以及此3类竞技项目内部各项目的协调发展，才能在项目布局方面，从宏观层面对我国竞技体育后备人才的培养方案，进行节能减排理念下的优化设计。

（2）"协调区域发展"：相对平衡合理布局我国不同行政区域竞技项目

我国竞技体育后备人才的培养，既要考虑优势项目、潜优势项目和待发展项目的合理规划布局，还要兼顾不同竞技项目布局在不同区域的协调发展。《竞技体育强国建设纲要》强调，要加强组织领导，加大政策支持力度，促进区域协调发展，加快体育人才培养和引进②。协调区域发展，就是要相对平衡地合理布局优势项目、潜优势项目以及待发展项目在不同区域的发展，同时要兼顾诸如优势项目内部不同项目的区域协调。我国竞技项目的区域协调发展，既保证了不同区域竞技体育的协调发展，也能够较好地保障我国整体竞技体育的发展结构和发展质量，进而更加有效地促进我国竞技体育后备人才的储备、培养与流动，对于国家竞技体育后备人才培养的投入将能较好地体现"节能减排"。

（3）"重视梯队建设"：重视一、二、三线队伍运动员的项目及人才的比例

我国竞技体育后备人才的培养主体是通过举国体制模式下的三级训练网来体现的。从竞技体育项目发展规划的层面看，既要规划项目的协调发展，又要重视竞技运动员的梯队建设和发展。当前我国竞技运动员一、二、三线队伍的

---

① 国务院办公厅印发《体育强国建设纲要》. 国际在线［引用日期2019-09-02］.
② 国务院办公厅印发《体育强国建设纲要》. 国际在线［引用日期2019-09-02］.

比例还很不协调,呈现塔基不稳的状况,部分项目出现塔基严重萎缩的局面。因此,针对部分竞技项目一、二、三线队伍梯队建设中存在的问题,一方面要加强运动员人才梯队建设;另一方面要关注后备人才的比例关系。对于比例失调的竞技项目,要主动进行跨项选材或转项,尽可能保证一、二、三线队伍的比例协调发展。毋庸置疑,重视运动员的梯队建设本身就是优化配置运动员,就可以做到竞技体育发展的节能减排,促进竞技体育后备人才培养的可持续发展。

(4)"夏奥冬奥协同":支持冬奥项目全项目的训练参赛与夏奥相匹配

冬季奥运项目和夏季奥运项目的协同发展,是我国建设体育强国的内在要求。随着北京携手张家口举办了2022年冬奥会,国家对冬奥项目的发展空前重视。国家在"十三五"规划(2016—2020年)、《以2022年北京冬奥会为契机大力发展冰雪运动的意见》以及国家体育总局《冰雪运动发展规划(2016—2025年)》等一系列文件的出台都在围绕"冬季项目的普及与发展"在政策上予以支持。

目前,我国冬季奥运项目整体发展水平滞后,竞技水平较低,项目发展区域不均衡,产业基础薄弱①。由于备战2022年冬奥会"全项目参赛"的需要,国家体育总局主导了冬季项目发展的跨界跨项选材,这在很大程度上促进了夏季奥运项目和冬季奥运项目的协调发展。夏季奥运项目后备人才向冬奥项目流动,既是当前高效培养冬奥项目的迫切需要,同时也在很大程度上合理配置了后备人才的项目布局,使相关运动员获得了更多的发展机会,从人力物力投入方面看,也能较好地实现节能减排的效果。

(5)"国家放管结合":重点特殊项目国家体制与其他项目实体协会制

在我国经济发展进入新常态的背景下,我国竞技体育的发展尽管还要坚持和完善举国体制发展模式,但是并不影响我国竞技体育项目的协会实体化改革成为主流趋势。我国竞技体育发展的粗放式模式,在经济发展新常态的背景下更是难以为继,必将走向市场化的发展模式。举国体制的计划性所带来的粗放发展与活力不足,在很大程度上就由市场化发展所带来的集约化所取代,这已经是大势所趋。

然而,由于我国奥运争光计划的必要性和我国体育大国地位的巩固以及体育强国建设的内在要求,我国竞技体育的发展还是要坚持"放管结合"理念。

---

① 徐刚,刘爱杰.我国冬奥重点项目的竞技格局与奥运备战策略[J].首都体育学院学报,2017,29(04):348-352+366.

对于我国市场化发展程度较低的优势项目，由于此类项目承担着在国际体坛争金夺银的重任，在它们没有较好的市场化之前，需要坚持举国体制的发展模式。而对于市场化程度较好的项目，尽可能地推进项目协会的实体化，让此类项目在市场中优化资源配置，促进竞技项目和后备人才的节能减排发展。

三、"市场化培养路径"：竞技体育后备人才培养资本的市场化导向

（一）竞技后备人才培养市场化的概念

理解竞技后备人才培养的市场化，首先需要对"市场化"做一个较为清晰的概念梳理。目前，国内对"市场化"概念的解读，基于不同的视角、不同的维度具有一定的差异。顾海兵早在 20 世纪末就对市场化的程度进行了划分，指出市场度为 0%～15% 时可大致视为非市场经济，市场度达到 10%～30% 时，可基本认为是弱市场经济，30%～65% 为转轨期，其包括中期和后期两个阶段，当市场度超过 65% 但不足 80% 时可认为是欠发达的市场经济，当这一水平超过 80% 时，就可称为成熟的市场经济①。陈宗胜等人指出，市场化就是市场对资源配置的作用由产生到发展再到成熟的不断演变的过程，这一过程中，经济对市场的依赖程度随着市场在资源配置中作用的不断增强而增强②。此外，相关研究还强调，市场化应至少体现在两个方面：一是政府职能的转变，即由当事人转向秩序维护者；二是价格由市场确定等。

从已有对"市场化"概念的界定可以看出，尽管视角的差异产生了不同的结果，但其仍存在一定的共性，即市场化首先是一个过程，是市场这一机制对资源配置作用不断加大的过程，该过程中，政府的角色由管向治，逐步实现各相关要素在市场中的高效率配置。

作为计划经济的产物，我国竞技体育后备人才的培养长期依赖于政府，竞技后备人才培养的市场化便是打破传统的政府主导制、由政府配置相关资源向市场配置转变。这一过程中，政府对竞技后备人才的培养功能不断弱化，市场对原有后备人才的培养体制的渗透不断加强。因此，所谓竞技后备人才培养市

---

① 顾海兵. 中国经济市场化程度探析 [J]. 金融信息参考，1997（05）：28-29.
② 陈宗胜，周云波. 加速市场化进程　推进经济体制转型 [J]. 天津社会科学，2001（03）：55-58.

场化,就是在后备人才培养进程中,不再单纯依赖于政府对其干预,而是借助开放、灵活的市场体系和市场作用,逐步实现后备人才培养的过程。

(二)竞技后备人才培养市场化的现实基础

1. 市场经济决定性地位的宏观确立

经济改革始终影响着我国竞技体育的发展导向。建国初期,为了普及和发展竞技体育,我国采取集中式管理模式发展竞技体育,即国家对竞技体育统包统揽,从运动员的训练、起居到就业实现一条龙服务。随着社会经济的不断发展,1992 年,邓小平"南方谈话"开启了我国经济市场化改革之路,市场化开始参与我国国民经济的发展。在这一论断影响下,1993 年,原国家体委下发《关于深化体育改革的意见》指出,要改变原来高度集中的、高度依赖政府以及行政手段发展体育的模式,采取国家与社会一起办、集中与分散相结合的形式发展体育。

随着经济的不断发展以及 2008 年东道主奥运会金牌总数雄踞第一的事实,在 2013 年《中共中央关于全面深化改革若干重大问题的决定》影响下,我国竞技体育也走上了发挥市场资源配置的决定性作用、政府辅之进行宏观调控的道路,这是我国竞技体育发展以及竞技体育后备人才培养的必然之路。经济基础决定上层建筑,上层建筑中先进的思路、先进的管理理念又会逐步对社会环境中的各类不科学的现象予以规范与管理,从而促进社会与经济发展的协调一致①。《中共中央关于全面深化改革若干重大问题的决定》指出,市场在资源配置中具有决定性地位,这是国家领导层在经济发展基础之上做出重大思想变革的政策体现,竞技体育作为社会环境发展中的重要组成部分,必然受到经济体制改革的影响。只有在基于经济基础发展之上的上层建筑的规范引导下,竞技体育才可以实现生态、可持续的发展,才能建立适应社会主义市场经济、符合竞技体育发展规律的体育体制。

2. 竞技体育强国的经验使然

我国竞技体育后备人才培养走市场化发展道路还有赖于国际竞技体育强国的发展经验。历史经验告诉我们,只有打开国门,面向世界,才能紧跟国际潮流,避免脱轨现象。美国是世界公认的竞技体育强国,多届奥运会中都以绝对优势位列金牌榜第一,那么,哪些因素促使美国拥有如此辉煌的竞技成绩呢?

---

① 刘国章. 经济基础与上层建筑关系问题探究 [J]. 广西社会科学,2007,9 (147):45-50.

美国是一个市场化高度发达的国家，竞技体育的成功表现得益于高度发达的市场优势，民办官助以及体育自治是美国体育管理体制的典型特征，在运转机制方面，美国主要依靠协会、俱乐部、社区体育、学校体育等举办各式各类的体育竞赛，近几年虽然国家宏观控制有所加强，但仍奉行社会的自我协调理念①。

3. "经济人"假设

"经济人"这一假设是西方经济学理论的建立前提，没有"经济人"假设，就不会产生西方经济学，更不会产生现代市场发展机制及制度。"经济人"是指通过各种方法使自己能够获得最大利益的人，或者是在追求效益过程中使之达到最大化的人②。"经济人"假设认为，任何社会性活动都是个体为满足自我需求所运用的手段，为了达到自我利益的最大化，"经济人"就需要对自己的行动做出计算，而采取的各类社会性活动就是理性计算的结果。正如亚当·斯密对"经济人"特征所进行的形象诠释："我们不能从屠夫、酿酒家或者烤面包师的仁慈，来期盼我们的晚餐，而是同他们自利考虑。我们不要诉诸他们的人道，而要诉诸他们对自己的爱，永远别想他们提高我们的需求，而要想他们提高他们的利益。"③

我国竞技体育后备人才培养走市场化发展道路，有赖于"经济人"假设的理论建立。人具备"经济人"属性，就是说人在实际社会中会为了实现自身利益的最大化而努力，竞技体育发展中市场配置资源决定性地位的提出，正好契合了人在竞技体育中追求自身利益的需要。政府对竞技体育市场开放度的不断提高以及竞技体育影响力的持续提升，使个人利益凸显于其中。竞技体育后备人才培养走市场化发展道路，能够激发人的"经济"属性，使之在利益面前充分做出努力，从而有利于我国竞技体育后备人才的市场化培养。

（三）竞技后备人才培养市场化的实现路径

1. 竞技后备人才培养市场化的关联要素

竞技后备人才培养的市场化是一项多因素共同作用、共同影响的活动，按照市场存活所需的条件，竞技后备人才培养市场化的关联要素应至少包含市场主体要素、市场供需要素以及其他相关要素。当这一系列要素同时发挥作用时，

---

① 兰馨. 美国高校竞技体育发展模式及运行机制的研究 [J]. 体育文化导刊，2006，7：70-72.

② 龚群. 经济伦理关于"经济人"概念的再审视 [J]. 中国人民大学学报，2001（06）：35-41.

③ 亚当·斯密. 国民财富的性质和原因的研究 [M]. 北京：商务印书馆，1972.

才有助于盘活我国竞技后备人才的市场化培养,更好推进我国竞技后备人才培养的市场化进程。

(1)市场主体要素

市场主体要素是指推动我国竞技后备人才培养市场化的主要组织或者个人,这些要素在某种程度上也可视为核心要素,脱离了这些因素,竞技后备人才培养的市场化便难以推进。

①运动员

运动员是我国竞技后备人才实现市场化培养的核心主体之一,当运动员本身出现问题时,竞技后备人才的市场化便会受到影响,从而不利于该工作的进行。

运动员对我国竞技后备人才培养市场化的影响主要表现在两个方面:其一,运动员的市场潜力。市场潜力是衡量运动员未来市场价值的重要指标,市场潜力越大,越有利于吸引市场投资者等相关主体对其的投入;反之,将难以提高投资者的投资积极性以及投资力度,不利于我国竞技后备人才的市场化推进。其二,运动员的市场基数。市场基数对竞技后备人才培养的市场化具有间接影响,当这一基数越大时,越有利于挖掘出具有市场潜力的后备人才,进而吸引市场资金对其的投入,从而促进该活动市场化的盘活;反之,当市场基数过小时,具有运动潜力的竞技人才难以得到有效筛选,从而降低市场对其的投资力度。

②投资者

投资者是实现我国竞技后备人才培养市场化的又一大核心主体,脱离了市场投资者,后备人才的市场化培养便难以维系。

竞技后备人才培养市场化的投资者按照投资周期的长短可大致分为培养主体和赞助商。相较而言,培养主体几乎对竞技后备人才给予全程性的多维投入,如对其提供相应的训练场地和设施,配备专业的教练员等,这些具有长期性影响的内容基本都源于市场培养主体,同时也是后备人才市场效应发挥的主要受益者。而与此相对,赞助商则具有相对短暂性、临时性的特点,而且其对相关活动的赞助主要基于其看得见的利益,如对于一场比赛、运动员服装、赛事设施等,当然,所赞助的项目市场影响越大,越有利于拉动赞助对其的资金投入。

③教练员团队

教练员以及与训练工作相关的整个教练员团队是实现竞技后备人才培养的必要因素,因此,竞技后备人才培养的市场化必然无法脱离教练员团队。

教练员团队在市场机制下对竞技后备人才的培养发挥着举足轻重的作用,

离开政府的公益性投入，竞技后备人才要想实现竞技水平的提高，必须依托于雇佣关系或者合作关系下教练员团队的科学训练。如投资者通过招聘或聘请专门的体能教练员，以促进运动员体能的提升；聘请心理辅导师对运动员的心理健康问题进行跟踪和处理；聘请医疗保障团队为运动员的生理健康予以保驾护航。只有在专业教练员团队的指导和训练下，竞技后备人才的市场价值才有可能得到更深的挖掘，反哺于投资者的市场效益才有可能越高。

④家庭因素

家长对子女参与竞技体育是否持肯定态度对于竞技后备人才培养的市场化具有重要影响，因此，也是构成该项活动推进的市场主体之一。

青少年是竞技后备人才的主力军，由于他们属于未成年人，相对来说，家长对其的监护作用更为凸显，在是否同意其子女参与竞技体育方面就更加具有发言权，从而对竞技后备人才培养的市场化产生相应的影响。当家长同意并鼓励子女从事竞技体育时，有助于竞技后备人才培养的市场化发展；反之，当家长对此持否定态度时，则不利于该活动的推进。事实上，与传统的政府主导制相比，市场机制下竞技后备人才的培养，家长对子女参与竞技体育具有更大的灵活性和自主性。如政府主导制下，由于国家在竞技后备人才培养方面给予一定的优惠政策，包括减免学生的相关费用甚至予以一定补助等，此时，一些条件较为困难的家庭在子女具有相关潜力的前提下，便会将其送至运动学校从事竞技体育，具有被动属性；与之相比，市场机制下，家长对是否同意子女参与竞技体育则具有更大的主动性。

⑤学校管理

学生作为竞技后备人才的主力军，基于义务教育的存在，后备人才的市场化培养对学校具有一定的依赖性。因此，学校对学生参与竞技体育的支持与否，对于我国竞技后备人才培养的市场化发展有一定的作用。

作为教育系统的重要组成部分，要想使其成为后备人才市场化培养的主要力量，需对学校具有一定的吸引作用，如在对学校的正常教学秩序不产生剧烈影响的前提下扩大学校的社会影响，为学校提供一定的物资，辅助提高学校的升学率等，当市场机制下能够满足学校的某种诉求时，便有可能吸引学校，使其成为竞技后备人才市场化培养的主体之一。当学校成为市场机制下竞技后备人才培养的组织时，可通过竞赛等多种形式为市场筛选具有潜力的人才，从而促进这一进程的推进和实现。

（2）市场供需要素

市场供需要素是影响竞技后备人才培养市场化的重要因素，往往会对投资者的市场选择产生较强的导向和干预作用，对后备人才培养产生相应的市场作用。

①项目普及度

项目普及度会在一定程度上对竞技后备人才培养的市场化进程产生相应影响。竞技项目种类繁多，但就项目普及度来看却存在一定的差异。一些项目具有良好的普及度，但一些技术性强且具有较高危险系数的项目，如跳水，其普及度就较为低下。一般情况下，当项目具有好的普及度时，有助于拉动市场运行，马拉松的成功运营便是典型；反之，当某一项目不具备良好的普及度，即群众对其不了解甚至不知情时，会加大这一项目后备人才的市场化筛选难度，增加后备人才市场化的培养难度。

②群众热爱度

通常来说，群众对某一项目越热爱，越有助于在该项目上进行后备人才的市场化培养。当群众对某一项目较为热爱并参与时，便会自发地关注与该项目相关的事项，如观看竞技赛事、购买该项目体育明星的同款服饰、为支持的队伍购买彩票等，而这些行为表现均可以带动竞技体育的市场化发展。事实上，群众通过对某一项目的热爱，会对该项目中的某一或某些运动员产生偏爱，这些运动员往往竞技水平较高、竞技表现突出，而这正是竞技后备人才培养市场化的动机以及追求目标。当在市场机制下培养出高水平运动员时，市场效益也就随之产生。

③运动员市场潜力

运动员市场潜力越大，越有利于促进竞技后备人才的市场化培养。运动员是竞技后备人才市场化培养的核心，脱离了运动员，后备人才培养也就无从谈起，而运动员是否具备较大的市场潜力，则对于竞技后备人才培养的市场化推进具有直接的影响。一般而言，运动员的市场潜力与运动员的竞技潜力具有较高的关联，运动员竞技潜力越大，往往所产生的市场影响也会越大，从而为投资者带来市场收益，如此一来，便会拉动竞技后备人才培养的市场化运作。

（3）其他相关要素

除市场主体以及市场供需要素外，我国竞技后备人才培养的市场化还受其他因素的影响。

①政策支持

政策支持与否以及支持力度大小对于我国竞技后备人才培养的市场化具有重要影响。尽管市场在我国资源配置中已具有一定的作用，然而，与其他体育市场运营成功的国家相比，起步晚是我国现阶段的显著特征，在政府主导制所形成的路径依赖下，以政府为主的后备人才培养思想难以在短时间内发生转变。此种境况下，强有力的政策支持对于我国竞技后备人才的市场化培养便具有极为重要的意义。从政策上予以支持，有助于促进这一目标的实现。此外，基于政策颁布与现实执行之间的差距，相关政策对我国竞技后备人才培养市场化的支持力度同样会对该项活动产生多种影响，支持力度越大，越能够促使后备人才市场化的推进。

②市场环境

市场环境越成熟、完善，越有利于我国竞技后备人才的市场化培养。一直以来，我国都以政府主导制进行后备人才培养工作。基于现有形势，以期在短期内实现竞技后备人才的全盘市场化培养显然不具有现实条件。当市场环境较为完善时，无疑对于竞技后备人才的市场化培养具有积极作用，甚至可以认为，某种程度上，市场环境越完善、成熟，越有利于竞技后备人才的市场化培养。

③媒体宣传

媒体的多元化宣传，有助于我国竞技后备人才的市场化培养。媒体作为一个传播迅速、辐射广泛的信息传播渠道，在我国社会发展中发挥着重要的作用。媒体对竞技后备人才培养市场化的相关政策及发展趋势，予以有意宣扬和传播，能够加深人们对这一事物的认知程度。例如，借助当下较为流行的微信公众号发布与之相关的政策法规，通过电视媒体展示竞技体育的市场价值等。总之，恰当的媒体宣传，有利于实现我国竞技后备人才的市场化培养。

2. 竞技后备人才培养市场化的机制变革

作为多元培养的途径之一，竞技后备人才培养的市场化，需对原有的体制机制做出相应的改革，方能促使市场化的推进。

（1）治理组织结构

政府主导制的后备人才培养机制可视为体制内培养，是动用政府财力物力以实现后备人才的有序衔接。多年来的政府主导制，已使相关人员形成了庞大的利益链。因此，要对单一的培养模式做出改革，就显得较为困难。此外，加之路径依赖的特有效应，进一步增加了这一难度。基于此，要想实现市场化培养，首先必须对原有的管理组织做出变革。

从当前我国竞技体育组织架构来看，尽管协会制的提出与推行对原有的政府单一培养模式造成了一定的冲击，但自管自治的现状也在很大程度上暴露了我国竞技体育在该项改革上并未取得实质性进展。要想实现竞技后备人才的市场化培养，必须对相关组织进行放权改革，以充分调动市场活力。

```
        ┌─────────────────────────────────┐
        │   我国竞技后备人才培养治理组织结构    │
        └─────────────────────────────────┘
              ↙                    ↘
  ┌──────────────────────┐  ┌──────────────────────┐
  │ 战略层（老领导，实职除外）│  │ 执行层（社会经验丰富人士）│
  └──────────────────────┘  └──────────────────────┘
            ⇓                          ⇓
  ┌──────────────────────┐  ┌──────────────────────┐
  │   战略引导、政策拟定     │  │      事务管理          │
  └──────────────────────┘  └──────────────────────┘
```

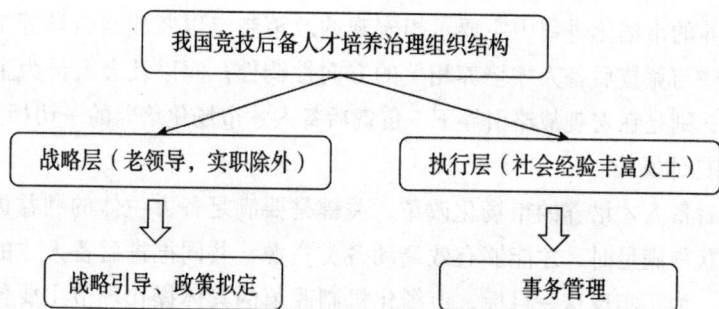

图8-3　我国竞技后备人才培养治理组织结构

上图8-3是我国竞技后备人才培养市场化改革的治理组织结构，从名称上可以看出，治理组织代替了原有的管理组织。与治理相比，管理更倾向于宏观、中观乃至微观的全方位管控，表现出一种事无巨细的特征。显然，传统模式下我国竞技后备人才的培养就是在政府主导机制下的多维管理。从这个层面来看，治理具有与其不同的特征。治理更强调一种调节、调理，是使市场中的相关资源在配置过程中保持合理界限的调控方式。

市场机制下我国竞技后备人才培养的组织结构可大致分为两个向度，即战略层和执行层。从战略层来看，竞技体育后备人才的培养工作具有一定的特殊性，即使是市场化改革，很大程度上也需要具有相关培养经验的人士。而市场化改革的核心要义之一就是对原有体制脱管，实现放权。此种境况下，一方面要求具有相关培养经验，另一方面还需与体制保持一定的距离，那么，不具备政治实职的老领导或相关人员就是承担该工作的主要人员。从执行层来看，后备人才培养的市场化改革应适应市场机制，培养进程中的一系列运转事项都需与市场接轨。要更好地实现市场对接，在市场条件下促进我国竞技后备人才的培养，就需具有丰富社会经验的人。这些人对市场运营等相关事宜具有较为深刻的认识和理解，对其活动方式有较好的掌握，有助于使竞技后备人才培养较好较快地融入市场。

执行层领导是市场机制下我国竞技后备人才培养的法人代表。尽管竞技后备人才培养有其特殊性，需要一定的相关人员进行政策制定以及战略引导等工作，使竞技后备人才培养工作在大体上符合培养规律，满足社会发展。然而，后备人才培养的市场化，其归根到底是要实现市场运作，要在市场条件下得以生存。因此，竞技体育后备人才的市场化培养进程中，执行层具有与其更为紧密和重要的关联，几乎所有的具体事务都要靠其完成。总的来看，在任务分配上，以不具政治实职的老领导等为核心的人员所构成的领导层，在竞技体育后备人才培养的市场化进程中主要承担宏观的政策制定以及战略引导等工作，负责做出一些与竞技后备人才培养相关的方向性调控；而以社会人员为主所构成的执行层，则是在宏观战略引导下，负责后备人才市场化培养的一切相关事务。

（2）具体操作

竞技后备人才培养的市场化改革，关键是要满足各方主体的利益诉求。当多方利益获得满足时，才能够有效调动各类资源，共同推进后备人才的市场化改革进程。为了实现这一目标，市场化机制改革的具体操作环节主要包括投资引入、竞赛运营、出口保障以及规范约束4个方面。

①投资引入

市场中所携带的利益诱惑以及外在的政策鼓励，对我国竞技后备人才培养市场化形成投资引入。

随着我国体育产业的不断兴起以及国外竞技后备人才市场化培养的成功典范，我国竞技后备人才培养的市场价值潜力必然成为后备人才市场化培养的重要投资引入机制。从经济学角度来看，人具有经济人的属性，即人的行为活动往往会朝着对自己能够产生经济诱惑的事物前进。当竞技后备人才培养置于市场机制下时，其所蕴含的市场经济潜力会吸引相关人员，通过较少的前期投资以获得高额的利益收获，当相关工作取得一定进展时，会进一步刺激市场培养主体的积极投入。

政策支持及鼓励对我国竞技后备人才市场化培养的投资引入起到了良好的推动作用。目前，我国竞技体育的市场化发展还处于起步阶段，而竞技后备人才的市场化培养更是收效甚微，即使存在成功案例，也仅仅是少数。那么，要继续扩大这一进程，政府从政策上给予支持和鼓励能够产生较大的积极作用。如通过减税甚至免税吸引市场中的各类资源向竞技后备人才培养予以投资，或政府可向投身于竞技后备人才市场化改革的相关组织和个人提供一定的资源辅助，包括资金、设备以及场地等。总之，政策支持及鼓励能够推动这一进程。

②赛事运营

赛事运营在整个竞技后备人才市场化培养进程中具有关键意义，一方面影响市场条件下各相关主体对培养工作的投入力度；另一方面将对后备人才的市场去留产生较为深刻的影响。

市场条件下竞技赛事运营机制如图8-4所示：

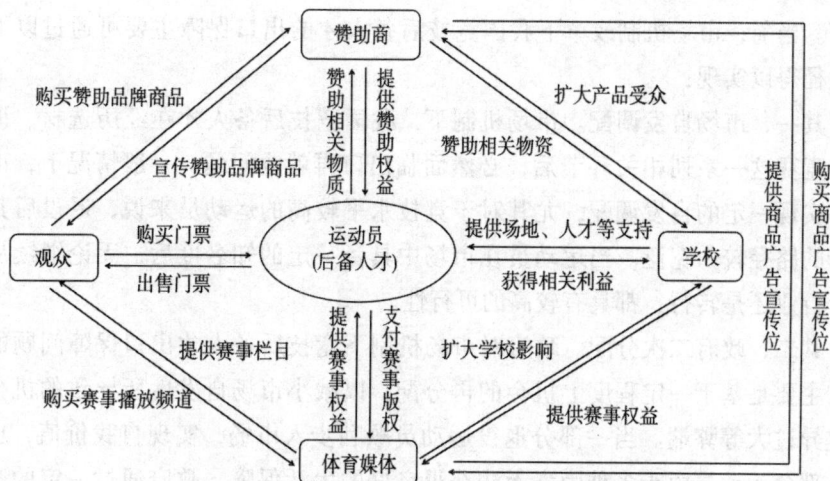

图 8-4 我国竞技后备人才市场化改革赛事运营机制图

图 8-4 是我国竞技后备人才市场化改革背景下的竞技赛事运营机制。运动员,即竞技后备人才,是实现竞赛市场化运营的核心,其他与之相关的市场因素都基于彼此的价值发生着一定的关联。如观众通过购买赛事门票观看比赛,一方面满足了观众的观赛相关诉求,另一方面也增加了赛事运营的市场收入。体育媒体、学校以及赞助商等都在不同程度地与以运动员为核心的体育赛事发生着特定的联系。此外,以运动员为核心的一系列相关外围因素,不仅与运动员具有直接的紧密关联,各要素之间也发生了相互作用,能够为彼此带来良好的市场收益。如观众若无法到现场观看比赛,那么体育媒体所具有的体育赛事资源就为其提供了需求满足途径,观众需付费观看相关视频,体育媒体也实现了自己的利益增加诉求等。

赛事运营对市场机制下竞技后备人才的培养具有重要意义。一方面,赛事运营的境况会对市场投资主体产生极大的影响,赛事运营境况良好,利益诱惑下,会增加其对后备人才培养的投资力度,反之将会降低市场投入;另一方面,对于竞技后备人才来说,体育竞赛可以较好地反映运动员的市场潜力,当某一运动员能够在相关赛事中持续表现出良好的竞技水平时,无疑会增加其在市场中的价值。总的来看,赛事运营越成功,越有助于推动我国竞技后备人才的市场化改革。

③出口保障

出口保障是影响竞技后备人才市场化培养的重要因素,运动员在自身竞技巅峰后越能够有好的出口保障,越有利于具有竞技天赋的后备人才投身于竞技体育。当前，市场机制改革下我国竞技后备人才的出口保障主要可通过以下两个途径得以实现：

其一，市场自发调配。市场机制下，我国竞技后备人才在经历选材、训练以及竞赛这一系列相关环节后，必然面临出口再就业问题。一般情况下，市场能够实现一定的自发调配，尤其对于竞技水平较高的运动员来说，退役后其可选择的路径较为宽泛。当运动员在市场中具备一定的知名度后，无论继续从事体育行业还是转行，都具有较高的可行性。

其二，政府二次分配。政府对市场机制下竞技后备人才出口保障问题的干预，主要是基于一定程度上机会的再分配，以减小市场自发性所导致的机会获取差异过大等弊端。当一部分退役运动员顺利步入市场，实现自我价值，也会有一部分运动员由于多种因素无法获得良好的生活保障，政府通过一定的政策干预有助于缓解这种状况，从而为竞技后备人才的市场化培养提供了相应的保障。

④规范约束

目前，尽管我国已经确立了以市场为决定性地位的资源配置类型，但就整个市场化改革境况来看，还处于起步阶段，而我国竞技后备人才培养的市场化改革更是处于相对滞后状态，经验不足、治理欠缺等是这一进程中所必然面临的问题。为此，政府应对我国竞技后备人才培养的市场化改革予以一定的制度干预，从制度上对市场化行为给予一定的规范和约束，使之能够在最大程度上调动市场潜力的基础上，有序地推进。基于经验的缺乏以及市场灵活多变等特征，政府对其施行干预时，可通过建立负面清单的形式得以实现，既可以为市场机制下后备人才的培养提供更灵活、更宽泛的发展空间，也可对培养进程起到基本的约束作用，有助于市场秩序的完善。

3. 竞技后备人才培养市场化的现实推进

我国竞技后备人才培养的市场化改革并非一蹴而就，必须结合现实境况逐步推进。按照市场化发展程度，可将其大致分为以下3个阶段。

(1) 泛市场化阶段

竞技后备人才培养的市场化改革在这一阶段呈现出泛化性，主要表现为易于推行的项目、区域在法律法规的限制内进行市场化尝试。随着竞技体育项目的增加，竞技后备人才的市场化培养也会随项目的不同而有所差异。一些项目具有良好的市场改革条件，对于这些项目的后备人才培养，可在相关法律规范下优先进行市场化尝试。篮球在我国具有较好的市场开发度，因此，对篮球后备人才的市场化培养相对于跳水、举重等项目来说就具有一定的优势，可先允许这类项目进行一定程度上的后备人才市场化培养,为后续市场化改革提供经验。此外,不同区域在泛市场化阶段也具有不同表现,市场化发展程度与区域经济发展水平高度关联,一般来说,区域经济发展水平越高,市场化发展程度越高,越有助于后备人才培养市场化的推进;反之,当一个区域连基本的民生问题都难以解决时,很难实现后备人才培养市场化。

整体上行政色彩较为浓厚是这一阶段的又一特征。泛市场化阶段也可认为是我国竞技后备人才培养市场化改革的起步阶段,这一阶段的市场机制还十分薄弱,各类相关资源也比较匮乏,政府依旧是竞技后备人才的主要培养者,承担着后备人才培养的主要工作。竞技体育是一项具有综合效益的社会活动,尤其政治效益以及社会效益的凸显,使政府长期以来对其投入了大量的财力和物力。市场化改革并非一朝一夕就能完成,因此,在市场化还未形成良好运营规模的前提下,政府依旧是后备人才培养的主要承担者,整体上行政色彩依旧浓厚是这一时期的主要特征。

(2) 重点推进阶段

政府扶持下打造一批竞技后备人才市场化培养优势机构是该阶段的主要任务。多年来,我国竞技后备人才市场化培养都以政府为主要培养组织,所形成的路径依赖对其市场化改革带来了较高的难度,加之目前我国整体市场化背景还处于相对不完善状态,进一步加剧了竞技后备人才的市场化培养难度。为了促进这一活动的推进,可以通过政府的扶持首先打造一批具有良好市场效应的后备人才培养机构。当然,政府在确立扶持对象时,无论是对于机构的选择还是后备人才所从事的项目,都应进行一定的筛选。

与泛市场化阶段相比,这一时期后备人才培养的市场化特征逐渐凸显。尽管该时期受到政府的大力扶持,但归根到底是在进行市场化培养,是以市场机制为核心的人才培养。该时期政府所发挥的作用大大减小,尤其在对某些组织进行意向式扶持进程中,其力度主要表现在对资金、财物等方面的支持上,而与竞技后备人才培养的具体工作则保持一定的距离,适当放手于市场。如此一来,一定程度上获得政府的支持,能够在较大程度上调动相关组织对竞技后备人才市场化培养的动力。当取得一定进展后,一方面可对市场中的潜在培养主体形成一定的吸引力;另一方面也可为后续竞技后备人才的市场化培养提供一定的经验借鉴。

(3) 独立运作阶段

基本能够实现竞技后备人才市场化培养的独立运作是该阶段的主要表现。在经历了泛市场化阶段和重点推进阶段后,我国竞技后备人才的市场化培养开始进入独立运作阶段，基本能够按照市场机制实现自发的培养。政府在这一时期的参与度逐渐减小，主要任务是为竞技后备人才的市场化培养提供良好的市场环境，并对相关行为做出规范等。

四、"国家培养路径"："举国体制"培养后备人才的坚持与完善

举国体制在社会历史发展的不同时期具有不同的功能和价值。我国竞技体育事业从无到有、从小到大、从弱到强的发展过程中无不得益于举国体制。竞技体育举国体制可以集中力量办大事，没有这个优越性就没有中国竞技体育的成就，中国体育取得的成就反过来也印证了举国体制的优越性①。正如原国家体育总局刘鹏局长所说："新中国成立后特别是改革开放以来，我国运动员在各类国际体育比赛中取得了优异的成绩，一条重要的经验是国家的高度重视和有效组织，就是集中有限的人力、财力、物力，最大限度地调动各方面的积极性，有效配置全国的竞技体育资源。我们将此形象地概括为'举国体制'。"② 无论是过去、现在或是将来，举国体制都将是中国体育事业振兴的坚实保障。

（一）我国竞技体育举国体制的缘起与发展演变

举国体制是基于我国基本国情与竞技体育实际发展现况，在计划经济发展过程中我国物质基础极为薄弱，结合我国竞技体育发展客观规律，借鉴苏联竞技体育发展模式③，经过多年的实践摸索逐渐确立形成的。

我国国家体委是在 1984 年美国洛杉矶奥运会后开始制定奥运战略，在分析归纳我国一些优势运动项目迅速崛起的原因时提出了"举国体制"④。然而举国体制的产生却早在 50 年代。1952 年中华全国体育总会成立时，在法律地位上是一个社会体育组织，可行使部分政府职能和权力，经费由国家预算支出，它实际上是一个半官方组织。1956 年成立的国家体委为国务院下属机构，体育管理

---

① 李金霞. 竞技体育发展与国家战略一脉相承 [N]. 中国体育报，2017-10-24（002）.
② 举国体制要坚持要完善：国家体育总局局长刘鹏专访 [N]. 人民日报，2008-09-06（04）.
③ 梁晓龙，鲍明晓，张林. 我国竞技体育举国体制的内涵及历史发展 [J]. 体育科研，2005（06）：13-18.
④ 梁晓龙. 论我国竞技体育的举国体制 [J]. 体育文化导刊，2004（08）：10-14.

职权由国家体委的各司处负责①，形成了我国竞技体育的发展由政府主导的举国体制。

20世纪80年代初的全国体育工作报告中对体育的"举国体制"做出了比较权威的解读——由"一条龙"的训练体制、全运会赛制和国家队的长训制三者构成的全国一盘棋的竞技体育组织与管理方式②。2001年2月，袁伟民在全国体育局长会议上的讲话中曾指出，"我国体育得益于举国体制，改革开放后又受益于社会主义市场经济。举国体制的实质，就是发挥社会主义能集中力量办大事的优越性，利用我国土地辽阔、人口众多的特点，把丰富的体育资源挖掘出来、充分利用起来，通过竞争和协同，提高我国竞技体育的综合实力，到国际赛场为国争光"③。《体育事业"十一五"规划》中说，"我国竞技体育举国体制是在社会主义初级阶段的历史条件下，与我国的竞技体育发展目标相适应而逐步形成的。我们实行举国体制，就是要集中有限的人力、物力和财力，最大限度地调动各方面的积极性，有效配置全国的竞技体育资源，上下形成合力，提高竞技体育水平，创造优异运动成绩"④。历史经验表明，举国体制是我国发展竞技体育的一条成功经验，正是长期以来我国在发展竞技体育的历史过程中坚定不移地实施了举国体制，才造就了我国竞技体育当前的国际地位。

（二）我国坚持竞技体育举国体制的必要性

我国在发展竞技体育事业的实践过程中之所以选择"举国体制"，是由当时的时代背景决定的。竞技体育坚持实施举国体制和奥运争光战略是我国发展体育事业和参与国际体育竞争并实现竞技体育政治、教育及文化价值的必然选择。第一，我国早期体育总体基础较差，竞技发展水平比较落后；第二，为了促进国家的发展，运动员要在竞技体育竞赛中获得优异的运动成绩，体育事业有明显改善和提高。在这样背景下，需要建立一种高效地提高我国运动员竞技水平的合理制度设计，通过这种管理体制和运作机制，将全国的人力、物力和财力

---

① 秦椿林，张春萍，魏来，等．再论"举国体制"［J］．北京体育大学学报，2005（04）：437-439.

② 郝勤．论中国体育"举国体制"的概念、特点与功能［J］．成都体育学院学报，2004（01）：7-11.

③ 刘洁，牛健壮，战鹏，等．论体育举国体制利与弊的研究综述［J］．体育世界，2015（11）：28-30.

④ 全海英，何敏学．竞技体育"举国体制"还能坚持多久［J］．体育学刊，2011，18（03）：20-25.

聚集在一起,有效利用起来,精准投入最需要的方向。我国竞技体育"举国体制"实际上是特定历史、政治、经济、文化、体育、外交诸因素制约下的一种必然选择①。

基于文献研究和专家访谈,本研究构建了针对我国坚持竞技体育发展的举国体制的逻辑结构图(见下图8-5),并从8个方面分析了我国坚持竞技体育发展举国体制的必要性。

1. 适应国家奥运争光计划的战略需要

为了适应社会主义市场经济的发展,顺应国际竞技体育发展趋势和规律,实现2000年竞技体育发展和改革的目标,我国制定了首部《奥运争光计划纲要(1994年—2000年)》,随后又颁布了《2001—2010年奥运争光计划纲要》和《2011—2020年奥运争光计划纲要》,截至目前,我国已经出台了三部奥运争光计划纲要。每一部《奥运争光计划纲要》都是指导我国竞技体育稳步发展的战略规划,是指引我国十年竞技体育发展和实施奥运战略的纲领性文件。目前我国无论是在夏季还是冬季奥运会上都实现了运动成绩和精神文明的双丰收,竞技体育整体水平跃居世界前列。

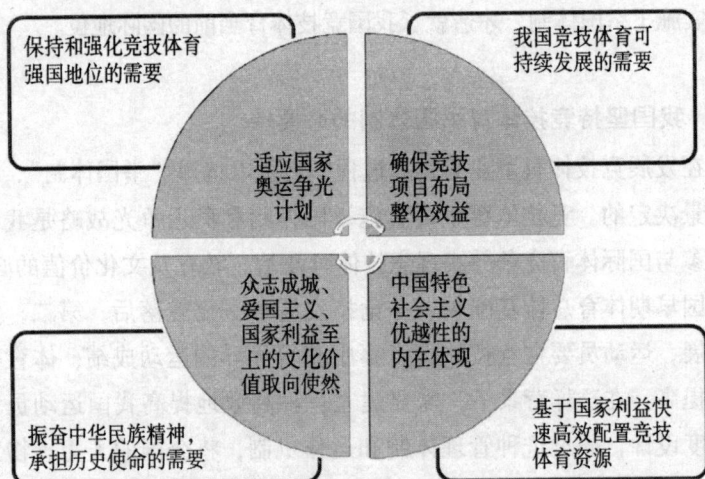

图8-5 我国坚持竞技体育举国体制的必要性逻辑结构图

(依杨桦等②,2004改制)

---

① 鲁飞. 举国体制是我国社会主义初级阶段竞技体育的根本制度 [J]. 成都体育学院学报,2008(07):20-23+35.

② 杨桦,孙淑惠,舒为平,等. 坚持和进一步完善我国竞技体育举国体制的研究 [J]. 北京体育大学学报,2004(05):577-582.

随着竞技体育的竞技价值、政治价值、经济价值、教育价值、文化价值和社会价值在国际上的影响与日俱增,竞技体育的发展愈加受到重视。伴随着我国由体育大国向体育强国的迈进,毋庸置疑,《奥运争光计划》不仅不会削弱,应该会在一定程度上得到不断强化。此外,随着运动项目实体化改革的持续推进,在市场经济的主导下,运动员的竞技成绩存在一定的变数,在这种背景下,部分项目的举国体制管理机制需要进一步强化,才能确保我国竞技体育的成绩得到保持或强化。因此,我国竞技体育坚持举国体制,是适应国家奥运争光计划的现实需要。

2. 确保国家竞技项目合理布局的整体效益

我国竞技体育发展的项目布局对于我国在世界竞技体坛的地位和竞争优势,具有重要的影响。目前,我国竞技体育项目布局发展既不平衡也不均衡。我国在世界比赛的夺金点或者争奖牌点主要集中在举重、体操、跳水、射击、乒乓球、羽毛球、短道速滑等优势竞技项目上,虽然其他大项中有部分潜优势项目,但更多的是待发展项目,在国际比赛中获取优异成绩的难度较大。虽说当前国家一直在推进运动项目的实体化改革,让市场在配置体育资源中发挥决定性作用,由于市场开发度不高或者暂时市场开发成熟度不高,部分优势项目或者潜优势项目难以立即脱离国家财政支持和管理,这些项目还要依靠举国体制的优势得到培育和发展。一般来说,竞技体育项目的发展,同经济投入和资源配置的倾斜关系密切,当然中国足球这个项目例外。因此,我国竞技体育项目要保持竞争力和整体效益,还是要充分发挥社会主义集中力量办大事的优势,更好地促进竞技项目的后发优势、快速发展和平衡发展。

3. 我国民众国家利益至上的文化价值使然

从原始部落的群居到人类社会国家管理,再到中国几千年来的征战历史实践,都在不断强化国人的集体主义力量。部落的强盛、诸侯国的强盛乃至统一国家的强盛,都是在不断发展经济实力和军事实力的基础上凝聚形成的整体意义上的文化价值反映。近代中国的屈辱历史和"东亚病夫"的污名,使得广大民众强烈希望国家强盛和国人强壮的集体主义、爱国主义和国家利益至上的文化价值基因进一步得到强化。因此,民众对于国家竞技体育的发展采用集中力量办大事的举国体制模式都很积极拥护。中国运动员能够在国际体坛展现中国人的风采,能够站在最高领奖台上,能够看到中国国旗在雄壮的国歌声中冉冉升起,完全符合广大民众对我国竞技体育发展的价值取向。

竞技体育比赛,尤其是像奥运会、世界杯、世锦赛这种的高规格比赛,其实就是和平时代的另一种战争。竞技体育比赛的胜利,往往就被看作战争的胜利,赢得冠军或奖牌的运动员往往被看作"英雄"来崇拜。由于民众对比赛结果高度关注，对冠军和奖牌热切期盼，因此他们对举国体制模式给予了厚望，相对忽视了举国体制的粗放式投入和管理体制的不完善。从文化基因来看，我国竞技体育坚持举国体制，也是我国民众集体主义、爱国主义、国家利益至上的文化价值使然。

4. 中国特色社会主义优越性的内在体现

集中力量和资源干大事，是中国特色社会主义的优势所在。作为公有制占据主导地位的社会主义国家，中国相比较资本主义国家，更容易调动国家、地方和社会多方面的积极性、主动性和创造性，更容易实现对竞技体育的经济投入和资源配置，进而使得举国体制的优越性在竞技体育领域得到充分体现。据统计，新中国成立以来，我国运动员获得世界冠军数已达 3586 个，创世界纪录达 1341 次。改革开放以来，我国运动员获得世界冠军数已达 3560 个，创世界纪录达 1167 次①。这些历史性的突破在以前是不可想象的。竞技体育的飞快发展同时带来了一系列的改变。首先，体育设施方面形成了一定规模，后备人才呈现出梯队的发展模式。其次，我国竞技体育相当一部分项目逐渐形成了自己的特色和比较优势，像乒乓球等更是独步天下。竞技体育国际地位的提升促进了国际交流，提高了中国在世界上的威望。

表 8-3 1984—2021 年中国参加奥运会成绩一览表

年份	地点	金牌榜名次	金牌（枚）/增长幅度	银牌（枚）	铜牌（枚）	总数（枚）
1984 年	洛杉矶	4	15	8	9	32
1988 年	汉城	11	5	11	12	28
1992 年	巴塞罗那	4	16	22	16	54
1996 年	亚特兰大	4	16	22	12	50
2000 年	悉尼	3	28	16	15	59
2004 年	雅典	2	32	17	14	63
2008 年	北京	1	48（减 3 枚）	21	28	97
2012 年	伦敦	2	38	31	22	91
2016 年	里约	3	26	18	26	70
2021 年	东京	2	38	32	18	88

① 2019 | 中国体育人获 128 个世界冠军，创 16 项世界纪录 [EB/OL]. http://www.hubeifc. com/sports/ty/2020-01-01/228979.html.

竞技体育举国体制为我国在奥运会获取佳绩作出了卓越的贡献。当今竞技体育竞争越来越激烈,随着众多先进训练手段、方法的出现,运动员的竞技水平得到了前所未有的提升。一名高水平运动员不仅要具备运动天赋,坚持勤奋锻炼,还要有良好的身体素质。我国历届奥运会优异成绩的取得是与举国体制密不可分的。由表8-3可知,我国自1984年参加奥运会以来,到2021年东京奥运会,参加了9届奥运会,都取得了辉煌的成绩。我国竞技体育经过了37年的发展历程,1984年奥运会实现金牌零的突破,从2000年悉尼奥运会开始一直位列前3名,可以说,没有举国体制就谈不上我国奥运会上的成功。因此,我国竞技体育辉煌成就反映了举国体制的巨大作用和魅力,也诠释了中国特色社会主义的优越性。

5. 保持和强化我国竞技体育强国地位的需要

我国举国体制经历了数十年的发展,使原本发展薄弱的竞技体育有了很大的改变和进步,我国短时间内迅速跻身世界竞技体育强国之列,充分体现了社会主义优越性。自2000年悉尼奥运会至今,中国一直稳居夏季奥运会金牌榜前3位,雅典奥运会和东京奥运会都是第2名,北京奥运会则成为冠军。毫无疑问,在我国持续推进奥运争光计划和坚持举国体制模式的基础上,中国竞技体育用了不到20年的时间,就位居世界竞技体育强国前列。这主要得益于我国社会主义制度优越性在竞技体育上的集中体现。举国体制充分利用了我国土地辽阔、人口众多的特点,把丰富的体育资源挖掘、利用起来[①]。

2016年里约奥运会,虽说中国仍在前3名,但是金牌数量下滑为26枚,比2000年悉尼奥运会少2枚。这在一定程度上说明,当时我国竞技体育总体实力在下降,与我国近几年推行的运动项目实体化改革不无关系。当改革的红利和效益尚没有发挥出来时,我国竞技体育发展的举国体制绝不能松懈。即使将来竞技体育发展的多元化模式充分发挥效益时,也不能废弃举国体制模式。因为我国竞技体育发展的举国体制,符合中国特色社会主义优越性的内在要求,在一定程度上符合竞技体育发展的内在规律和要求,符合民众对竞技体育强国发展的文化价值认同,所以坚持举国体制对我国保持和进一步强化世界竞技体育强国地位具有至关重要的作用。

6. 我国竞技体育可持续发展的内在需要

竞技体育项目的发展,受制于经费支持、后备人才培养、运动项目发展环

---

① 邓陈亮. 论我国竞技体育举国体制的改革与创新 [J]. 南京体育学院学报, 2018, 1 (04): 8-11.

境、项目市场化程度、广大民众的可接受程度和喜欢程度、项目竞技比赛的开展状况、与奥运项目的关联度、直接参与项目训练和比赛的人群数量、教练员和裁判员的专业水平和人群数量等因素的影响。尽管我国竞技体育正在努力向多元化发展，但是对于市场化程度很低或民众接受程度不高的项目，单靠项目协会的运作很难生存下去，这就需要国家的行政干预，不能完全听从于市场化的安排。尤其是有些项目，例如举重，还是我国的优势竞技项目，必须要通过继续坚持举国体制的发展模式，给予项目可持续发展的支撑。从国家层面看，维持我国竞技体育的可持续发展，既是国家经济社会发展的一个重要部分，又是竞技体育自身可持续发展的内在需要。市场手段并不能解决竞技体育发展的所有问题，还需要"计划手段"即举国体制发展模式的干预，确保我国竞技体育项目发展的总体平衡与可持续性发展。

7. 振奋中华民族精神和承担历史使命的需要

一个民族的发展需要传承民族精神和承担不同阶段的历史使命。体育是反映一个国家综合实力的窗口，竞技体育的发展更是作为一种载体彰显了民族精神的强大。新中国刚成立时，国家百废待兴，体育发展严重滞后，一度被外国人称为"东亚病夫"。中国人民奋发图强，很快在竞技体育的举国体制下，在世界竞技体坛获得了众多骄人的成绩。中国人民乃至海外华人都因为中国人能够站在奥运会的领奖台上，唱着国歌看着国旗升起而骄傲自豪。中华民族的凝聚力也空前高涨，中国体育健儿的捷报频传也激励着其他行业的人员，大家都向体育健儿学习、向女排学习、向乒乓球队学习等，而这都与我国坚持竞技体育发展的举国体制有关。如果放弃了举国体制，如果我国竞技体育成绩迅速下滑，将直接影响到国家政治社会形象，将直接影响国家民众的民族精神、民族凝聚力、民族自豪感和历史使命感。

正如刘鹏所言，发展竞技体育，创造优异的运动成绩，是满足人民群众不断增长的体育文化需求的重要方面。高水平体育竞赛不但可以满足群众的观赏和娱乐审美需要，而且在弘扬集体主义、爱国主义精神，增强民族自信心、凝聚力等方面更有着特殊的、无法替代的作用①。因此，当新的更加高效的竞技体育发展模式来取代竞技体育的举国体制之前，必须要坚持竞技体育发展的举国体制，确保我国竞技体育事业的发展，确保我国民众的民族精神和历史使命感不断得到强化。

---

① 举国体制要坚持要完善：国家体育总局局长刘鹏专访 [N]. 人民日报，2008-09-06 (04).

8. 基于国家利益快速高效配置资源的需要

毋庸置疑，举国体制是要为实现国家利益服务的。我国竞技体育在国际上的形象展示和竞技体育强国地位，体现了国家利益的诉求。政府的政策导向与资金投向的杠杆作用，可以调动尽可能多的资源促进竞技体育的发展，是举国体制的应有之义，这也是举国体制的优势所在。竞技体育的市场化发展模式或者其他模式，在很大程度上是为了追求和实现利润或利益，很难保证和国家利益保持高度一致。因此，基于竞技体育发展的国家利益，坚持举国体制模式能够更快更高效地配置竞技体育资源，能够最大限度地保证国家利益的实现。当然举国体制投入和产出效益的相对低下也是不争的事实，这也是举国体制需要完善的地方。

（三）坚持举国体制：我国竞技体育后备人才培养的根本主线

我国竞技体育后备人才的培养是竞技体育强国建设和强化的基石。坚持竞技体育后备人才培养的举国体制，对我国保持和进一步强化世界竞技体育强国地位具有至关重要的作用，而世界竞技体育强国的地位是我国建设体育强国至关重要的组成部分。2017 年 8 月 27 日，习近平总书记在会见全国体育先进单位和先进个人代表时强调，加快建设体育强国，就要把握体育强国梦与中国梦息息相关的定位。2019 年 8 月 10 日颁布的《体育强国建设纲要》中指出，更好发挥举国体制与市场机制相结合的重要作用，不断满足人民对美好生活的需要，努力将体育建设成为中华民族伟大复兴的标志性事业。由此可见，我国竞技体育后备人才的培养与我国伟大复兴的中国梦息息相关，需要进一步提高政治站位，正确认识竞技后备人才培养的重要价值定位；我国竞技体育后备人才的培养，要更好地发挥举国体制与市场机制相结合的重要作用。显然，我国竞技体育后备人才的培养，必须要坚持举国体制的主导作用，把举国体制作为竞技体育后备人才培养的主线。

国家体育总局、教育部印发的《关于加强竞技体育后备人才培养工作的指导意见》明确强调，强化青少年三级训练网络建设，各级各类体校是竞技体育后备人才培养的主体。体育系统继续将各级各类体校作为我国竞技体育后备人才的主体，全面落实"指导意见"的相关要求，必将进一步发挥好举国体制在集中力量办大事、推动竞技体育攀登顶峰方面的制度优势，打造出具有中国特色的竞技体育后备人才培养道路。同时"指导意见"指出，"社会力量是竞技体育后备人才培养的重要组成部分。引导和支持社会力量参与竞技体后备人才培养工作,鼓励兴办多种形式的青少年体育训练机构,发展基层青少年体育训练组织"①。由此可见,尽管我国竞技体育后备人才培养的路径在向多元化发展,但是举国体制在一定的时期内仍将占据竞技后备人才培养的主导和主线地位。

(四) 完善举国体制:我国竞技体育后备人才培养的诉求应答

如前所述,我国竞技体育后备人才培养的主要问题表现,即人才储备不足:备选资源匮乏;成材率比较低:科学水平较低;高投入低产出:粗放发展模式;学训矛盾突出:亟待破解难题;人才结构失衡:多向度差异;退役安置困难:出口保障不足。这些不容回避的问题,也说明举国体制尽管具有诸多优势或优越性,但也亟待不断的优化和完善。

事实上,我国竞技体育举国体制的发展不是一成不变的,而是随着社会的发展动态变化、与时俱进的。随着计划经济向市场经济的转变,举国体制也在不断改革和调整。多元化的竞技体育经费投入基本形成,出现国家、社会、个人共同投资的新格局②。针对我国竞技体育后备人才培养的举国体制,如何进行优化完善? 本研究基于"创新、协调、绿色、开放、共享"的新发展理念,提出相关优化完善措施,具体内容见表8-4。

表8-4　基于新发展理念的我国竞技体育举国体制的坚持与完善一览表

举国体制的坚持	指导思想	举国体制的完善
强化三级训练网,以各级各类体校作为人才培养的主体;坚持各省(区、市)根据全运会的周期,举办全省(区、市)运动会	创新	既要坚持举国体制国家培养,还要以市场机制创新社会力量培养后备人才的模式,构建体育系统、教育系统、社会组织多元投入相结合的竞技体育后备人才培养体系
坚持体教结合,强调竞技人才培养服务于国家利益,强化后备运动员训练和比赛成绩	协调	充分协调国家和地方、运动员、教练员以及其他参与培养主体利益与国家利益的关系,提升大家积极性;解决竞技后备人才培养中的各种不平衡问题
坚持政府以行政手段管理竞技体育后备人才,配置相关资源,在管理、训练、竞赛等各个方面全国一体化	绿色	遵循人才培养的客观规律,减少培养成本的浪费,提高竞技体育后备人才培养的效益

---

① 关于加强竞技体育后备人才培养工作的指导意见 [N]. 中国体育报, 2017-12-06 (005).
② 胡科, 金育强. 完善体育"举国体制"需重视的几个问题 [J]. 西安体育学院学报, 2006 (04): 30-32.

续 表

举国体制的坚持	指导思想	举国体制的完善
坚持竞技体育"一条龙"训练体制，坚持国内教练员、科研人员、场地、技术等资源培养人才为主	开放	要在竞技后备人才培养的人、财、物、管理等各种要素方面对体制外开放，不断强化竞技体育领域内外的联动，促进竞技后备人才培养的高质量和高效益
坚持国家利益诉求的实现和运动员的出路的安置	共享	通过政策调控和市场机制，努力实现竞技后备人才及其参与培养的相关人员利益诉求的共赢共享，通过社会力量解决退役运动员的再就业问题，减轻国家财政负担

1. "创新"发展理念下的举国体制完善

既然针对我国竞技体育后备人才的举国体制培养，既要坚持又要完善，那么需要考虑的问题就是坚持什么？完善什么？显然，作为我们优良传统、有效模式的举国体制，需要坚持强化三级训练网，以各级各类体校作为后备人才培养的主体；坚持各省（区、市）根据全运会的周期，举办全省（区、市）运动会。

基于"创新"解决发展动力的逻辑，"创新"应该指向我国竞技体育后备人才培养的动力引擎；关于竞技后备人才培养的举国体制完善，就是要进一步激活竞技后备人才培养的动力，要在坚持举国体制和市场机制相结合的基础上，不断探索创新社会力量培养竞技后备人才的模式或路径，支持学校通过创建青少年体育俱乐部、与各级各类体校联办运动队、组建校园项目联盟等形式，创新体育后备人才小学、初中、高中一条龙培养模式；鼓励兴办多种形式的青少年体育训练机构，发展基层青少年体育训练组织；构建体育系统、教育系统、社会组织多元投入相结合的竞技体育后备人才培养体系。

2. "协调"发展理念下的举国体制完善

协调就是要协调好竞技后备人才培养的利益相关者之间的利益关系。协调发展可以说是竞技体育后备人才培养健康发展的内在要求。从利益诉求方面看，竞技体育后备人才的培养，在国家层面首先就是要实现国家利益，坚持对竞技后备人才竞技成绩提高和为国争光的诉求，坚持相关政策和资源倾斜于三级训练网培养体系，坚持体教结合模式。

而关于举国体制的完善，基于协调发展的理念，就是改进不平衡问题和协调利益关系问题。诸如学训矛盾即学训不平衡、高投入与低产出的不平衡、退役安置与运动员的心理预期不平衡等，都亟待解决。要充分协调体育部门和教育部门之间的利益诉求，促进真正意义上的协调配合，高度重视后备人才的文化教育问题。将青少年竞赛体系和学校竞赛体系合二为一，将青少年竞赛体系、学校竞赛体系、社会竞赛体系和职业竞赛体系有机整合，构建自下而上的"金字塔"式竞赛体系。此外，就是充分协调国家和地方、运动员、教练员以及其他参与培养人员的个人利益与国家利益的关系，提升大家参与竞技后备人才培养的主动性和积极性。

3. 绿色发展理念下的举国体制完善

绿色发展注重的是人与自然的和谐，实质上是遵循客观规律与追求主观价值的统一。绿色，可以说是竞技体育后备人才培养科学发展的必要条件。针对我国竞技体育后备人才的培养，举国体制的完善从根本上讲就是要遵循人才培养的客观规律，减少培养成本的浪费，遵循文化学习规律、科学化训练和参赛的规律，遵循竞技后备运动员身心发展规律、教练员成长规律、运动员成才规律、运动技能形成规律，坚持以人为本的管理模式，坚持竞技项目的科学合理设置等。同时，应对高投入低产出的浪费现象，针对举国体制的完善，就是要改革资源配置的模式，要尽可能发挥市场机制在资源配置中的决定性作用，提升竞技体育后备人才培养的效益。

4. 开放发展理念下的举国体制完善

基于"开放"注重的是内外联动发展的逻辑，只有强化内外联动才能繁荣发展。因此，开放发展可以说是竞技体育后备人才培养繁荣发展的必由之路，举国体制培养竞技后备人才的路径完善，就是要不断适应新的发展变化，不断开放培养资本、人力资源、运营管理模式等要素进入竞技后备人才培养领域。鼓励社会资本、企业、青少年体育俱乐部、培训机构和社会组织等各种社会力量逐渐加大竞技体育后备人才培养领域的投入，利用自身优势参与竞技体育后备人才培养和梯队建设、青少年比赛组织、国际交流等领域，为体育强国建设贡献力量。

例如，逐渐开放国内外竞技体育人员服务于我国竞技体育后备人才培养的领域和项目。在培养资本的开放方面，已经初步形成了国家、社会、个人共同投资的新格局。有些项目通过市场运作，其市场资金来源已经超过国家的投入。由赛事经纪公司运作的体育赛事逐渐增多。据粗略统计，国家体育总局各个运动项目管理中心发展项目的经费中，市场开发已经占到了一半左右。地方体育部门的事业支出中，来自社会的资金也占到了一半左右。在部分地区，市场开发收入已经大大超过了国家财政拨款①。

---

① 举国体制要坚持要完善：国家体育总局局长刘鹏专访 [N]. 人民日报, 2008-09-06 (04).

因此，开放发展理念下，竞技后备人才培养举国体制的完善，就是不再固守国家包办一切的理念，而是在竞技后备人才培养的人、财、物、管理等各种要素方面对体制外开放，不断强化竞技体育领域内外的联动，促进竞技后备人才培养的高质量和高效益。

5. 共享发展理念下的举国体制完善

基于"共享"注重社会公平正义的逻辑，大家都可以公平合理地分享发展的结果。因此，共享发展可以说是竞技体育后备人才培养各方诉求满足的根本保障。针对我国竞技体育后备人才的培养，基于共享发展理念，举国体制的完善就是通过政策调控和市场机制，努力实现竞技后备人才及其参与培养的相关人员利益诉求的共赢共享。此外，通过政策倾斜和社会培训等方式解决退役运动员的再就业问题，减轻国家财政负担，为竞技后备人才解除后顾之忧，促进竞技体育后备人才的成长。

关于举国体制的坚持与完善的观点，本研究通过问卷调查了国内竞技体育领域的部分专家学者及竞技管理领导，调查结果见表 8-5。

表 8-5　专家关于"坚持并完善举国体制"观点的认同度一览表（N=60）

认同度	我国竞技体育后备人才培养中的诸多问题，不能简单地完全归咎于举国体制。举国体制对我国竞技体育的辉煌成绩贡献卓著。基于奥运争光计划和体育强国战略，竞技后备人才的培养，必须要坚持举国体制，同时也需要进一步完善举国体制		
	频数	百分比（%）	累积百分比（%）
非常赞同	19	31.7	31.7
比较赞同	39	65	96.7
一般	0	0	96.7
不太赞同	2	3.3	100
合计	60	100	

由表 8-5 可知，31.7%的专家非常赞同，65%的专家比较赞同，累积认同度高达 96.7%。显然，专家对坚持并完善举国体制的观点持赞成态度。同时，对于不太赞同的 2 个选项，我们进行了电话回访。他们认为，一是我国经济政治地位空前彰显，没有必要一味地坚持竞技体育举国体制，通过竞技体育成绩来提升国家在世界的政治地位；我们国家的群众体育、学校体育和体育产业还比较落后。二是在举国体制下，我国竞技体育确实取得了辉煌的成绩，但是并不能代表其他方式不能取得更加辉煌的成绩。本研究认为，理论上应该存在更加

理想的竞技体育发展模式，毕竟举国体制发展模式也存在诸多问题。基于理论分析和实践探索证明，竞技体育的举国体制尽管不完善，但是具有强大竞争优势。现在西方的一些国家也开始学习中国的举国体制，就是一个很好的证明。

五、我国竞技体育后备人才培养多元化路径之间的逻辑关系

关于我国竞技体育后备人才的培养，本研究主要提出了4种路径：坚持与完善举国体制的"国家培养路径"，培养资本市场化导向的"市场化培养路径"，"节能减排"视域下的"集约培养路径"和供给侧改革视域下的"八双组合路径"，并对4种培养路径之间关系进行了逻辑构建，如图8-6所示。

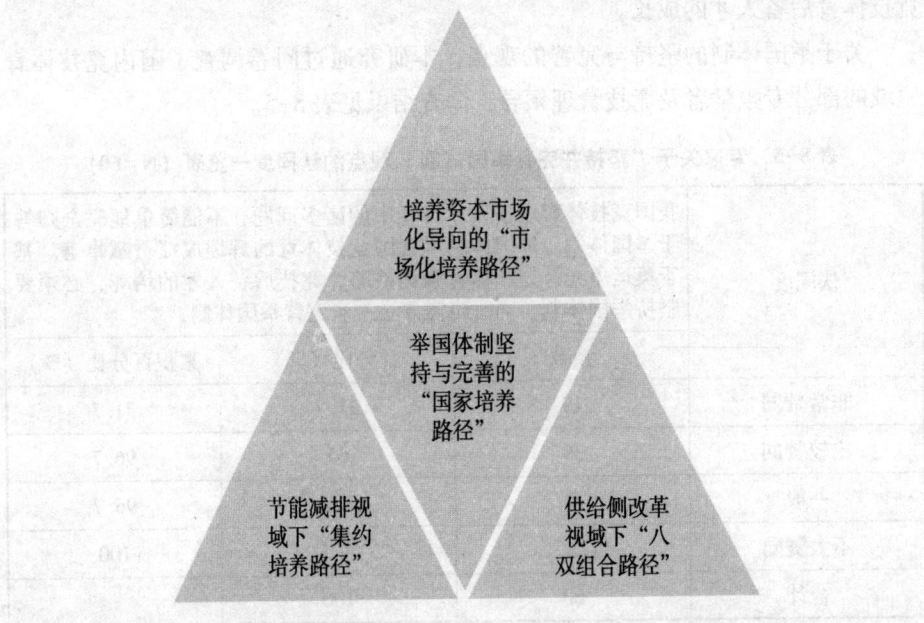

图8-6 我国竞技后备人才培养多元化路径的"金字塔形"图

由图8-6可知，我国竞技体育后备人才培养的4种路径之间存在较为紧密的"金字塔形"逻辑关系：坚持和完善举国体制的"国家培养路径"，是被实践证明了的富有成效的竞技体育后备人才培养路径，现在国外一些国家也在模仿中国的举国体制来发展本国的竞技体育。因此，"国家培养路径"居于我国竞技体育后备人才培养的"金字塔形"核心位置或主体地位。

培养资本市场化导向的"市场化培养路径"，居于"金字塔形"的塔尖位

置，表明我国竞技体育后备人才培养，要在坚持完善举国体制的基础上，充分发挥市场机制的作用，让市场在竞技体育后备人才培养的资源配置中发挥决定性的作用。"市场化培养路径"将逐渐成为我国竞技体育后备人才培养的动力引擎，带动竞技体育后备人才培养的模式创新和机制创新。

"节能减排"视域下的"集约培养路径"和供给侧改革视域下的"八双组合路径"，这两个路径构成了"金字塔形"塔基的两个边角。"八双组合路径"是基于供给侧改革的视角，针对举国体制的坚持和完善以及市场化机制运作的政策保障和制度约束；"集约培养路径"是基于"节能减排"的视角，是针对坚持和完善举国体制培养和市场化路径培养，在竞技后备人才培养的客观规律、人本价值以及竞技项目的科学规划等方面提出了竞技训练维度、竞技育人成材维度和竞技项目规划维度的政策和措施。

总体来看，"市场化培养路径"居于动力引擎地位，"国家培养路径"居于主体核心地位，"集约培养路径"和"八双组合路径"居于基础保障地位，4 个培养路径共同构成了我国竞技体育后备人才培养的多元路径。

结　语

　　关于竞技体育后备人才的界定拓展："专指"意义上的竞技体育后备人才，主要是指处于二、三线的青少年运动员群体；"泛指"意义上的竞技后备人才，既包含二、三线青少年运动员，还包含"已经退出一线运动员行列，仍具有参加竞技训练和比赛的强烈动机，具有竞技潜力或有能力参加本项目或其他项目比赛，并有可能获得优异成绩的人"。

　　当前我国竞技体育后备人才培养的基本特征主要表现在：（1）人才储备不足：我国竞技后备人才培养的备选资源匮乏；（2）成材率比较低：我国竞技后备人才培养的科学水平较低；（3）高投入低产出：我国竞技后备人才培养的粗放发展模式；（4）学训矛盾突出：我国竞技后备人才培养亟待破解的难题；（5）人才结构失衡：我国竞技后备人才培养的多向度差异；（6）退役安置困难：我国竞技后备人才培养出口保障不足。

　　中国竞技体育发展新常态，就是指竞技体育发展模式由粗放型、低效益向集约化、高质量、高效益变革转化的"经常性状态"或"稳定性状态"。

　　我国竞技体育发展进入新常态的非经济性原因主要表现为：（1）北京奥运会金牌问鼎，竞技体育发展进入换挡期；（2）竞体和群体发展失衡，体育发展进入结构调整期；（3）退役保障的体系不稳，后备人才进入渐进匮乏期；（4）计生政策的独生现象，竞技体育后备人才红利消失期；（5）国民体质不容乐观，健康中国进入国家战略期；（6）竞技体育的成材率低，后备人才训赛动机淡化期；（7）体育产业的蓬勃发展，竞技人才需求进入迅猛期；（8）国民对金牌逐渐淡化，金牌至上观念进入消退期；（9）政治经济的国际彰显，依靠竞体扬名进入弱化期。

　　通过分析美国、英国、法国、德国、俄罗斯等国竞技体育后备人才培养，主要启示为：辩证看待我国和他国的竞技体育后备人才培养模式，在注重国情的基础上，借鉴其他国家的成功经验；摒弃"金牌至上"论，形成"以人为本，全面发展"的培养理念；全面深化体教结合，推进体育和教育系统的深度融合，系统培养竞技体育后备人才；开放竞技体育投资主体和培养方式，充分调动多方参与的积极性；优化选材机制，提高后备人才的利用率。

"新常态"下我国竞技体育后备人才培养的实践探索启示：借助社会力量建立青训机构，加强各体育运动学校与企业之间的合作，充分发挥社会的资源优势；细化落实"小学—初中—高中一条龙"的培养模式；建立特色项目学校评估标准；建立运动员升学绿色通道，重视跨界跨项选拔人才；加强教练员队伍建设，大力实施优秀教练员进校园工程；建立各项目青少年体育精英培训基地。打破体教壁垒，强化深度结合，优化学校与各单项协会的合作机制；把文化课学习和训练放在同等重要的位置，每年都进行考核，文化课成绩合格的进入，不合格的退出，建立后备人才流动机制；解决好各项目运动员关于比赛注册等相关问题，完善各项目竞赛体系。

"新发展理念"作为"新常态"下我国竞技后备人才培养的指导思想，具体表现在："创新"是集约发展的动力引擎，主要体现在"制度创新驱动、科技创新驱动和管理创新驱动"三个方面；"协调"是健康发展的内在要求，即协调不同利益主体诉求的当前满足和长远满足，是我国竞技体育后备人才培养健康发展的内在要求；"绿色"是科学发展的必要条件，主要体现在竞技体育后备人才培养的生态化、科学化与人本化；"开放"是繁荣发展的必由之路，要求竞技后备人才培养领域内外联动实现"联动基础保障、联动资源整合与联动制度保障"；"共享"是诉求满足的根本保障，即要确保参与竞技后备人才培养的不同主体以及竞技后备人才本身的诉求得到满足。

"创新、协调、绿色、开放、共享"的新发展理念之间是互相联系、互为条件、相互促进又相互制约的逻辑关系。

"新常态"下我国竞技后备人才培养的原则遵循主要表现为："以人为本"的价值诉求，"育人竞技"的成材诉求，"节能减排"的生态诉求，"市场导向"的动力诉求，"供给侧改革"的保障诉求，"因类制宜"的差异诉求，"规范约束"的科学诉求，"需求侧改革"的理性诉求等多元诉求的满足。

"新常态"下我国竞技后备人才培养的多元路径，主要包含"八双组合路径""集约培养路径""市场化培养路径"和"国家培养路径"四种路径。"市场化培养路径"居于动力引擎地位，"国家培养路径"居于主体核心地位，"集约培养路径"和"八双组合路径"居于基础保障地位，四个培养路径共同构成了我国竞技体育后备人才培养的多元路径。

基于供给侧改革"八双"政策主张的"八双组合路径"："双创"是发展动力和方向指引，"双化"是贯穿于培养过程的核心主线，"双减""双扩"和"双进"构成了竞技体育领域培养的思路模式和具体方案，而"双转""双到位"和"双配套"构成竞技后备人才培养的基础支撑，"八双"之间既相互联系又互为条件，共同构成供给侧改革视角下的我国竞技体育后备人才培养路径。

基于"节能减排"理念的"集约培养路径"，由竞技体育维度的节能集约路径（"选材节能""训练节能""比赛节能"和"管理节能"），育人成材维度的减排集约路径（"伤病减排""退役减排""转项减排""交流减排"和"管理减排"）和发展战略维度的项目规划节能减排路径（"优化项目布局""协调区域发展""重视梯队建设""夏奥冬奥协同""国家放管结合"）三部分构成。

基于培养资本市场化导向的"市场化培养路径"：

（1）现实基础：我国竞技体育后备人才培养市场化的现实基础主要包括市场经济决定性地位的宏观确立、竞技体育强国的经验使然以及人作为"经济人"的理论假设等。

（2）实现路径：①关联要素包括市场主体要素（运动员、投资者、教练员团队、家庭以及学校）、市场供需要素（项目普及度、群众热爱度、运动员市场潜力）和其他相关要素（政策支持、市场环境、媒体宣传）；②治理机制主要体现为组织结构变革及具体措施，组织结构可总体划分为战略层及执行层，战略层由无实职的老领导进行战略引导，执行层则由社会经验丰富的人士进行事务管理；具体操作有投资引入、赛事运营、出口保障及规范约束。③现实推进的阶段可分为泛市场化、重点推进以及独立运作三个阶段。

基于坚持与完善举国体制的"国家培养路径"：坚持举国体制，是我国竞技体育后备人才培养的根本主线；完善举国体制，是我国竞技体育后备人才培养的诉求应答；举国体制的完善需要遵循"创新、协调、绿色、开放、共享"的新发展理念，促进竞技后备人才培养的高质量和高效益。

关于新常态下我国竞技体育后备人才培养的建议：

（1）宏观政策方面，制定退役运动员或中途退出的竞技后备人才在体育产业、群众体育、学校体育和竞技体育领域就业安置的配套政策，以吸引更多的后备力量进入竞技体育领域。

（2）运动选材方面，优化"科技+经验"选材模式，确保选材的准确可靠。

（3）文化教育方面，制定政策强化青少年运动员文化学习的合格是进行竞技体育训练的前提条件。同时，注重青少年运动员人文素质的培养。

（4）竞技训练方面，强化举国体制为主线，社会力量参与的多种模式，让更多的资源服务于我国竞技体育后备人才的训练和竞技能力的提高。

（5）竞技比赛方面，努力构建青少年运动员跨项参赛的多层次、多级别的竞技比赛，培养运动员在不同项目上的竞技能力，为深度挖掘后备运动员的竞技能力打下扎实全面的基础。

（6）竞技管理方面，强化"以竞技育人成才为本"，注重切实贯彻竞技体育领域的"竞技育人"要求。

（7）社会环境层面，加强宣传，使社会更加关注和理解竞技体育后备人才培养。

主要参考文献

[1] 栗继祖，魏晓昕．经济新常态下煤炭资源型城市发展问题及对策研究 [J]．煤炭经济研究，2014，34（11）：71-76.

[2] 齐建国．中国经济"新常态"的语境解析 [J]．西部论坛，2015，25（01）：51-59.

[3] 刘靖北．党的十九大报告对马克思主义的重大理论创新 [J]．国家行政学院学报，2018（02）：4-10+134.

[4] 尤传豹，彭国强．新时代我国竞技体育价值转变的机遇、困境与定位 [J]．沈阳体育学院学报，2018，37（06）：51-56+72.

[5] 彭国强，杨国庆．新时代中国竞技体育结构性改革的特征、问题与路径 [J]．武汉体育学院学报，2018，52（10）：5-12.

[6] 梁浩波．我国职业网球后备人才培养若干问题的思考 [J]．体育科技文献通报，2018，26（12）：52-53+67.

[7] 吴贻刚，王健．我国优秀运动员职业竞技体制与青少年儿童业余训练制度衔接的模式 [J]．上海体育学院学报，2001（03）：17-21.

[8] 江姗姗，黄瑾．新兴奥运项目在我国的文化融合问题之研究 [J]．南京体育学院学报（社会科学版），2008（05）：21-26.

[9] 张波，汪作朋，葛春林，崔涛．我国竞技体育后备人才培养的审视与发展路径 [J]．体育文化导刊，2018（07）：57-61.

[10] 骆意．广东、湖南两省竞技体操后备人才培养比较研究 [J]．西安体育学院学报，2005（04）：45-47.

[11] 周星栋，肖丹丹，张瑛秋．乒乓球后备人才培养中的学训矛盾及对策研究 [J]．体育文化导刊，2018（05）：62-67.

[12] 马志和，朱剑华，等．竞技体育后备人才培养现状与改革路径 [J]．中国体育科技，2002，38（08）：43-45.

[13] 瞿惠芳．江苏拳击队后备人才队伍现状与对策研究 [J]．南京体育学

院学报（自然科学版），2011，10（04）：1-3.

[14] 丁海勇，韩冬，等. 我国高等院校高水平运动员"学训矛盾"现状及对策研究 [J]. 北京体育大学学报，2007（03）：374-376.

[15] 游国鹏，张春合，吴阳，等. 基于 DEA 模型的我国各省（市、区）竞技体育后备人才培养效益研究 [J]. 体育科研，2018，39（01）：26-34.

[16] 张莹，陈丽娟. 重庆市 8~19 岁网球后备人才现状调查及对策研究 [J]. 西南师范大学学报（自然科学版），2014，39（10）：123-126.

[17] 侯江渊，窦燕，任为民，崔玉红，高志红. 我国跆拳道后备人才发展现状及对策研究 [J]. 体育文化导刊，2014（11）：65-67+91.

[18] 阳艺武，吕万刚，郑伟涛. 我国竞技体育后备人才培养现状与发展评价 [J]. 上海体育学院学报，2015，39（03）：44-49+74.

[19] 王成新，孙冰，等. 我国经济社会发展不平衡性的结构化分析：1978—2016 [J]. 干旱区资源与环境，2019，33（12）：16-21.

[20] 王锥鑫. 我国冰雪运动竞技人才储备与发展路径研究 [J]. 南京体育学院学报（社会科学版），2017，31（02）：82-87.

[21] 陶然成，龚波等. 高校高水平运动员学训矛盾研究 [J]. 北京体育大学学报，2010，33（10）：86-89.

[22] 单凤霞，郭修金，陈德旭. 让"体教结合"走向"体教共生" [J]. 体育学刊，2017，24（05）：88-92.

[23] 陈宁，卢文云，王永安，等. 完善我国高水平竞技体育人才培养"体教结合"模式的研究 [J]. 成都体育学院学报，2014，40（06）：8-16.

[24] 杨蒙蒙，吴贻刚. 体教结合制度变迁的路径依赖与突破策略 [J]. 体育文化导刊，2019（06）：58-63.

[25] 吴晓华，伊剑. 北京冬奥会背景下冰雪后备人才培养现状与对策研究 [J]. 南京体育学院学报（社会科学版），2017，31（05）：25-29.

[26] 孟庆方. 国内部分待安置退役运动员现状调查及孤独感、生活满意度分析 [J]. 山东体育学院学报，2014，30（05）：39-43.

[27] 李留东. 我国退役精英运动员再就业现状分析：基于社会分层视角 [J]. 上海体育学院学报，2015，39（01）：29-34+51.

[28] 陈云开. 利用市场机制完善举国体制：实施奥运战略的制度创新 [J]. 体育科学，2002，22（03）：12-14.

[29] 董佳华. 国外竞技体育后备人才培养法制化对我国的启示 [J]. 沈阳体育学院学报，2015，34（05）：54-58.

[30] 彭国强, 舒盛芳, 经训成. 回顾与思考: 美国竞技体育成长因素及其特征 [J]. 沈阳体育学院学报, 2017, 36 (05): 28-36.

[31] 渠彦超, 高力翔. 国外竞技体育人才培养模式及其启示 (一): 以美国与澳大利亚为例 [J]. 南京体育学院学报 (自然科学版), 2017, 16 (05): 54-58.

[32] 马志和, 徐宏伟, 刘卓. 论我国竞技体育后备人才培养体制创新 [J]. 体育科学, 2004, 24 (02): 56-59.

[33] 吴新炎, 李芙蓉. 国外主要竞技体育强国后备人才培养体制和发展趋势 [J]. 投资与合作, 2011 (05): 135.

[34] 张健, 渠彦超, 高力翔. 国外竞技体育人才培养模式及其启示 (二): 以德国与俄罗斯为例 [J]. 南京体育学院学报 (自然科学版), 2017, 16 (05): 59-64.

[35] 侯海波, 李桂华, 宋守训, 王跃新, 常利华. 国外竞技体育强国后备人才培养体制及启示 [J]. 上海体育学院学报, 2005 (04): 1-5+15.

[36] 张莉清, 陈同童. 俄罗斯青少年体育制度研究 [J]. 青少年体育, 2017 (10): 139-140+110.

[37] 刘远花, 吴希林. 德国青少年体育发展及竞技体育后备人才培养经验与启示 [J]. 首都体育学院学报, 2014, 26 (04): 338-342+375.

[38] 唐丽, 吴希林, 刘云. 英国竞技体育人才培养及启示 [J]. 体育与科学, 2014, 35 (05): 80-84.

[39] 赵立霞, 吴贻刚. 美国高校竞技体育 "教体结合" 发展的经验及其对我国的启示 [J]. 南京体育学院学报 (社会科学版), 2017, 31 (05): 81-85.

[40] 张兰. 青少年运动员文化教育缺失的困境与出路 [J]. 青少年体育, 2019 (01): 26-27.

[41] 王大卫. 对运动员转项成才现象的初步研究 [J]. 体育科学, 1993 (04): 44-48+94.

[42] 王舜, 汪作朋. 我国运动员训练过程中转项现象的研究进展 [J]. 哈尔滨体育学院学报, 2016, 34 (02): 71-76.

[43] 李士建. 我国夏季奥运会优秀运动员成才过程的项群特征研究 [J]. 中国体育科技, 2014, 50 (06): 12-18.

[44] 陈仁伟, 霍凯. 我国部分运动项目中运动员流动的项群特征与趋势研究: 以体操、蹦床等项目为例 [J]. 北京体育大学学报, 2010, 33 (02): 119-121.

[45] 张萌萌, 蒋志红. 法国竞技体育后备人才培养策略 [J]. 体育科研, 2016, 37 (04): 38-41.

[46] 李栋. 中法学校化竞技体育后备人才培养模式探析 [J]. 肇庆学院学报, 2014, 35 (05): 77-80+86.

[47] 胡冰洋. 澳大利亚竞技体育人才培养特点与启示 [J]. 青少年体育, 2016 (11): 138-140+66.

[48] 胡启林. 日本竞技体育发展策略研究 [J]. 武汉体育学院学报, 2017, 51 (06): 95-100.

[49] 段天龙, 刘天宇, 葛男. 韩国冰雪竞技体育人才培养体系的研究 [J]. 冰雪运动, 2018, 40 (07): 42-45+58.

[50] 赵孟君, 吴希林. 美国青少年体育及竞技体育后备人才培养模式与启示 [J]. 体育与科学, 2014, 35 (06): 51-54.

[51] 张波, 汪作朋, 葛春林, 等. 我国竞技体育后备人才培养的审视与发展路径 [J]. 体育文化导刊, 2018 (07): 57-61.

[52] 田丽敏, 李赞, 秦剑博, 等. 适度干扰: 我国竞技体育发展的生态学审视 [J]. 体育文化导刊, 2017 (10): 76-80.

[53] 杨国庆. 我国经济体育后备人才多元化培养模式与优化策略 [J]. 上海体育学院学报, 2017, 41 (06): 17-22.

[54] 徐刚, 刘爱杰. 我国冬奥重点项目的竞技格局与奥运备战策略 [J]. 首都体育学院学报, 2017, 29 (04): 348-352+366.

[55] 顾海兵. 中国经济市场化程度探析 [J]. 金融信息参考, 1997 (05): 28-29.

[56] 陈宗胜, 周云波. 加速市场化进程　推进经济体制转型 [J]. 天津社会科学, 2001 (03): 55-58.

[57] 刘国章. 经济基础与上层建筑关系问题探究 [J]. 广西社会科学, 2007, 9 (147): 45-50.

[58] 兰馨. 美国高校竞技体育发展模式及运行机制的研究 [J]. 体育文化导刊, 2006 (07): 70-72.

[59] 龚群. 经济伦理关于"经济人"概念的再审视 [J]. 中国人民大学学报, 2001, 15 (06): 35-41.

[60] 胡科, 金育强. 完善体育"举国体制"需重视的几个问题 [J]. 西安体育学院学报, 2006 (04): 30-32.

[61] 邓陈亮. 论我国竞技体育举国体制的改革与创新 [J]. 南京体育学院

学报, 2018, 1 (04): 8-11.

[62] 梁晓龙, 鲍明晓, 张林. 我国竞技体育举国体制的内涵及历史发展 [J]. 体育科研, 2005 (06): 13-18.

[63] 梁晓龙. 论我国竞技体育的举国体制 [J]. 体育文化导刊, 2004 (08): 10-14.

[64] 秦椿林, 张春萍, 魏来, 石春健, 靳厚忠. 再论"举国体制" [J]. 北京体育大学学报, 2005 (04): 437-439.

[65] 郝勤. 论中国体育"举国体制"的概念、特点与功能 [J]. 成都体育学院学报, 2004 (01): 7-11.

[66] 杨桦, 孙淑惠, 舒为平, 魏万珍. 坚持和进一步完善我国竞技体育举国体制的研究 [J]. 北京体育大学学报, 2004 (05): 577-582.

[67] 贾康. 供给侧改革的理论内涵 [J]. 经济, 2016 (01): 9.

[68] 阳艺武. 竞技体育后备人才培养可持续发展运行机制研究 [M]. 武汉: 武汉大学出版社, 2018: 34.

[69] 杨再淮. 竞技体育后备人才培养 [M]. 北京: 人民体育出版社, 2006: 42.

[70] 国家体育总局政策法规司. 体育软科学研究成果汇编 (2002) [M]. 北京: 北京五色文化发展公司. 2000: 216、247.

[71] 周洪珍. 竞技体育人才培养投入与产出效益研究 [M]. 北京: 科学出版社, 2011: 88-105.

[72] 田麦久. 运动训练学: 第2版 [M]. 北京: 高等教育出版社, 2017: 282.

[73] 全国体育学院教材委员会. 运动训练学 [M]. 北京: 人民体育出版社, 1990: 58.

[74] 贾康. 供给侧改革: 理论、实践与思考 [M]. 北京: 商务印书馆出版, 2016: 序言.

[75] 田麦久. 运动训练学 [M]. 北京: 人民体育出版社, 2000: 6-7.

[76] 钟添发, 田麦久, 王路德, 等. 运动员竞技能力模型与选材标准 [M]. 北京: 人民体育出版社, 1994: 22.

[77] 习近平. 决胜全面建成小康社会夺取新时代中国特色社会主义伟大胜利——在中国共产党第十九次全国代表大会上的报告 [M]. 北京: 人民出版社, 2017.

[78] [英] 亚当·斯密. 国民财富的性质和原因的研究 [M]. 北京: 商务

印书馆，1972.

[79] 杨成波. 我国优秀运动员流动机制优化研究 [D]. 北京体育大学，2015.

[80] 孙雪. 英国精英运动员培养体系研究 [D]. 北京体育大学，2013.

[81] 肖扬. 中外竞技体育运动员文化教育模式的对比研究 [D]. 武汉体育学院，2015.

[82] 李金霞. 竞技体育发展与国家战略一脉相承 [N]. 中国体育报，2017-10-24 (002).

[83] 申城三位一体创新培养竞技体育后备人才 [N]. 中国体育报，2018-9-28 (005).

[84] 本报评论员. 以踏石留印、抓铁有痕的精神推进转型升级 [N]. 中国航天报，2013-06-13 (001).

[85] 关于加强竞技体育后备人才培养工作的指导意见 [N]. 中国体育报，2017-12-06 (005).

[86] 李军岩. 新时代我国运动项目协会实体化改革的思考 [N]. 中国体育报，2018-08-06 (007).

[87] 举国体制要坚持要完善：国家体育总局局长刘鹏专访 [N]. 人民日报，2008-09-06 (04).

[88] 关于加强竞技体育后备人才培养工作的指导意见 [N]. 中国体育报，2017-12-06 (005).

[89] 习近平首次系统阐述"新常态". 新华网. 2014-11-09 [引用日期2015-03-06].

[90] 习近平：新发展理念就是指挥棒、红绿灯. 网易. 2016-12-15 [引用日期2017-01-24].

[91] （两会授权发布）中华人民共和国宪法修正案. 新华网 [引用日期2018-03-12].

[92] 以新发展理念引领发展. 新华网. 2016 年 04 月 29 日 [引用日期2017-01-24].

[93] 习近平"新常态"表述中的"新"和"常". 中国新闻网. 2014-08-10 [引用日期2015-03-06].

[94] 邱晓华：中国经济新常态实际上就是习近平新常态. 新浪网. 2014-08-23 [引用日期2015-03-05].

[95] 国家体育产业统计分类. 中国政府网. 2015-12-20 [引用日期2015-

12-22].

[96] 2018 年中国体育产业市场前景研究报告．中商情报网，2018-06-30.

[97] 2018-2019 中国体育产业发展及新兴业态融合分析报告［R］．艾媒大健康产业研究中心 2019-01-31.

[98]《2019 体育产业发展报告》项目正式在京启动．中国新闻网，2018-12-19.

[99] 体育总局关于印发《竞技体育"十三五"规划》的通知．国家体育总局．2016-08-30［引用日期 2016-08-31］.

[100] 习近平．新发展理念就是指挥棒、红绿灯．网易．2016-12-15［引用日期 2017-01-24］.

[101] 习近平：从生产领域加强优质供给．新华网．2016-01-27［引用日期 2016-01-28］.

[102] 结构性改革：改什么 怎么改：访国务院发展研究中心资源与环境研究所副所长李佐军．中国共产党新闻网．2015-11-23［引用日期 2015-12-15］.

[103] 宁泽涛生涯荣誉争议并存：世锦赛创历史摘金违反队规被开除．腾讯体育［引用日期 2019-08-14］.

[104] 刘国梁谈宁泽涛和队里矛盾，他的这一番话印证了为何他如此成功．番茄体育［引用日期 2017-04-13］.

[105] 国务院办公厅印发《体育强国建设纲要》．国际在线［引用日期 2019-09-02］.

[106] 胡锦涛在北京奥运会、残奥会总结表彰大会上发表重要讲话．2008 年 09 月 29 日［EB/OL］．http：//www. ce. cn/xwzx/gnsz/szyw/200809/29/t20080929_16959959_3. shtml.

[107] 腾讯体育．中国网球"阴盛阳衰"后备人才不足无力追赶［EB/OL］．https：//sports. qq. com/a/20141010/003409. htm，2014，10，10.

[108] 开创竞技体育后备人才培养新局面-《关于加强竞技体育后备人才培养工作的指导意见》专家解读之一［EB/OL］．国家体育总局 http：//www. sport. gov. cn/n315/n331/n405/c838604/content. html，2017，12.

[109] 福州新闻网．远近之间，福建空手道寻路破茧［EB/OL］．http：//news. fznews. com. cn/dsxw/20180914/5b9b741a7434d. shtml，2018，9，14.

[110] 退役即失业．政解足球［EB/OL］．http：//baijiahao. baidu. com/s?id=1555101053092869&wfr=spider&for=pc，2016，12，30.

[111] 习近平首次系统阐述"新常态"[EB/OL]. [2014-11-10]. 中国青年网 http：//news. youth. cn/gn/201411/t20141110_ 6015948. htm.

[112] 公兵，吴书光：（体育）中国足协拟推出"165"青训行动计划 [EB/OL]. https：//cn. apdnews. com/XinHuaNews/555189. html，2016-12-21

[113] 校园足球和社会足球将纳入北京市足协未来工作重点 [EB/OL]. http：//www. lysy90. com/story/16717，2019-05-24

[114] 陈鹏，让我们陪着你一起成长 [EB/OL]. http：//news. hexun. com/2016-11-14/186871803. html，2016-11-14.

[115] 张家港尝试"体企结合"多元化体育后备人才培养方式. 苏州市体育局 [EB/OL]. http：//jsstyj. jiangsu. gov. cn/art/2018/2/2/art _ 40364 _ 7477113. html. 2018-02-02

[116] 模式可鉴未来可期：京山探索网球后备人才培养新路径. 湖北省体育局 [EB/OL]. . http：//www. hbsport. gov. cn/qsnty/15063. html. 2019-04-19.

[117] 夏津"三驾马车"驶出体校办学新模式. 山东省体育局 [EB/OL]. http：//ty. shandong. gov. cn/xwzx/dfdt/201512/t20151208 _ 1719778. html. 2015 - 12-08

[118] 2019丨中国体育人获 128 个世界冠军 创 16 项世界纪录 [EB/OL]. http：//www. hubeifc. com/sports/ty/2020-01-01/228979. html

[119]《天津市"8421 工程"布局学校评估实施细则（试行）》的通知（津体青少〔2017〕4 号）.

[120]《中国足球诚信建设行动计划》（足球字〔2019〕526 号），2019 年 5 月 31 日。

[121] 习近平. 在党的十八届五中全会第二次全体会议上的讲话 [R]. 2015-12-29.

[122] 习近平. 中共中央关于制定国民经济和社会发展第十三个五年规划的建议 [R]. 2015-11-3.